Walter Rc

SOKO E

SOKO ERLE

Walter Roth

Der Mordfall Carolin G.

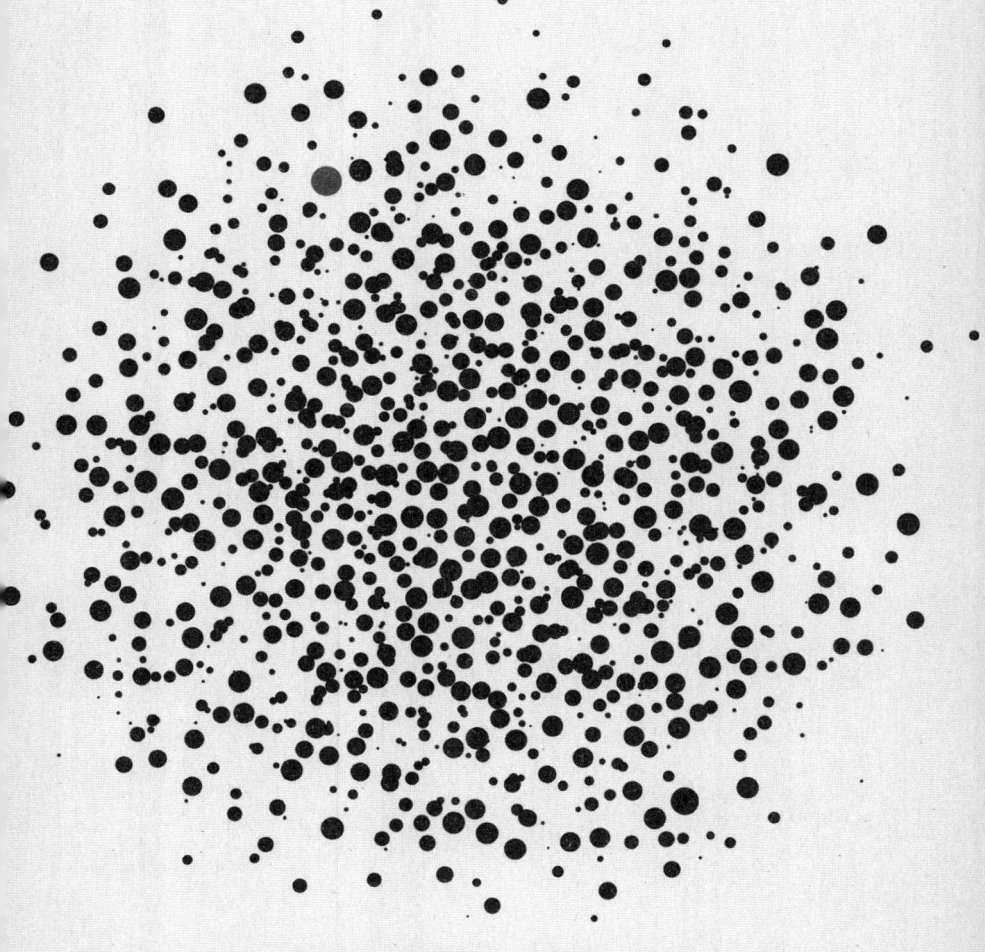

hansanord

IMPRESSUM

3. neubearbeitete Auflage 2020
© 2020 by hansanord Verlag

Alle Rechte vorbehalten
Das Werk einschließlich aller seiner Teile ist urheberrechtlich geschützt. Jede Verwendung außerhalb der Grenzen des Urheberrechtsgesetzes ist ohne Zustimmung des Verlages nicht zulässig und strafbar. Das gilt vor allem für Vervielfältigung, Übersetzungen, Mikrofilmungen und die Einspeicherung und Verarbeitung in elektronischen Systemen.

ISBN Print 978-3-947145-36-2
ISBN E-Book 978-3-947145-37-9

Lektorat: Leonie Adam
Umschlaggestaltung: Marc-Torben Fischer
Porträtfoto Autor: Thomas Temmer
Buchgestaltung und Layout: Carsten Klein, Torgau

Für Fragen und Anregungen:
info@hansanord-verlag.de
Fordern Sie unser Verlagsprogramm an:
vp@hansanord-verlag.de

hansanord

hansanord Verlag
Johann-Biersack-Str. 9
D 82340 Feldafing
Tel. +49 (0) 8157 9266 280
FAX +49 (0) 8157 9266 282
info@hansanord-verlag.de
www.hansanord-verlag.de

Von zwei Personen stammt eine Bemerkung, die am selben Tag und am gleichen Ort inhaltlich identisch, aber völlig unabhängig voneinander geäußert wurde:

»Eigentlich müsste man das alles aufschreiben.«

(Der Leiter der Ermittlungen und der Polizeipräsident, am Rande der Soko-Abschlussveranstaltung)

VORWORT

Die Frage, ob man das alles aufschreiben müsse, habe ich mir öfters gestellt. Vor dem Schreiben, während und sogar danach. Welchen Sinn hat es, die schlimmen Ereignisse in einem wahren Bericht zu Papier zu bringen, damit andere ihn lesen können? Die Antwort muss jeder für sich selbst finden. Meine Antwort fiel immer gleich aus. Dieses Buch soll ein Angebot für all jene sein, die sich damals für das Schicksal einer jungen Frau und den unfassbaren Mord am Kaiserstuhl interessierten und dabei lediglich auf die öffentliche Berichterstattung angewiesen waren. Viele Fragen, die sich seinerzeit nicht nur die Menschen der betroffenen Region stellten, blieben für die Bevölkerung offen. Nicht alle können beantwortet werden. Manche will man nicht beantwortet haben. Und manche dürfen auch nicht beantwortet werden.

Die Erzählung schildert, beginnend mit dem Tag des Verschwindens einer jungen Joggerin, die Bemühungen der Ermittlungsbehörden, insbesondere der Sonderkommission Erle, ein erschütterndes Verbrechen aufzuklären. Der Bericht verzichtet auf Detaildarstellungen an den Tatorten und geht auch nicht näher auf die Tathandlungen ein. Er befasst sich im Wesentlichen mit den polizeilichen Ermittlungen, die auf der Basis eines großen Erfahrungsschatzes, moderner Technik, gesunden Menschenverstandes und letztlich eines listigen Kniffs den lange Zeit unbekannten Täter überführten.

Inhalte, die unter dienstlichem Vorbehalt stehen, finden keine Erwähnung.

Die Vorgänge und Informationen in diesem Buch entsprechen der zeitlichen Abfolge, wie sie während der Ermittlungszeit an mich herangetragen wurden. Aus diesem Grund habe ich mich dazu entschieden, das Buch nicht als chronologische Aufzählung der gesamten

Ermittlungsarbeit jener Zeit zu verfassen, sondern in der Reihenfolge, in der ich von den Begebenheiten Kenntnis erhielt.

Alle erwähnten Ereignisse, alle genannten Zeiten und Orte sowie alle auftretenden Personen sind authentisch. Aus Gründen des Persönlichkeitsschutzes wurden nur die Vornamen und teilweise der Anfangsbuchstabe des Zunamens genannt.

An dieser Stelle darf ich mich für die Prüfung und Beratung bei den Leitungen der Staatsanwaltschaft Freiburg, des Polizeipräsidiums Freiburg, der Kriminalpolizeidirektion Freiburg und des Kriminaltechnischen Instituts beim LKA Stuttgart sowie beim Referat »Recht und Datenschutz« des Polizeipräsidiums Freiburg bedanken. Das Gleiche gilt für alle Kolleginnen und Kollegen der Soko Erle, die mich bei den Recherchen unterstützt haben.

Mein ausdrücklicher Dank und mein größter Respekt für den persönlichen Kontakt bei der Entstehung dieses Buches gelten der Familie des Opfers!

Walter Roth

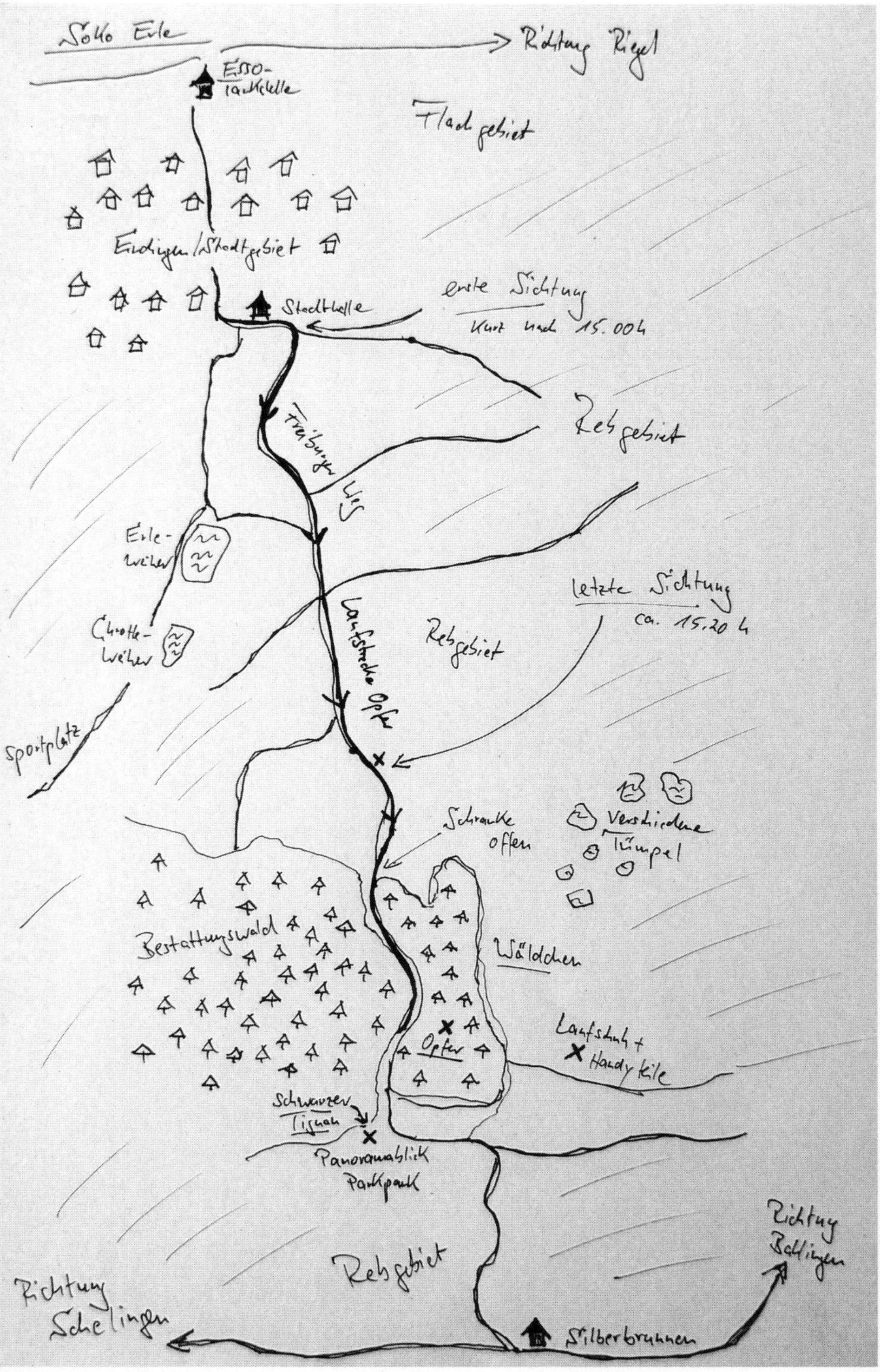
Soko Erle
Richtung Riegel
Esso-Tankstelle
Flachgebiet
Endingen/Stadtgebiet
Stadthalle
erste Sichtung
kurz nach 15.00 h
Rebgebiet
Freiburger Weg
Erle-weiher
Chrotte-weiher
Sportplatz
Laufstrecke Opfer
Rebgebiet
letzte Sichtung
ca. 15.20 h
Schranke offen
Verschiedene Tümpel
Bestattungswald
Wäldchen
Opfer
Laufschuh +
Rebgebiet
Richtung Schelingen
Silberbrunnen

Erstes Kapitel:

VERMISST

1

Wenn frühmorgens, kurz vor sechs, das Telefon klingelt, hat das meistens nichts Gutes zu bedeuten. So auch bei mir.

Es war Montagmorgen. Der 7. November 2016.

Der erste Gedanke, der mir zu dieser Unzeit in den Kopf schoss, war die Befürchtung, es könnte jemandem aus meinem Familien- oder Freundeskreis etwas passiert sein.

Mein zweiter Gedanke, nahezu zeitgleich mit dem ersten, galt meinem Beruf. Als Pressesprecher eines Polizeipräsidiums muss man zu jeder Tages- und Nachtzeit damit rechnen, angerufen zu werden.

Ich nahm ab. Am anderen Ende vernahm ich die Stimme meines Sohnes. Sein Anruf konnte beides bedeuten, Privates oder Berufliches. Er war Dienstgruppenleiter beim Polizeirevier in Emmendingen, das zur Zuständigkeit meines Polizeipräsidiums gehört.

»Bist du wach?« fragte er.

»Was gibt's so früh am Morgen?«

»Wir brauchen dich dienstlich«, gab er zur Antwort. »Gut, dass ich dich erreicht habe.«

»Tut mir leid«, entgegnete ich, »das wird nichts. Ich bin seit einer Woche krankgeschrieben und gehe nachher wieder zum Doc. Ich bin noch nicht fit.«

Seit einiger Zeit schleppte ich einen hartnäckigen Infekt mit mir herum, eine heftige Bronchitis, die sich kaum besserte.

»Du kannst nicht zum Doc gehen, du musst sofort nach Endingen!«

Die forsche Stimme meines dienstgruppenleitenden Sohnes ließ keinen Einwand zu. Zumal er hinzufügte: »Da fehlt eine Frau. Presse ist auch schon dort. Sieht überhaupt nicht gut aus, das Ganze.«

Endingen im südwestlichen Zipfel Deutschlands ist ein kleines, sehr beschauliches, charmebeladenes Städtchen mit weniger als 10.000 Einwohnern am Rande des Kaiserstuhls, eines sehr kleinen Mittelgebirges vulkanischen Ursprungs – und Nachbarort des Dorfes, in dem ich aufgewachsen bin. Wenn irgendwo die Welt noch in Ordnung schien, dann war es bis zu diesem Montagmorgen der friedliche Kaiserstuhl mit seinen bisweilen zwar eigenwilligen, aber überwiegend liebenswürdigen Menschen.

›Ich kann ja auch später noch zum Arzt‹, dachte ich mir und ließ mich von meinem Sohn in knappen Worten auf den aktuellen Sachstand bringen.

»Frau aus Endingen. Joggerin. Gestern Nachmittag daheim losgejoggt und nicht zurückgekommen. Ihr Mann hat uns gestern, spätabends, verständigt. Hat überall gesucht und nachgefragt. Hat keine Ahnung, wo sie sein könnte.«

»Wie alt?« fragte ich dazwischen.

»27. Ganz normale Familie. Echt komische Sache.«

Vermisstenanzeigen gehören bei der Polizei durchaus zu den Routineaufgaben. Wenn Eltern ihre halbwüchsigen Kinder als vermisst melden – meist sind es die Töchter, weil man sich bei den Jungs nicht so schnell Sorgen macht –, dann geht die Sache in aller Regel gut aus. Für die Eltern. Die Töchter sind meist nicht so begeistert davon, von der Polizeistreife, die sie bei irgendeiner Freundin aufgespürt hat, nach Hause gebracht zu werden.

Ältere Menschen, die meist wegen einer Verwirrtheit nicht mehr nach Hause finden, werden häufig von ihren Angehörigen als vermisst gemeldet. In den meisten Fällen werden auch sie wohlbehalten wieder aufgefunden.

Laut Statistik tauchen zwei Drittel der Vermissten innerhalb der ersten drei Tage wieder auf. Von den in Baden-Württemberg etwa 6.500 als vermisst gemeldeten Personen innerhalb eines Jahres wurden zwei Prozent tot aufgefunden. In 0,1 Prozent der Fälle wurden die Vermissten Opfer einer Straftat.

Eigentlich also kein Grund zur Beunruhigung. Zumindest statistisch gesehen.

Die Vermisstenanzeige bezüglich der verschwundenen Joggerin brachte bei uns allerdings sofort alle Alarmglocken zum Läuten. Wir spürten irgendwie gleich, dass das kein Routinefall sein würde, ohne es zu diesem Zeitpunkt konkret in Worte fassen zu können.

Nach Beendigung des Telefonates mit meinem Sohn, schrieb ich meinen Kollegen der Pressestelle eine kurze Handy-Nachricht in die Gruppe, trank im Stehen eine Tasse Kaffee und fuhr anschließend direkt in Richtung Endingen am Kaiserstuhl, etwa zwanzig Autominuten von meinem Wohnort entfernt.

Mit dem frühmorgendlichen Anruf begannen für mich die Ereignisse jener Tage.

Um jedoch alles der Reihe nach zu erzählen, muss man fast drei Jahre zurückblicken. Und rund 500 Kilometer nach Osten, in unser Nachbarland Österreich.

Genauer gesagt: nach Kufstein in Tirol.

2

Dort unterhielt sich eine junge französische Studentin am späten Samstagabend mit ihrer Freundin, mit der sie im Rahmen eines Austauschprogramms der Fachhochschule Kufstein gemeinsam eine Unterkunft in der Münchner Straße, unweit des Inns, bewohnte.

Es war der 11. Januar 2014.

»Ich habe gerade eine SMS bekommen. Bei den anderen gibt es noch eine Party. Hast du Lust?«

Die beiden Französinnen unterhielten sich mitunter in Deutsch, um die Sprache noch besser erlernen zu können. Seit gut drei Monaten waren sie in Österreich, hatten sich gut eingelebt und zahlreiche Bekanntschaften gemacht. Vor allem an den Wochenenden traf man sich in Studentenkreisen auf Partys oder zu sonstigen Unternehmungen. Oft verabredete man sich kurzfristig und zwanglos.

Ihre Freundin hatte es sich an diesem Abend jedoch schon im Bett bequem gemacht.

»Ach, nein, ich geh lieber schlafen. Ich bin müde. Bitte sei nicht böse. Es ist schon spät.«

Zur gleichen Zeit parkte auf einem Stellplatz des Inntaler Logistik-Parks ein Lkw.

Kufstein, an der vielbefahrenen Brenner-Transitstrecke, bot wegen des Wochenendfahrverbots vielen Schwerlastfahrern notgedrungen eine Bleibe.

Ein Wochenende kann lange dauern, wenn man gezwungen ist, es auf diese Weise in einer fremden Stadt zu verbringen.

Spätabends am Samstag machte sich ein Mann zu Fuß auf den Weg zur Inn-Promenade.

Die junge Studentin ging ebenfalls zu Fuß durch die kühle Januarnacht. Sie war alleine unterwegs. Inzwischen war es etwa Mitternacht. Nach der Absage ihrer Freundin hatte sie bei einer anderen befreundeten

Studienkollegin angerufen, aber auch diese wollte nicht zur Party. Stattdessen hatten sie vereinbart, sich trotz vorgerückter Stunde im Studentenwohnheim zu treffen, das etwa fünfzehn Gehminuten von der Wohnung in der Münchner Straße entfernt lag. Den Weg kannte die junge Studentin nicht, aber die beiden Freundinnen hielten per Kurznachrichten Kontakt.

»*Es ist sehr dunkel hier*«, tippte sie unterwegs in ihr Handy. Sie hatte Angst. Für sie war alles fremd um diese dunkle Zeit, und sie wollte so schnell es ging im Studentenheim sein. Ihre Freundin dirigierte sie über das Handy Richtung Wendlinger Brücke und danach zum Kreisverkehr an der Hauptstraße. Aber aus ihrem Unbehagen heraus entschloss sie sich für den Weg entlang der Inn-Promenade. Dort waren um diese Zeit zwar so gut wie keine Menschen mehr unterwegs, aber die Strecke war kürzer und sie wollte sie so rasch wie möglich hinter sich bringen.

Vermisstenanzeigen gehören auch bei der Polizei in Österreich allgemein zu den Routineaufgaben. Man nennt sie dort »Abgängigkeitsanzeigen«.

Bei der Polizeiinspektion Kufstein wurde am Morgen des 12. Januar 2014, einem Sonntag, eine 20-jährige französische Austauschstudentin als vermisst gemeldet.

Auch dort bestand sofort die Befürchtung, dass es sich um keinen Routinefall handelte.

3

Zu diesem Zeitpunkt war die Polizeireform in Baden-Württemberg gerade einmal zwölf Tage alt. Vieldiskutiert und teilweise kritisiert brachte sie immerhin für den Bereich der Öffentlichkeitsarbeit eine überaus vorteilhafte Neuerung: Es gab jetzt richtige Pressestellen. Vom Begriff her gab es diese zwar früher schon, aber sie waren vor der Reform, mit

Ausnahme der größeren Städte, nur mit einem einzigen Sprecher besetzt.

Am 1. Januar 2014 starteten wir beim Polizeipräsidium Freiburg mit sechs Beamten und drei Assistenzen aus dem Tarifbereich die neue Pressestelle.

Fünf Jahre später war die Zahl der Mitarbeitenden zweistellig und unsere illustre Truppe bestand aus einer wohltuenden Mischung aus Uniformierten und Kriminalpolizisten, Männlein und Weiblein, Jung und Alt, Beamten und Tarifbeschäftigten und einem Team-im-Team für die Bedienung und Betreuung sozialer Medien. Und wir hatten sogar einen ausgebildeten Journalisten in unseren Reihen, der eine zusätzliche, neue Perspektive in unser Team einbrachte. Durch diese Vielfältigkeit konnten wir nicht nur unterschiedliche Arbeitsbereiche abdecken, sondern auch jedem Mitarbeiter der Pressestelle die Chance bieten, sich schwerpunktmäßig gemäß der eigenen Stärken und Interessen einzubringen.

Mein bevorzugtes Tätigkeitsfeld waren spontane Einsätze und Pressearbeit am Ort des Geschehens. Daher fuhr ich an jenem Morgen Anfang November 2016 recht entspannt in Richtung Kaiserstuhl, während ich mich gedanklich mit den Möglichkeiten beschäftigte, wohin sich dieser Fall entwickeln könnte.

4

Der 6. November 2016 war ein trüber, typischer Herbsttag. Ein Sonntag. *Schmuddelwetter* würde man in Norddeutschland vermutlich sagen, *Säuwätter* am Kaiserstuhl, mit dem typischen und für nicht aus der Region stammende Menschen schwer verständlichen, breiten Dialekt. Über Mittag sollte noch ein heftiger Regen über der Region niedergehen. Am Morgen war es bereits stark bewölkt und ziemlich kühl.

Genau um 9:45 Uhr fuhr ein schwarzer VW Tiguan auf das Gelände der Esso-Tankstelle am Endinger Ortsrand. Auf dem Video der Überwachungskamera ist zu sehen, dass der Fahrer ausstieg und sich im Bereich der abgestellten Lkw bewegte. Die Tankstelle an der direkten Verbindungsstraße zum benachbarten französischen Elsaß galt als Treffpunkt für Lkw-Fahrer, insbesondere an Feiertagen und Wochenenden. Der Mann ging ein paar Schritte, stieg nach wenigen Minuten wieder in sein Fahrzeug ein und fuhr davon.

Die Kamera-Uhr zeigte jetzt 9:53 Uhr.

Exakt dreiundzwanzig Minuten später fuhr der schwarze Tiguan erneut auf das Tankstellengelände. Kurz danach betrat dessen Fahrer den Verkaufsraum durch die seitliche Bistro-Tür, wo er auf eine kleine Gruppe von Lkw-Fahrern traf. Er bestellte sich einen Kaffee und zwei süße Stückchen und unterhielt sich an einem der hinteren Tische mit seinen Berufskollegen. Um 10:53 Uhr verließ er das Bistro, stieg in den schwarzen Tiguan und fuhr in Richtung Endinger Ortsmitte davon.

Etwa um diese Zeit traf die junge Frau zusammen mit ihrem Mann in einem kleinen Saal der Turnhalle der benachbarten Kaiserstuhlgemeinde Wyhl zum Brunch ein. Eine Verwandte hatte anlässlich ihres Geburtstages dazu eingeladen. Die Stimmung war gut, man unterhielt sich und genoss das Büffet.

Später würden Zeugen aussagen, dass die junge Frau etwa um 12:30 Uhr noch etwas gegessen hat. Zu diesem Zeitpunkt hatte sie bereits entschieden, am Nachmittag joggen zu gehen. Ihr Ehemann hatte kurz davor mit seinem Vater vereinbart, ein Amateurfußballspiel in dem etwa zwanzig Kilometer entfernten Holzhausen zu besuchen, einem Teilort der Gemeinde March, nahe bei Freiburg. Ihr Schwager hütete dort das Tor der Reservemannschaft des Endinger Sportvereins.

Um ungefähr 14:15 Uhr brachte der Ehemann zusammen mit seinem Vater seine Frau zurück zu der gemeinsamen Wohnung in Endingen. Er ging noch kurz mit ins Haus, um wärmere Kleidung anzuziehen, während sein Vater im Auto wartete. Etwa um 14:30 Uhr verließ der Ehemann die Wohnung und fuhr mit seinem Vater zum Fußballspiel, das um kurz nach 15:00 Uhr, mit etwas Verspätung, begann.

Mehrere Zeugen bestätigten später, dass er tatsächlich während des gesamten Spiels als Zuschauer auf dem Sportgelände anwesend war.

Die junge Frau hielt sich noch ein wenig in ihrer Wohnung auf und schlüpfte dann in ihre Joggingkleidung.

Um 14:58 Uhr schickte sie unmittelbar vor Verlassen des Hauses ein Selfie an einen Bekannten.

Zu genau dieser Zeit stand neben einer Parkbank an einem Aussichtspunkt im Bereich eines Bestattungswaldes zwischen Endingen und Bahlingen ein schwarzer Tiguan.

5

»Der Ö kommt!« hieß es auf dem von Polizisten gesäumten Parkplatz, als ich eine gute Stunde nach dem Anruf meines Sohnes dort eintraf.

Ö ist die betriebsinterne Abkürzung für den polizeilichen Pressesprecher. Nicht P, wie man vielleicht vermuten würde, sondern Ö. Die offizielle Bezeichnung des Polizeisprechers lautet seit jeher Öffentlichkeitssachbearbeiter. Klar, dass man einen solch sperrigen Begriff abkürzt. Zumal Abkürzen bei der Polizei ein äußerst beliebter Sport ist und die Gelegenheit dazu, ohne jegliche Ausnahme, beim allerersten Schopf gepackt wird. Das P ist jemand anderem vorbehalten, nämlich dem Präsidenten. Während das Ö und das P noch zu keinen falschen Deutungen verleiten, sollte man schon wissen, dass KOST nichts zu essen, sondern eine Koordinierungsstelle ist, man TEE nicht trinken kann, weil eine Technische Einsatzeinheit kulinarisch ungenießbar ist, und dass beim FEST üblicherweise nicht gefeiert wird, sondern dort die Fäden des Führungs- und Einsatzstabes zusammenlaufen. Gefühlt gibt es im Polizeijargon mehr Abkürzungen als ausgeschriebene Wörter. KHK, eine allgemein gültige Abkürzung aus der Medizin, bedeutet bei uns aber nicht Koronare Herzkrankheit, sondern Kriminalhauptkommissar. Das ist mein Dienstgrad.

Schon auf dem Parkplatz vor dem Polizeiposten sprach mich der Journalist einer Lokalredaktion mit Notizblock und Stift in der Hand an. Es war nicht verwunderlich, dass er schon da war, bevor wir eine offizielle Pressemeldung herausgegeben hatten. Er wohnte in Endingen und erfuhr durch eigene Quellen praktisch alles Interessante, was dort und in der Umgebung passierte. Obwohl ich ihn schon seit Jahren als vertrauenswürdigen Medienvertreter kannte, konnte ich ihm keine Auskünfte geben, da ich mich selbst erst bei meinen Kollegen kundig machen musste.

Als ich später die notwendigen Informationen hatte und sie an den örtlichen Redakteur, zwei weitere inzwischen eingetroffene Medienleute sowie offiziell in Form einer ersten schriftlichen Pressemitteilung weitergab, erschien die erste mediale Online-Meldung:

»Nicht heimgekehrt.
In Endingen sucht ein Großaufgebot an Polizei nach der 27-jährigen Carolin G. Die Frau war zu einer Joggingtour aufgebrochen – und nicht zurückgekommen.«
(Quelle: Badische Zeitung, 7.11.2016)

Nach unserer ersten Pressemitteilung an diesem frühen Montagmorgen und dem Hinweis, dass eine Suchaktion mit Rettungskräften, Suchhunden und Polizeihubschrauber im Gange war, trafen in erstaunlicher Kürze zahlreiche Medienvertreter, vor allem auch aus überregionalen Standorten, in Endingen ein. Unter der Federführung des Polizeireviers Emmendingen wurde im Untergeschoss des Bürgerhauses, das idealerweise unmittelbar an den Polizeiposten angrenzt, die KOST für die Suchmaßnahmen eingerichtet.

Der Schwerpunkt wurde auf die bis dahin bekannten und bevorzugten Laufstrecken der vermissten Frau gelegt. Umfangreiches Karten- und Bildmaterial wurde an die holzgetäfelten Wände eines stattlichen Besprechungs- und Veranstaltungsraumes geheftet.

Hier trafen sich auch die Suchkräfte und erhielten ihre Aufträge. Mitarbeiterinnen und Mitarbeiter der Stadt, des Roten Kreuzes, der

Feuerwehr und der örtlichen Vereine richteten einen Tisch mit heißem Kaffee her, der sich im Laufe der nächsten Tage zu einer reich gedeckten Tafel entwickeln sollte. Denn nicht nur die eingeteilten Ehrenamtlichen versorgten unsere Einsatzkräfte dauerhaft mit Speis und Trank, sondern nach und nach brachten auch Endinger Bürgerinnen und Bürger Kuchen, belegte Brötchen, Süßigkeiten und anderes Essbares vorbei. Es entwickelte sich schon in dieser Phase eine spürbare Solidarität unter allen Menschen, die sich Sorgen um die verschwundene junge Frau machten.

Systematisch wurden Suchregionen eingeteilt und Anweisungen an die Leiter der Suchtrupps gegeben. Es herrschte eine betriebsame, aber von einer eigenartigen Anspannung getragene Atmosphäre. In den Augen meiner Kolleginnen und Kollegen las ich professionellen und entschlossenen Umgang mit der Situation. In den Augen der freiwilligen Helfer und der Bürger erkannte ich Sorge und Befürchtungen.

Dann blickte ich unvermittelt in zwei Augen, die einfach nur blanke Angst verrieten. Der Vater der Vermissten wollte sich nach dem Stand der Suchmaßnahmen erkundigen.

Im Laufe von über vierzig Dienstjahren bei der Polizei entwickelt man ein bestimmtes Gespür, eine Ahnung für das, was passiert sein könnte, auch wenn die Wahrheit noch völlig im Ungewissen liegt. Rational ist es vermutlich nicht erklärbar, aber es ist offensichtlich. Das geht allen im Polizeidienst so. Sie sammeln über die vielen Jahre hinweg Eindrücke von verschiedenen Ereignissen, Schicksalen, Tragödien, auch viele schöne Momente. Diese Erfahrung hilft ihnen bei den täglichen Einsätzen, die richtigen Entscheidungen zu treffen.

Als ich an jenem Montagvormittag alle Fakten in Endingen für mich zusammengetragen und eine Einschätzung der Situation vorgenommen hatte, beschlich mich ein unheilvolles Gefühl. Oder etwas, das man eine solche *Ahnung* nennen könnte? Ich hoffte sehr, dass sie nicht zur *Gewissheit* werden würde.

Meine Gedanken schweiften einen Tag zurück, zum Sonntag. Ich versuchte mir vorzustellen, was passiert sein könnte. Das beklemmende Gefühl wurde dabei nicht besser.

Es sah wirklich nicht gut aus.

6

Die beiden Frauen kannten Carolin G. persönlich. Daher konnten sie später mit Gewissheit zu Protokoll geben, dass die junge Frau kurz nach 15 Uhr an der Endinger Stadthalle an ihnen vorbeigejoggt war.

Den schwarzen Tiguan neben der Rastbank beim Bestattungswald sahen um diese Zeit mindestens zwei Zeugen. Das Auto war dort geparkt, aber es gab keine Insassen dazu.

Früher war das zwischen den Ortschaften Bahlingen und Schelingen gelegene Gasthaus »Bad Silberbrunnen«, von den Einheimischen kurz *'s Bad* genannt, ein sehr beliebter Ausflugsort. Tagsüber konnte man die traditionsbeladene Gaststätte mit ihrer gut-bürgerlichen Küche als Startort oder Endpunkt oder beides für Spaziergänge und Wanderungen auswählen. Nachts gab es dort über viele Jahre hinweg im angrenzenden Gebäude eine gutbesuchte Diskothek, die passend zur weithin bekannten Weinregion des Kaiserstuhls »Reblaus« getauft wurde, im ortsüblichen Dialekt *Räblüs*.

Am Tag, als eine kleine Gruppe, bestehend aus sechs Personen, ihren Spaziergang startete, waren die Räumlichkeiten der ehemaligen Gaststätte und der Diskothek längst verlassen, verwahrlost und dem Zerfall preisgegeben.

Die Gruppe hatte zuvor im Ort gemeinsam zu Mittag gegessen und war anschließend mit zwei Autos von Bahlingen aus hinauf zum »Silberbrunnen« gefahren. Nach 15 Uhr startete sie zu Fuß zu einer kleinen Runde.

Weshalb die anderen Fünf den markerschütternden Schrei nicht wahrgenommen hatten, sondern erst durch ihren Begleiter darauf aufmerksam gemacht wurden, blieb letztlich ungeklärt. Womöglich hatte sich der Mann, Mitte sechzig, zum Zeitpunkt, als er den Schrei vernahm, etwas abseits der Gruppe aufgehalten. Etwas weiter weg von seinen Begleitern, aber etwas näher hin zum Bestattungswald.

Von einem roten Passat berichtete ein anderer Zeuge. Das Auto, das ihm aufgefallen war, stand neben der schmalen Teerstraße auf der Grasfläche am Rande eines größeren Rebstücks. Ohne Insassen. Zwischen den langgezogenen Rebzeilen stand ein Mann, Alter unbekannt, das Gesicht weggedreht. So, als würde er sich mit den Trauben beschäftigen. Mit Trauben, die längst geerntet waren.

Dem Mann in den Reben, zu dem der rote Passat gehörte, fiel der Zeuge, der ihn beobachtete, nicht auf. Er hatte Anderes im Sinn. Seine ganze Aufmerksamkeit widmete er seinem Müller-Thurgau. Er war am Abwägen und überlegte. Sollte er beim alljährlichen Rebschnitt in diesem Jahr nur sechs oder sieben Augen an der Gerte stehen lassen, statt bisher immer zehn? Damit hätte er zwar weniger Ertrag, dafür aber mehr Qualität.

Die Pilzsammlerin im Bereich des Bestattungswaldes war stets alleine unterwegs, abgesehen von ihrem Hund, der sie begleitete. So auch an diesem Sonntagnachmittag. Seit die Frau mittleren Alters einmal bei der Pilzsuche die Zeit vergessen und dadurch einen wichtigen Termin versäumt hatte, behielt sie ihre Uhr sorgsam im Auge. So versicherte sie bei ihrer späteren Befragung, dass es kurz nach 16 Uhr gewesen sei, als sie zwei knapp aufeinanderfolgende Schreie aus Richtung des kleinen Wäldchens neben dem Begräbniswald gehört habe.

7

Der folgende Montag verstrich ohne ein Lebenszeichen von Carolin G.

Nachdem sie von ihrem Ehemann am Sonntagabend um 20:53 Uhr bei unserer Einsatzzentrale als vermisst gemeldet worden war, hatte sich eine Streifenbesatzung des Polizeireviers Emmendingen unverzüglich auf den Weg nach Endingen gemacht und am vereinbarten Treffpunkt, dem Feuerwehrgerätehaus, die ersten Suchmaßnahmen eingeleitet. Dazu gehörten die Überprüfung von Krankenhäusern sowie die Abfrage anderer Rettungsleitstellen.

Die Umstände deuteten schon früh darauf hin, dass der Vermissten etwas zugestoßen sein könnte, wobei auch ein Unfallgeschehen als denkbar angesehen wurde.

Am Abend wurde der Leiter des Polizeireviers verständigt, der am Ort als sogenannter »Polizeiführer« die Koordination weiterer Maßnahmen übernahm. Noch vor Mitternacht suchten weitere Polizeibeamte mit Unterstützung der Freiwilligen Feuerwehr nach der vermissten Frau. Dies allerdings, ohne in der aktuellen Situation konkrete Aufenthaltsmöglichkeiten zu kennen. Mögliche Orte, an denen sich die Vermisste aufhalten könnte, waren bereits vor Verständigung der Polizei durch die Angehörigen erfolglos überprüft worden. Der angeforderte Polizeihubschrauber, ausgestattet mit einer Wärmebildkamera, überflog Endingen und Umgebung. Das Donnern seiner Rotoren war zwar unüberhörbar, aber die meisten Endinger kannten zu diesem Zeitpunkt noch nicht den Grund dafür.

Neben der nochmaligen und dieses Mal polizeilichen Überprüfung von Anlaufadressen wurden Polizeisuchhunde sowie sogenannte *Mantrailer-Hunde* zum Aufspüren der Vermissten eingesetzt. Jagdpächter wurden verständigt und Taxidienste überprüft.

Unsere Befehlsstelle zur Koordination der Suchmaßnahmen im Bürgerhaus befand sich mitten im Ortskern. Abstellmöglichkeiten für die zahlreichen Einsatzfahrzeuge waren nur in begrenztem Maße vorhanden. Daher beließen wir unsere Sammelstelle für die Suchkräfte beim Feuerwehrgerätehaus, das, von der nahen Autobahn aus angefahren, direkt am Ortseingang von Endingen liegt. Das Feuerwehrhaus und vor allem dessen großer Vorplatz waren auch schon in der ersten Nacht zentraler Treffpunkt für alle gewesen. Noch bevor ich meine mobile Pressestelle beim Bürgerhaus einrichtete, hatten wir auch die Medienleute, die auf aktuelle Informationen warteten, zur Feuerwehr dirigiert.

Als ich mich am Montagnachmittag auf dem dortigen Vorplatz mit zwei Reportern einer überregionalen Boulevardzeitung unterhielt, kam der örtlich zuständige Notfallseelsorger des Deutschen Roten Kreuzes (DRK) zu uns herüber und nahm mich zur Seite. Die Räumlichkeiten des DRK-Ortsvereins befinden sich direkt neben den Gebäuden der Feuerwehr. Er sagte mir, dass sich die ganze Familie und nahe Verwandte beim DRK versammelt hatten und auf eine aktuelle Information von der Polizei über den Stand der Suchmaßnahmen warteten.

Ich sah mich um, entdeckte aber nur eine Streifenbesatzung des örtlichen Polizeipostens. Ich telefonierte mit der Einsatzleitung, erhielt aber die Information, dass der Ansprechpartner für die Familie, der polizeiliche Betreuer, gerade in Freiburg und bald unterwegs nach Endingen sei. Es wäre aber kein Problem, wenn ich selbst mit den Angehörigen sprechen würde. Mit dem Notfallseelsorger ging ich hinüber ins DRK-Gebäude.

In meiner auffälligen Pressesprecher-Weste erkennbar, betrat ich den geräumigen Besprechungsraum, wo mich eine von Ungewissheit, Sorge und bösen Ahnungen gezeichnete Schar von schätzungsweise fünfzehn bis zwanzig Menschen erwartete. Auch Kinder waren dabei. Ob sie alle Angehörige waren, wusste ich nicht.

Ich schaute in die verzweifelten Gesichter und mir wurde bewusst, dass ich auf diese Situation nicht vorbereitet war. In ein vorgehaltenes Mikrofon oder in eine Kamera zu sprechen, das war ich gewohnt. Ich erkannte den Vater der Vermissten wieder. Er war vom Bürgerhaus herüber gekommen, wo ich ihn kurz zuvor gesehen hatte. Er stammt aus meinem Heimatort, einem Nachbardorf von Endingen. Seine Frau war auch da. Vom Sehen her kannte ich noch zwei, drei andere Personen.

Ich sammelte mich und erklärte, dass es aktuell noch nichts Neues gebe und wir noch nicht wüssten, wo Carolin sich aufhalten könnte. Bewusst vermied ich, von einer möglichen Straftat zu sprechen. Die Suchmaßnahmen im Gelände seien erforderlich, um alle denkbaren Möglichkeiten ausschließen zu können. Wir hätten große Hoffnung, dass sie unversehrt wieder zurückkehren werde. Ich versprach, die Familie auf dem Laufenden zu halten, und wies darauf hin, dass ein Kollege von mir unterwegs nach Endingen sei. Er werde dann direkten Kontakt zu ihnen halten.

Ein allgemeines, zustimmendes Nicken verriet mir, dass ich im Großen und Ganzen offenbar die richtigen Worte gefunden hatte. Wohl war mir dabei aber dennoch nicht. Ich versuchte eine aufmunternde Geste und ging zurück zum Vorplatz zu den beiden Reportern.

Es gab nach unseren Erkenntnissen nur drei Personen, die wussten, dass Carolin G. am Sonntagnachmittag zum Joggen gehen würde, denn den Entschluss dazu hatte sie erst kurzfristig gefasst. Neben ihrem Ehemann und dessen Vater konnte es lediglich noch der Bekannte wissen, dem sie kurz vor Verlassen ihrer Wohnung, bereits in voller Joggingkleidung, von ihrem Handy ein Selfie geschickt hatte. Ein junger Mann, etwa in ihrem Alter.

Carolin G. war seit Jahren beim Badischen Winzerkeller im knapp zwanzig Kilometer von Endingen entfernten Grenzstädtchen Breisach im Büro beschäftigt. Mit ihren Arbeitskollegen hatte die aufgeschlossene Frau ein sehr gutes Verhältnis und pflegte auch außerhalb der Arbeitszeiten die Kontakte. Mit einigen Kolleginnen und Kollegen war sie überdies hin und wieder in der Freizeit aktiv. Noch zwei Tage vor ihrem Verschwinden war sie mit ein paar Mitarbeitern in einem nahegelegenen Freizeitpark gewesen. Lebensfroh, gesellig und als Person geschätzt hatte sie einen durchaus großen Bekanntenkreis, sodass es nicht ungewöhnlich war, dass sie ein Bild von sich verschickte.

Der junge Mann, dem sie das Selfie geschickt hatte, geriet natürlich dennoch in den Fokus meiner Kollegen. Es stellte sich trotz der Unverfänglichkeit die Frage, warum sie gerade ihm kurz vor Verlassen des Hauses das Bild geschickt hatte. War es unter Umständen ein zuvor vereinbartes Signal, um sich zu treffen? Dem Bild war lediglich der schriftliche Hinweis beigefügt, dass sie jetzt joggen gehe.

Die gute alte Alibiüberprüfung als traditionelle Art der Wahrheitsfindung wird in der heutigen Zeit durch die bemerkenswerten Möglichkeiten der Auswertung digitaler Spuren unterstützt. Die Bedeutung der Informationen aus dieser sprudelnden Quelle hat in den letzten Jahren den Stellenwert klassischer Spuren längst erreicht.

Die Antwort auf die Frage an den Bekannten, wo er denn am Sonntag ab 15 Uhr gewesen sei, wurde daher selbstverständlich über die Mobildaten seines Handys überprüft. Für uns relevant war zunächst der Zeitraum bis etwa 21 Uhr – kurz zuvor hatte der Ehemann seine Frau als vermisst gemeldet.

Das Alibi war nicht lückenlos. Wir behielten den jungen Mann im Auge.

Nach der intensiven Befragung von Angehörigen konzentrierte sich die Suche durch die »Taktischen Einsatzzüge des Polizeipräsidiums Einsatz« zunächst auf die Laufstrecken, die bekannt waren. Demnach lief die junge Frau meist in nördliche oder nordöstliche Richtung, also nicht in Richtung Bahlingen, sondern entgegengesetzt, eher in Richtung der Ortschaft Riegel.

Meine Kollegen hatten bis zum Montagabend schon so viele Befragungen im Umfeld der Vermissten durchgeführt, dass sich ein erstes Bild ergab, auf dessen Grundlage man zaghafte Bewertungen vornehmen konnte. Die typischen Umstände dafür, dass die junge Frau unversehrt wieder auftauchen könnte, fehlten. Nach Auskünften aus ihrem Umfeld hatte es zuvor keine vergleichbare Situation gegeben, die sich dann in Wohlgefallen aufgelöst hätte. Carolin G. war zuvor nie längere Zeit irgendwo gewesen, ohne jemandem Bescheid zu geben. Sie galt als zuverlässig, nicht schwermütig oder gar depressiv, im Gegenteil. Auch die rein theoretisch angenommene Zuordnung zum Personenkreis *Potenzielle Tatopfer*, die zur Erstellung einer möglichen Hypothese eine Rolle spielen könnte, scheiterte mangels einschlägiger Kriterien. Sie war kein *Opfertyp*, kriminologisch formuliert. Aus Fotos und Beschreibungen ergab sich für uns sehr früh der Eindruck einer lebenslustigen, verlässlichen, offenen, gutaussehenden und liebenswerten jungen Frau mit starker Persönlichkeit – keinesfalls unvorsichtig, gutgläubig oder naiv.

Alle denkbar möglichen Hinwendungsorte waren bereits überprüft worden, ohne dass sich dabei auch nur der geringste Hinweis auf den Verbleib der Vermissten ergeben hätte. Die junge Ehe – man hatte erst etwa ein Jahr zuvor geheiratet – wurde als unauffällig und intakt beschrieben. Ein gemeinsamer Hausbau stand in Planung.

Dennoch weiß zumindest jeder Polizist, dass rein statistisch in etwa neunzig Prozent aller Tötungen eine Beziehung zwischen Täter und Opfer vorliegt. Durch diese Kenntnis legitimiert sich ein möglichst verborgen gehaltenes grundsätzliches Misstrauen gegenüber dem Partner eines Tötungsopfers – auch ohne dass zunächst überhaupt ein konkretes Verdachtsmoment vorliegen muss.

Der Ehemann machte schon bei den ersten polizeilichen Befragungen Bekanntschaft mit möglichen Überlegungen dieser Art. Dabei fielen anfangs die Fragen noch eher harmlos aus:

»Wie lange sind Sie schon ein Paar?«

»Wie ist das Verhältnis zu Ihrer Frau?«

»Hatten Sie Streit mit Ihrer Frau?«

»Hat Ihre Frau einen Freund?«

»Halten Sie es für möglich, dass Ihre Frau ein Verhältnis haben könnte, das Sie Ihnen verschweigt?«

»Ist es bei Ihnen jemals zu Handgreiflichkeiten gekommen?«

»Würden Sie sich als eifersüchtig bezeichnen?«

Letztere Fragen überschritten bereits leicht die Grenze der Harmlosigkeit.

Zum Ende des ersten Tages nach dem Verschwinden der Joggerin kündigten sich weitere überregionale Medienvertreter für den nächsten Morgen an.

Wir hatten über den Tag verteilt vier schriftliche Pressemitteilungen herausgegeben, die sich im Wesentlichen darauf beschränken mussten, dass es bislang keine Hinweise über den Verbleib der Frau gab und die Suchmaßnahmen andauern würden.

In Interviews, sogenannten O-Tönen (Original), wurde ich natürlich nach möglichen Hintergründen gefragt und mit ersten wilden Spekulationen konfrontiert.

Auf den ersten Blick ist die Intention von Medien und polizeilichen Pressestellen gleich: Beide wollen die Öffentlichkeit informieren. Auf den zweiten und dritten Blick jedoch scheren die Motivlagen auseinander. Während die Polizei faktenbasiert informiert und aus ermittlungstaktischen Gründen bestimmte Dinge nicht veröffentlicht, müssen Nachrichten visueller und akustischer Medien bis zu einem gewissen Grad spektakulär sein. Um entsprechende Informationen zu erhalten, fragen Reporter daher stets, teilweise hartnäckig, nach.

»Kann es sein, dass die vermisste Frau ein Verhältnis mit einem anderen Mann hatte und durchgebrannt ist?«

»Könnte es sein, dass es in der Ehe kriselte?«

»Hatte die Joggerin ein Handy bei sich, das man orten und ihren Aufenthaltsort feststellen könnte?«

Mit Fragen dieser Art hatte ich wiederholt zu tun und bemühte mich, den Fragenden Antwort zu geben, ohne die Ermittlungen zu gefährden.

Die Frage nach dem Handy der vermissten Joggerin war natürlich höchst interessant und berechtigt. Hypothetisch davon ausgehend, dass ein Gewaltverbrechen vorliegen könnte, stellte sie jedoch die klassische Variante dar, bei der sich eine Beantwortung aus kriminaltaktischen Gründen verbietet. Das Handy kam als wichtiger Spurenträger in Betracht: Es könnte Aufschluss über den Aufenthaltsort der Vermissten geben. Es könnte Hinweise auf den Aufenthalt eines möglichen Tatverdächtigen liefern. Es bot Möglichkeiten, ein Bewegungsbild zu erstellen. Auf alle Fälle beinhaltete es Aufzeichnungen über Gesprächsverläufe und Kommunikation. Daher konnte die Antwort auf diese Frage nur lauten, dass wir derzeit dazu nichts sagen könnten.

Was wir zu diesem Zeitpunkt allerdings bereits wussten: Das Handy ließ sich aus uns bislang unbekannten Gründen nicht orten.

8

Für den Dienstag hatte ich mich auf acht Uhr mit drei Journalisten für ein morgendliches Update verabredet. Das bedeutete, dass ich mich gleich nach dem Aufstehen beim Polizeirevier telefonisch nach dem aktuellen Stand erkundigte. Eine Überraschung erwartete ich nicht, weil vereinbart war, dass ich auch in der Nacht verständigt würde, falls sich etwas Neues ergeben sollte. Niemand hatte angerufen.

»Es gibt leider keine neuen Erkenntnisse«, diktierte ich bald darauf in den Schreibblock des regional zuständigen Redakteurs der bekanntesten und am meisten gelesenen Tageszeitung in der Region.

Wir standen auf der Straße vor dem Bürgerhaus. Ich war wieder auf direktem Wege von zuhause nach Endingen gefahren. Dort sollte auch in den nächsten Tagen mein Dienstort sein.

»Vermutet die Polizei ein Verbrechen?«

»Wir ermitteln in alle Richtungen.« Ein Standardsatz, der so platt klang, dass weitere Erläuterungen zwingend erforderlich waren, um den Umgangston respektvoll zu halten. »Es gibt aktuell keine Hinweise auf ihren derzeitigen Aufenthaltsort. Wir gehen davon aus, dass sie tatsächlich alleine zum Joggen aufgebrochen ist. Allerdings kennen wir die von ihr gewählte Laufstrecke nicht. In Vergangenheit ist sie meist so etwa in Richtung Nachbarort Riegel gelaufen. Darauf konzentrieren sich nun unsere Suchmaßnahmen. Ein Unfall ist genauso denkbar wie alles Andere. Sie fehlt, und wir wissen momentan nicht warum.«

Den fragenden Redakteur kannte ich schon sehr lange. Ohne dass wir uns jemals privat getroffen hatten, pflegten wir seit vielen Jahren ein vertrauensvolles und wertschätzendes Verhältnis. Sein gesundes Misstrauen und seine journalistische Neugier hatten stets das richtige Maß. Daher ging das Gespräch mit ihm auch weiter, nachdem er Block und Stift weggesteckt hatte.

»Ich habe kein gutes Gefühl«, sagte ich.

»Sie meinen, es ist ihr etwas zugestoßen?«

»Es passt überhaupt nicht, dass sie einfach so fehlt. Sie war nie länger weg, ohne jemandem Bescheid zu sagen. Nun fehlt sie schon zwei Nächte.«

»Was ist mit ihrem Handy?«

Ich überlegte kurz. »Sie hatte eins bei sich, aber meine Kollegen ermitteln noch.« Ich musste an dieser Stelle taktieren, denn ich wusste tatsächlich schon mehr. »Ich kann leider jetzt gerade nicht mehr darüber sagen«, ergänzte ich in Erwartung, dass er den leisen Wink verstehen und nicht weiter nachhaken würde.

»Alles klar«, sagte er nur.

Später sollte sich herausstellen, dass Carolin G.s Handy zwei Tage zuvor, also am Sonntag, dem Tag ihres Verschwindens, um 15:48 Uhr abrupt vom Netz ging – oder, wie es die Insider nennen, gecrasht wurde. Von einem Handy-Crash ist die Rede, wenn sich das Gerät nicht ordnungsgemäß durch einen Ausschaltvorgang aus dem Mobilfunknetz abgemeldet hat. Dies kann beispielsweise der Fall sein, wenn der Akku des Handys ohne vorherige Abmeldung herausgenommen wird oder wenn man in eine Tiefgarage einfährt oder wenn das Handy ins Wasser fällt.

Oder wenn es mutwillig zerstört wird.

Immer mehr Einsatzkräfte wurden als Sucheinheiten an den Kaiserstuhl berufen und erhielten aus unserer am Ort eingerichteten Einsatzzentrale im Bürgerhaus ihre Aufträge. Das Kriminalkommissariat

Emmendingen war als zuständige Kripo-Dienststelle wegen der im Raume stehenden Befürchtungen und Gesamtumstände bereits früh einbezogen worden. Als Teil der übergeordneten Kriminalpolizeidirektion Freiburg, zuständig für den Landkreis Emmendingen, wurde am Dienstagvormittag die »Ermittlungsgruppe Erle« gegründet, benannt nach dem Gewann, in dem Carolin G. zuletzt gesehen wurde. Die Suchmaßnahmen wurden weiterhin vom Polizeirevier, also der uniformierten Schutzpolizei, in Absprache mit der Kripo koordiniert. Sie konzentrierten sich auf Grundlage der Aussagen von Angehörigen weiter auf mögliche Laufstrecken.

Die Aussage der beiden Zeuginnen, wonach sie Carolin G. kurz nach 15 Uhr in Trainingskleidung laufend in der Nähe der Stadthalle gesehen hatten, galt inzwischen als gesichert. Allerdings gabelt sich im dortigen Bereich die Straße in nahezu alle möglichen Richtungen, weshalb sich unsere Erkenntnisse darauf reduzierten, dass sie tatsächlich zum Joggen aufgebrochen war. Welche Richtung sie nach der Stadthalle gewählt hatte, wussten wir nicht.

Zur Unterstützung unserer Vermisstenfahndung hatte ich bereits am Montag das Selfie, das die junge Frau an einen Bekannten verschickt hatte, mit Zustimmung der Angehörigen veröffentlicht.

Das Technische Hilfswerk verfügte schon über hochwertige Kamera-Drohnen, welche über einem unzugänglichen Brachgelände nördlich von Endingen zum Einsatz kamen. Dies brachte ebenso wenig Erfolg wie die Überprüfung sämtlicher Rebhütten im fraglichen Bereich. Im Laufe des Tages wurde die Suche nun auch in Richtung des benachbarten Frankreich und in die südliche Region ausgedehnt, ohne dass man dazu einen konkreten Anlass hatte. Aber in dem Gebiet nördlich und nordöstlich des Städtchens, überwiegend freies und gut überschaubares Gelände, war nahezu jeder Stein umgedreht worden.

In der Bevölkerung machten sich Unbehagen und Sorge breit. Die Nachricht vom Fehlen einer 27-jährigen Mitbürgerin, die bei den meisten Endingern persönlich bekannt und beliebt war, verbreitete sich rasch. Dazu kam die schlimme Tatsache, dass drei Wochen zuvor im weniger als dreißig Kilometer entfernten Freiburg eine 19-jährige Studentin von einem Unbekannten am Dreisam-Ufer angegriffen, sexuell missbraucht und getötet worden war. Eine vielköpfige Sonderkommission, die »Soko Dreisam«, kümmerte sich intensiv um die Aufklärung des Verbrechens, hatte aber zu diesem Zeitpunkt weder einen Tatverdacht noch hoffnungsvolle Hinweise. Die Menschen in der ganzen Region waren verunsichert, und manche befürchteten einen Zusammenhang zwischen dem Freiburger Mord und dem unerklärlichen Verschwinden der jungen Joggerin.

Die bedrückende Stimmung im Ort war unmittelbar spürbar, wenn ich mir zwischendurch zu Fuß etwas Obst oder Schokolade besorgte. Egal, wo die Menschen zusammentrafen – es gab nur ein Thema: Was war mit der Frau geschehen?

Wir bekamen zahlreiche Hinweise, die ausnahmslos alle respektvoll entgegengenommen und gewissenhaft geprüft wurden. Auch solche, die offensichtlich überhaupt nichts mit dem unerklärlichen Verschwinden der Frau zu tun haben konnten. Es war auch hier tatsächlich so, dass die Polizei sich über jeden Hinweis aus der Bevölkerung freute, auch wenn er zunächst noch so unwichtig erschien. Ob eine Mitteilung bedeutsam oder belanglos ist, weiß man oft erst nach der Überprüfung.

Daher gingen meine Kollegen an diesem Dienstagvormittag auch dem Hinweis eines selbsternannten Sehers und Vermisstenfinders aus Nordrhein-Westfalen nach, der am Vorabend telefonisch und in einer E-Mail-Nachricht mitteilte, dass die vermisste Frau tot in einem Waldstück zwischen den Ortschaften Bahlingen und Amoltern liegen würde. Da er gleichzeitig die GPS-Daten des für ihn in Frage kommenden Bereiches angab, konnte dort durch entsprechend instruierte Suchtrupps konkret nachgeschaut werden.

Bei Kapitalverbrechen melden sich regelmäßig private und selbsternannte Profiler, also Fallanalytiker, die mit eigenen Tat- und Täterhypothesen die Ermittlungsbehörden kontaktieren. Im besten Fall möchten diese Personen mit ihren Beiträgen die Ermittlungen lediglich unterstützen. In anderen Fällen wird die Polizei auf angeblich fehlerhaftes Vorgehen hingewiesen, die zielführende Ermittlungsarbeit grundsätzlich in Frage gestellt oder im Extremfall gar jegliche Kompetenz angezweifelt. Dabei machen sich einzelne Privatermittler durchaus beachtenswerte Mühe bei der Erstellung ihrer Thesen. Bisweilen binden diese Hinweisgeber – denn als solche werden sie tatsächlich auch betrachtet – mehrere Beamte über einen verhältnismäßig langen Zeitraum, weil diese sich möglichst unbefangen und zunächst wertungsfrei mit den oft seitenlangen und manchmal reichlich bebilderten Theorien befassen. Allein, bis heute ist mir keine These eines privaten Profilers untergekommen, die von einer Soko oder von unseren professionell ausgebildeten Fallanalytikern nicht schon vorher zumindest angedacht worden war.

In dem Gebiet, das der Seher als mögliche Fundstelle mitgeteilt hatte, fanden wir nichts. Später wird von ihm noch die Rede sein.

Die Vermisste war aktive Fußballerin. Schon am ersten Tag nach ihrem Verschwinden formierte sich aus dem örtlichen Sportverein ein privater Suchtrupp, von dessen Existenz wir zum Glück rechtzeitig Kenntnis erhielten. So rechtzeitig, dass dessen gutgemeinte, aber vermutlich wenig professionelle Suchaktion noch nicht begonnen hatte. Ohne Zweifel war das Engagement der besorgten Clubmitglieder von bestem Willen getragen, keine Frage. Aber im harmonischen Gespräch mit der Polizei sahen die meisten von ihnen ein, dass die Suchmaßnahmen planmäßig koordiniert und lückenlos durch Profis anhand strategischer Überlegungen erfolgen sollten – nicht zuletzt auch, um die Beeinflussung oder gar Zerstörung möglicher wichtiger Spuren zu verhindern.

Leider fanden auch die Profis solche Spuren nicht. Der Dienstag ging vorüber, und Carolin G. blieb verschwunden.

9

Pressemitteilung des Polizeipräsidiums Freiburg vom Mittwoch, 9. November 2016:

Die Suche nach der seit Sonntag vermissten Carolin G. aus Endingen wird auch am Mittwoch fortgesetzt. Die Polizei geht inzwischen davon aus, dass die 27-jährige Frau am Sonntagnachmittag, gegen 15:00 Uhr, ihre Wohnung im Endinger Stadtgebiet zu Fuß zum Joggen verlassen hat. Zeugen wollen die Vermisste kurz danach im Bereich der Stadthalle in Richtung »Bahlinger Weg« noch gesehen haben. Danach verliert sich eine konkrete Spur, wobei nach wie vor unbekannt ist, welche Joggingroute die 27-Jährige an diesem Sonntag gewählt hat.
Fortgesetzt werden auch die Befragungen von Anwohnern an möglichen Joggingstrecken sowie die Nachschau in Gewässern – ohne dass dazu konkrete Verdachtsmomente vorlägen.
Die gestern begonnene Absuche von unwegsamem Gelände mit sogenannten Coptern (im Sprachjargon »Drohnen«) wird ebenfalls fortgeführt, wobei es hierzu bislang ebenfalls keine erfolgversprechenden Erkenntnisse gibt.

Der Mittwoch schleppte sich unter einer immer bedrückender wirkenden Stimmung dahin, die dadurch nicht besser wurde, dass es weiterhin keine Erkenntnisse über den Verbleib der Vermissten gab. Polizeibeamte und Polizeiautos gehörten inzwischen genauso zum Tagesbild in dem kleinen Kaiserstuhlstädtchen wie Übertragungswagen von Radio- und Fernsehsendern sowie Reporter mit Mikrofonen, die Bürger auf der Straße befragten. Ich hatte dabei nicht den Eindruck, dass die Menschen davon genervt waren. Eher im Gegenteil. Die Dauerpräsenz von Medien und Polizei vermittelte die Gewissheit, dass die Endinger Bürger mit dieser ungeklärten Situation nicht alleine dastanden.

Bei den täglichen Einsatzbesprechungen zu den umfangreichen Suchmaßnahmen war ich eher interessierter Zuhörer denn aktiver Impulsgeber. Meine Anwesenheit war dennoch erforderlich, schließlich musste ich darüber informiert sein, was für den anstehenden Tag vorgesehen war. Denn genau das waren die Fragen, die ich zahlreich zu beantworten haben würde. Aufmerksam hörte ich zu, welche Strategien diskutiert wurden. Alle waren voll bei der Sache und von dem Ehrgeiz getragen, die Vermisste sobald als möglich und vor allem wohlbehalten aufzufinden.

Trotz aller Anstrengungen, den Menschen zu vermitteln, sich auf Fakten der Polizei zu verlassen, machten die ersten Gerüchte die Runde. Neben der Serienmörder-These wegen des Freiburger Falles reichten diese von dem angeblichen Wissen, die Vermisste habe sich mit einem Liebhaber ins Ausland abgesetzt, bis dazu, man habe ihre Leiche im sogenannten Erleweiher gefunden. Hintergrund für letzteres Gerücht war die Tatsache, dass an jenem Mittwoch das Wasser des Weihers abgelassen wurde, was technisch relativ einfach durch Bedienstete der Stadt Endingen bewerkstelligt werden konnte und bisweilen zur Reinigung des Weihers durchgeführt wird. Seine Bezeichnung erhielt der als kleiner Badesee beliebte Treffpunkt natürlich ebenfalls durch das Gewann am südlichen Stadtrand, das auch dem örtlichen Fußballplatz als Namensgeber diente.

Außer einigen Abfällen fand sich keine für uns bedeutsame Spur in dem trockengelegten Erleweiher. Den beharrlich nachfragenden Journalisten gegenüber wiederholte ich meine inzwischen fast schon eintönig anmutenden Aussagen, die sich am Ende des Tages auf einen kurzen Satz reduzierten:

»Es gibt nichts Neues.«

Am späten Mittwochnachmittag hatten meine Kripo-Kollegen mit zwei Zeugen gesprochen, Vater und Tochter. Beide waren am Sonntagnachmittag mit dem Auto vom Endinger Sportplatz *Im Erle* unterwegs in Richtung Bahlingen. Es gibt zwei Möglichkeiten, mit einem Fahrzeug von Endingen nach Bahlingen zu gelangen. Die übliche Strecke führt ganz normal über die Landesstraße an Riegel vorbei nach Bahlingen. Ortskundige Einheimische wählen jedoch oft den kürzeren Weg durch die Reben und vorbei an der ehemaligen Gaststätte »Bad Silberbrunnen«. Eine geteerte, sehr schmale, aber für den Verkehr freigegebene Straße.

Vater und Tochter gaben einhellig an, dass sie unmittelbar vor dem kleinen Wäldchen beim Bestattungswald eine Joggerin überholt hätten. Während der Vater keine nähere Beschreibung der Frau abgeben konnte, war sich seine Tochter ziemlich sicher, dass es sich bei dieser Läuferin um die Vermisste gehandelt habe. Sie würde die Frau zwar nicht persönlich kennen, Aussehen und Kleidung würden aber zu dem veröffentlichten Bild und der Beschreibung passen. Als Uhrzeit gaben beide an, dass es etwa 15:20 Uhr gewesen sei.

An diesem Abend kam ich wieder relativ spät nach Hause, wo noch über den Fall gesprochen wurde. Er beschäftigte mittlerweile auch die Menschen außerhalb unserer Region. Ich erzählte, dass sich ausnahmslos alle mir bekannten und namhaften bundesweiten Medien inzwischen für den Vermisstenfall interessierten und ihre Mitarbeiter dauerhaft in Endingen in Hotels und Fremdenzimmern einquartiert hatten.

Die vergangenen drei Tage hatten für mich nahezu alle gleich ausgesehen: Frühmorgens gab ich Sachstand-Interviews für Morgenmagazine, tagsüber Auskünfte für Presse, Radio, Fernsehen und Online-Redaktionen und abends die letzten Informationen für Abendsendungen. Dazwischen ließ ich mich regelmäßig und in kurzen Abständen über den Stand der Dinge informieren. Auch an diesem späten Mittwochabend fiel ich müde ins Bett und schlief sofort ein.

Mitten in der Nacht klingelte mein dienstliches Handy, auf das ich seit Tagen meinen Büro-Festnetzapparat umgestellt hatte. Trotz Tiefschlaf war ich schlagartig hellwach und nahm den Anruf voller Erwartung entgegen. Hatte man sie gefunden? War sie am Leben? Kamen jetzt die Antworten auf alle Fragen der vergangenen Tage?

Am anderen Ende der Leitung war der Nachtdienst-Mitarbeiter eines Online-Magazins in Nordrhein-Westfalen, der noch »eine kurze Nachfrage« zu unserer letzten Pressemitteilung hatte.

»Wissen Sie, wie spät es ist?« fragte ich.

»Ja, es ist kurz vor 1:30 Uhr«, antwortete er höflich.

›Unfassbar‹, dachte ich. Aber nicht wegen der Uhrzeit.

»Ich wollte nur kurz nachfragen, um was für unwegsames Gelände es sich da gehandelt hat, bei denen die Drohnen eingesetzt wurden…«

»Bitte?«

»Die Drohnensuche … war das irgendwie privates oder abgesperrtes Gebiet?«

»Es ist nicht 13:30 Uhr, sondern EIN Uhr dreißig!« sagte ich mit Betonung.

»Ja, das hatte ich eben gesagt.«

»01:30 Uhr in der Nacht!«

»Ja …?«

Der Anrufer blieb höflich ruhig, und ich besann mich auf meinen Job. Es hatte keinen Zweck, eine nächtliche Diskussion über die Notwendigkeit von etwas Schlaf zu starten. Folglich antwortete ich. »Brüchiges … ähm, brachiges … also Gestrüpp und so … mit Dornen … Gelände … so Brachgelände …« Super O-Ton.

»Privat?«

»Ja, klar. Ich bin zuhause.«

»Ich meine, das Gelände … Privatgelände?«

»Ach so … ähm, ja … nein, das gehört der Stadt … oder … doch privat? Weiß nicht.«

Mein Gestammel blieb ihm nicht verborgen.

»Entschuldigung, passt es gerade nicht? Habe ich Sie gestört?«

»Ich versuche zu schlafen.«

Jetzt schien der Anrufer irritiert.

»Oh, das tut mir wirklich leid. Bitte entschuldigen Sie! Ich dachte, Sie hätten bei Ihrer Pressestelle auch einen Schichtbetrieb, einen Nachtdienst, wo man jemanden erreichen kann.«

»Haben wir nicht. Aber Sie haben ja jemanden erreicht. Könnten wir bitte morgen das Gespräch fortsetzen?«

»Selbstverständlich. Tut mir leid!«

Mit einem Gute-Nacht-Gruß und einem versöhnlichen »Kein Problem« beendete ich das Gespräch mit dem Nachtdienst versehenden Online-Journalisten.

10

Von einer *»Nachschau in Gewässern«* war in der Pressemeldung die Rede gewesen. Da gab es nach dem weiteren erfolglosen Tag, der die Hoffnungen auf eine simple und unspektakuläre Erklärung für das Verschwinden der jungen Frau weiter sinken ließ, eine weitere Möglichkeit. Sie war für Donnerstag eingeplant. In unmittelbarer Nähe des Erleweihers gab es einen kleinen Tümpel namens Chrotteweiher, sprachlich abgeleitet von dem hochdeutschen Begriff *Krötenweiher*.

Wie in der Pressemitteilung erwähnt, hatten wir tatsächlich keinerlei Hinweise darauf, dass in dem kleinen Badesee oder diesem noch kleineren Weiher etwas zu finden sein könnte. Wir hatten aber zu diesem Zeitpunkt die östlichen, die nördlichen und auch die westlichen Bereiche um Endingen, in denen wir die Joggingstrecke vorrangig vermuteten, Meter um Meter ohne Erfolg abgesucht. Ab diesem Donnerstag sollte die Suche in Richtung Süden ausgedehnt beziehungsweise verlagert werden.

Nach wenig Schlaf stand ich also am Donnerstagnachmittag zusammen mit einer großen Schar von Reportern, Fotografen und Kameraleuten am Rande des Chrotteweihers in Sichtweite des trockengelegten Erleweihers und sah den drei Männern der Freiburger »Pinguin«-Tauchgruppe zu, die sich bereits in ihren Neopren-Anzügen auf ihre Tauchgänge vorbereiteten. Aufgrund unserer Ankündigung hatten sich mehrere Medien danach erkundigt, ob man – in gehörigem Abstand, versteht sich – der Tauchaktion beiwohnen könne.

Die »Pinguine« waren einverstanden. Da wir selbst die Wahrscheinlichkeit als sehr gering einschätzten, irgendetwas Wichtiges in dem trüben Gewässer zu finden, hatten auch wir nichts einzuwenden. Im Gegenteil – schnell sprach sich unter den Medienleuten herum, dass man die Suche in dem Tümpel sozusagen hautnah begleiten dürfe. Ein Nebeneffekt, der uns entgegenkam, war, dass wir die Berichterstatter mit ihren Fotoapparaten und Kameras auf diese Weise von den anderen, umfangreichen Suchmaßnahmen für eine Weile fernhalten konnten. Es gab zwar überall systematisch aufgebaute und mittels polizeilichen Flatterbands gekennzeichnete Absperrungen. Aber unsere Suchtrupps und vor allem die Kollegen direkt an den Absperrpunkten fühlten sich durch die dauerhafte Medienpräsenz teilweise bedrängt. Da kam es gelegen, dass man der Presse an einem überschaubaren Platz etwas Interessantes für die Linsen bieten konnte.

Zu ihrer Betreuung stand ich nun in meiner neongelb leuchtenden Pressesprecher-Weste inmitten der Gruppe bereit und versuchte, ein paar Regeln für den reibungslosen Ablauf zu vermitteln. Es gelang mir nur bedingt, kam doch ein Kameramann mit seinem Objektiv einem »Pinguin« sehr nahe, der gerade etwas unbeholfen wirkend in voller Montur auf das steil abfallende Ufer zu watschelte. Dieser ließ sich aber in seiner Konzentration offenbar nicht stören.

Die Rettungstaucher begannen ihren Job und versanken im trüben Gewässer. Nur ab und zu schimmerten ihre ebenfalls neongelb leuchtenden Pressluftflaschen und die blau-gelben Tarierwesten durch die Wasseroberfläche.

Es war plötzlich sehr ruhig an diesem Donnerstagnachmittag am Chrotteweiher, Tag vier nach dem Verschwinden der jungen Frau. Die Ruhe war auf eine seltsame Art und Weise angenehm. Obwohl ich umrahmt von einer großen Reporterschar am Rande des Weihers stand, wollte niemand etwas von mir wissen. Die Taucher waren der Mittelpunkt. Da diese abgetaucht waren, entstand eine eigenartige Stille inmitten vieler Menschen. Begleitet durch das gelegentliche, zarte Blubbern der emporsteigenden Luftblasen schien es, als würden für einige Momente alle Umherstehenden ihren eigenen Gedanken nachhängen.

Mein Blick wanderte über die trübe Wasseroberfläche des Weihers und ich musste an zurückliegende Ereignisse denken, bei denen Menschen in Verbindung mit Wasser ihr Leben verloren hatten. Vermutlich konnte ich mich dem nicht entziehen, weil eben doch irgendwo die Befürchtung bestand, unter diesem harmlos wirkenden Wasserspiegel etwas Schlimmes zu finden.

Manche Fälle bekommt man sein Leben lang nicht aus dem Kopf. Dafür sind auch Polizisten zu sehr Menschen. Früher war man für die Verarbeitung solcher belastender Situationen selbst zuständig. In der heutigen Zeit gibt es für die Kolleginnen und Kollegen, die mit traumatischen Geschehnissen konfrontiert werden, psychologische Beratungs- und Gesprächshilfen auf freiwilliger Basis. Als Vollzeitstelle gibt es bei unserem Präsidium einen »Kümmerer«, sodass die betroffenen Kollegen sich nicht alleine gelassen fühlen. *Restitutor* ist die sperrige, aber offizielle Bezeichnung für diesen Kollegen. Dabei geht es nicht ausschließlich um das Verarbeiten schlimmer Bilder oder den Umgang mit Leid, Schmerz und Tod, sondern sehr niederschwellig auch zum Beispiel um die Unterstützung, wenn man im Dienst verletzt oder Dienstkleidung beschädigt wurde.

Aus meinen Gedanken riss mich mein Handy, das am Rande des Weihers klingelte.

Es war 14:45 Uhr.

An anderer Stelle setzte einige Minuten zuvor ein Polizeihundeführer seinen Personenspürhund an dem Ort an, wo die Vermisste zuletzt gesehen worden war. Die beiden Zeugen, Vater und Tochter, hatten am Vorabend ausgesagt, die Joggerin am Sonntagmittag gegen 15:20 Uhr auf dem Freiburger Weg, etwa zweihundert Meter vor dem Waldstück, in dem sich der Bestattungswald befindet, gesehen zu haben. Mittlerweile gab es zusätzlich fünf weitere sogenannte »Sichtungszeugen«, die allesamt die Vermisste zwischen 15:06 Uhr und 15:15 Uhr joggend auf dem Weg in Richtung der letzten Sichtungsstelle gesehen hatten.

Der Hundeführer brachte den feinfühligen Vierbeiner mit der Geruchsspur der Vermissten in Kontakt, indem er von ihr getragene Kleidungsstücke zur Duftaufnahme vor seine hochempfindliche Nase hielt. Der besonders für solche Zwecke ausgebildete Mantrailer war in der Lage, verschiedene menschliche Gerüche voneinander zu unterscheiden. Trotz möglicher Ablenkungsgerüche orientierte er sich ganz allein an den Geruchsmerkmalen der gesuchten Person.

Diese individuellen Merkmale führten das Tier und seinen Begleiter über den asphaltierten Freiburger Weg zu dem Waldgebiet *Summberg* und dort zunächst an eine Gabelung, bei der man rechts in Richtung Bestattungswald gelangen konnte. Der Hund wählte jedoch zielstrebig den gepflasterten Weg nach links in ein kleines Waldstück, das durch den Freiburger Weg vom Urnenwald abgetrennt wurde. Er passierte eine offene Wegschranke und benutzte dabei ausnahmslos die linke Seite. Der Weg führte durchgängig und ohne Bordstein an einem mit Bäumen und Gestrüpp bewachsenen Abhang entlang. Die Straße war dicht bedeckt mit heruntergefallenem Herbstlaub.

Zunächst noch zögerlich machte er Anstalten, diesen Abhang durch unwegsames Gelände hinunterlaufen zu wollen. Dann kamen Hund und Hundeführer an eine Stelle, an welcher der Vierbeiner deutliches Anzeigeverhalten an den Tag legte. Mit einer erneuten Geruchseingabe wurde er an diesem Ort des Wäldchens gezielt angesetzt und begab sich nun ohne zu zögern weg von der Straße an strammer Leine hangabwärts und führte sein polizeiliches Herrchen durchs Unterholz auf direktem Wege zu der Stelle, die ebenjenen Geruch verströmte wie die Geruchsproben der Kleidung.

Der Hundeführer brach in etwa fünfzehn Metern Entfernung zu der Stelle die Suche ohne weitere Annäherung sofort ab und meldete um 14:36 Uhr über Funk den Fund an seine Kollegen und den Leiter der Suchmaßnahmen.

Ich schaute auf mein Handy. Inmitten der Schar von Reportern am Ufer des Weihers entschied ich sofort, den Anruf nicht entgegenzunehmen. Mit einem Tastendruck wies ich ihn ab.

Im Display hatte ich die Handynummer des Einsatzleiters der Suchmaßnahmen erkannt. Es gab für mich nur einen erklärbaren Grund, weshalb er mich anrufen sollte. Ich befürchtete, dass nichts Gutes dahinterstecken könnte. Und keinesfalls sollten die Presseleute etwas davon mitbekommen.

Kaum weggedrückt, erschien die Nummer erneut. Ich stellte auf *lautlos* und sah mich um. Die meisten Umherstehenden hatten das Handyklingeln zwar mitbekommen, waren jedoch zu sehr auf die Tauchaktion fixiert. Sie interessierten sich nicht weiter für mich, als sie sahen, dass ich nicht telefonierte.

Mit Ausnahme von zwei Personen.

Der Leiter des örtlichen Polizeipostens, ein stattlicher vollbärtiger Polizist namens Martin, den ich seit vielen Jahren kenne, hatte seinen Streifenwagen in der Nähe des Weihers abgestellt. Zu meiner Unterstützung hielt er sich ganz in der Nähe auf. Eine Hand pendelte zwischen einem Ohr und dem Revers seiner Dienstjacke, und seine Lippen bewegten sich. Ein untrügliches Zeichen dafür, dass er am Funken war. Langsamen Schrittes kam er auf mich zu. Ich versuchte, ihm möglichst unauffällig entgegenzugehen. Da war aber noch die zweite Person, der mein Verhalten aufgefallen war.

Es war der Endinger Lokalredakteur. Er stand mit dem Rücken zur Gruppe und beobachtete uns. Die Taucher schienen ihn nicht mehr zu interessieren.

Während ich zwei weitere Anrufversuche wegdrückte, erreichte ich meinen Kollegen. Wir standen seitlich nebeneinander und schauten zurück zu der Reportergruppe. Alle hatten ihre Rücken zu uns gewandt, außer dem Lokalredakteur. Ein unvergessliches Bild.

Mein Kollege quittierte eine Funknachricht auf sein Ohr mit einem wortlosen Nicken. Dann neigte er seinen Kopf leicht zu mir, seine Hand wanderte direkt vor seinen Mund. Hinter der vorgehaltenen

Hand begann er zu sprechen, gerade so wie die Fußballprofis vor einem Freistoß. Der erfahrene Polizist sprach ganz leise, aber seine Worte schienen in meinem Ohr zu dröhnen: »Wir haben sie gefunden. Sie ist tot.«

***

Zweites Kapitel:

GEWISSHEIT UND UNGEWISSES

1

Der Lokalredakteur hatte uns fest im Blick.

Den nächsten Anrufversuch des Leiters der Suchaktion nahm ich in sicherer Entfernung zu den Medienleuten entgegen. Dabei erkannte ich, dass sich der Medienvertreter behutsam auf uns zu bewegte. Die Journalistenschar hinter ihm bekam von allem nichts mit, denn gerade tauchte ein »Pinguin« an der Wasseroberfläche auf, und alle schauten gebannt in seine Richtung.

Dem Lautsprecher meines Handys entnahm ich in knapper, aber punktgenauer Schilderung die Informationen einer gefassten, aber durchaus angespannten Stimme.

»Wir haben eine tote Frau gefunden. Liegt in einem Waldstück. Fundstelle nicht weit weg von euch. Sperren weiträumig ab.« Nach einer kurzen Pause fügte der Suchleiter einen ergänzenden Satz hinzu, der allen Befürchtungen der letzten Tage Gewissheit verlieh.

»Das ist kein Unfall hier.«

Im Bewusstsein der Tragweite dieses Satzes sah ich vor meinem geistigen Auge die Abläufe, die nun die polizeilichen Rädchen ineinandergreifen ließen.

Es begann mit der weitläufigen Absperrung der Fundstelle. Damit verbunden war die Positionierung von Beamten an markanten Stellen. Ein bloßes Flatterband hätte angesichts der Medienpräsenz keine Gewähr für die Sicherung der Örtlichkeit geboten. Nahezu zeitgleich mussten verständigt werden: die Kriminaltechnik (die ohnehin in Bereitschaft stand), die Gerichtsmedizin, ein Arzt zur offiziellen Feststellung des Todes, die Staatsanwaltschaft, die Präsidiumsleitung sowie die Kripo-Leitung.

Und die Angehörigen.

Alle Maßnahmen zur schnellstmöglichen Identifizierung der aufgefundenen Frauenleiche mussten auf den Weg gebracht werden. Eine gerichtsmedizinische Untersuchung würde darüber hinaus Informationen über Todesursache und mögliche Tatumstände bringen. Unverzüglich mussten nun alle Quellen abgeschöpft werden, um sich einen ersten Überblick darüber zu verschaffen, was vorgefallen sein könnte. Trotz Auffinden einer Frauenleiche, bei der es sich mit höchster Wahrscheinlichkeit um die vermisste Joggerin handelte, würde man die Suchmaßnahmen nicht beenden, sondern ihnen nur eine andere Zielrichtung geben. Nun galt es, das Gebiet der Fundstelle nach Spuren, Gegenständen und sonstigen Hinweisen unter die Lupe zu nehmen. Die Koordination der Suche würde zuständigkeitshalber von der Schutzpolizei zur Kripo wechseln, falls sich ergeben sollte, dass die Frau keines natürlichen Todes gestorben war – wovon zu diesem Zeitpunkt jeder ausging.

»Tötungsdelikt?« lautete meine Einwort-Frage.

»Tötungsdelikt«, bestätigte mein Kollege am Mobiltelefon. »Das sieht nach nichts anderem aus.«

Mit einem »Ich weiß Bescheid, danke« steuerte ich auf das Ende des Telefonates hin, denn der Lokalreporter hatte sich inzwischen, ich möchte sagen, bedrohlich nahe an uns herangetastet. »Ich kümmere mich um die Medien und melde mich später.«

Als dringende Aufgabe für mich sah ich nun, den Spagat hinzubekommen zwischen möglichst zeitnaher Information der Öffentlichkeit und Verhinderung eines medialen Massenauflaufs an den vermutlich noch lückenhaften Absperrgrenzen der Fundstelle. Über beidem schwebte von der zeitlichen Abfolge her die Pflicht zur sofortigen Information der seit Tagen in quälender Ungewissheit lebenden Angehörigen – auch wenn zu diesem frühen Zeitpunkt noch nicht erwiesen war, ob es sich bei der Toten wirklich um Carolin G. handelte. Wer aber sollte es sonst sein?

Somit galt mein allererster Anruf dem Kollegen, der zur Betreuung der Familie abgestellt worden war. Von ihm erfuhr ich, dass er bereits auf dem Wege zu den Angehörigen war.

Der lokale Redakteur hatte uns derweil erreicht und sich vor Postenführer Martin und mir aufgestellt. Wir wussten, dass es sozusagen kein Entrinnen gab. Er stellte uns eine Frage, die genau genommen gar keine Frage war, weil sie wie eine Feststellung klang. »Es gibt Neuigkeiten?«

Dennoch erwartete er natürlich eine Antwort. Mein Kollege war sich der Rollenverteilung bewusst und schwieg. Ich sah in die gespannten Augen des Mannes mit dem Schreibblock.

»Ich muss dringend hier weg«, sagte ich nur. Das war natürlich keine Antwort, die den Journalisten zufrieden stellen konnte. Daher ergänzte ich: »Ja, es gibt etwas Neues. Aber ich kann im Moment nicht darüber sprechen.« Während dieser Worte bemerkte ich, dass sich einige Reporter am Weiher im Hintergrund vom Tauchgeschehen weggedreht hatten und zu uns herüber sahen.

»Ich muss sofort weg«, verstärkte ich meine Absicht und ging einen Schritt auf den Redakteur zu, sodass ich direkt vor ihm stand. Er sah besorgt aus.

»Es wäre gut,« – ich bemühte mich, bewusst ruhig zu klingen – »wenn die da hinten zunächst nichts mitbekommen würden.« Ohne sich umzudrehen wusste er, wen ich meinte. »Und vor allem wäre es richtig gut, wenn mir niemand folgen würde ...«

Was ich benötigte, war ein kleiner Zeitvorsprung. Kurz und knapp erklärte ich ihm meinen Plan. Erwartungsvoll sah ich anschließend einer Zustimmung entgegen. Erwartungsvoll und voller Bedenken.

Schließlich bat ich den Lokalredakteur um etwas, das seinem beruflichen Selbstverständnis hätte zuwider stehen können. Er überlegte ein paar Sekunden.

»Alles klar«, sagte er wieder, atmete einmal tief durch und drehte sich um, in Richtung seiner Journalistenkollegen.

Schnellen Schrittes eilte ich zu meinem Dienstwagen und fuhr davon.
Dem menschlichen Impuls der Neugier folgend würde man vermutlich dorthin wollen, wo die Frau gefunden wurde. Wenn nicht direkt zur Fundstelle, dann doch wenigstens in die Nähe. Mein Ziel war jedoch ein anderes.

In dem mir eigens beim Polizeiposten zur Verfügung gestellten Büro angekommen, führte ich nacheinander Telefonate mit dem Emmendinger Kripo-Chef, mit meinem Chef, dem Presse-Staatsanwalt, nochmals mit dem Leiter der Suchaktion und dem Verbindungsbeamten zur Familie und schließlich mit dem Ansprechpartner der Stadt Endingen, der idealerweise gleichzeitig der örtliche Feuerwehrkommandant war. Ihn benötigte ich, weil er meine direkte Verbindung sowohl zur Stadtverwaltung als auch zur Feuerwehr war, die uns natürlich bei den Suchmaßnahmen der vergangenen Tage tatkräftig unterstützt hatte. Er, der eigentlich Fachmann der örtlichen Straßenverkehrsbehörde war, kannte in Endingen jeden Stein und Kopf und sollte als Hilfsbereitschaft in Person in den nächsten Tagen und Wochen unser verlässlicher organisatorischer Ansprechpartner sein. Seine hervorstechende Eigenschaft, die so gut zur Polizei passt: Er kennt keine Probleme, nur Lösungen.

Die Befürchtung eines ungewollten Medienauflaufs an der Absperrung zum Fundort konnte ich mit einem Kniff lösen, der allen aktuellen Interessen gerecht wurde. Ich ließ die in Endingen anwesenden Reporter wissen, dass sich alle beim Feuerwehrgerätehaus einfinden sollten. Dort werde es eine offizielle polizeiliche Stellungnahme zur aktuellen Entwicklung geben. Wie hatte ich verhindern können, dass die Medienschar vom Chrotteweiher aus direkt zur Fundstelle pilgerte? Durch meinen kurzen Zeitgewinn, zu dem mir der lokale Redakteur verholfen hatte.

Nachdem ich vom Weiher weggefahren war, hatte er meine Bitte in die Tat umgesetzt. Er ließ seine Kolleginnen Kollegen wissen, dass es Neuigkeiten gäbe, welche die Polizei beim Feuerwehrhaus verkünden werde. Angesichts der Tatsache, dass mit meinem plötzlichen Abgang binnen Sekunden auch alle Polizeiautos vom Weiher verschwunden waren, war das mediale Interesse an der Tauchaktion gleichsam baden gegangen. Den Journalisten boten sich zwei Möglichkeiten. Entweder den in Eile wegfahrenden Streifenwagen zu folgen oder dem Berufskollegen zuzuhören, der eben noch mit dem Polizeisprecher gesprochen hatte. Die meisten wählten Letzteres und somit den Weg zum Feuerwehrgerätehaus. Diejenigen, welche die erste Möglichkeit bevorzugten, landeten am rot-weißen Flatterband der Absperrung, ohne Aussicht auf polizeiliche Informationen.

Etwa eine Stunde später sprach ich im Kantinenraum der Feuerwehr den anwesenden Medienvertretern ein kurzes Statement in ihre Mikrofone und Kameras. Es war eine Information, deren Inhalt nahezu zeitgleich über eine eilends verfasste schriftliche Pressemeldung verkündet wurde:

»+++ Polizei findet tote Frau +++
Am heutigen Donnerstag, 10. November 2016, kurz vor 15 Uhr, fanden Suchkräfte der Polizei in einem kleinen Waldstück zwischen Endingen und Bahlingen eine tote Frau.
Mit hoher Wahrscheinlichkeit handelt es sich um die vermisste Carolin G., was allerdings noch bestätigt werden muss.
Es wird nachberichtet.
Stand: 16:45 Uhr«

Eine Medienredaktion warf mir später vor, ich hätte im Feuerwehrgerätehaus eine Pressekonferenz abgehalten, zu der sie nicht eingeladen worden war. Allerdings handelte es sich nicht um eine offizielle Pressekonferenz (PK), sondern lediglich um eine zeitnahe Information für alle anwesenden Pressevertreter. Da ich dabei in die aufgereihten Mikrofone sprach, sah es später auf Fotos und bewegten Nachrichtenbildern wie eine formelle Pressekonferenz aus.

Diese gab es erst am nächsten Tag, als wir verlässlich das Ergebnis der bis weit in die Nacht andauernden gerichtsmedizinischen Untersuchung hatten.

2

Die Abgängigkeitsanzeige bei der Polizeiinspektion Kufstein wurde am Sonntagmorgen, 12. Januar 2014, um 09:00 Uhr, erstattet. Die Schilderungen der französischen Austauschstudentin, die in Begleitung ihrer Gastfamilie ihre Studienfreundin als vermisst meldete, ließen den möglichen Aufenthaltsort der 20-jährigen Französin eingrenzen. Man wusste, wo sie losgegangen war, und man wusste, wohin sie wollte. Dazwischen lagen etwa eine Viertelstunde Gehzeit und zwei Möglichkeiten, die Strecke hinter sich zu bringen. Die sofortige Suche konzentrierte sich auf den Weg, den die beiden Studentinnen in der Nacht eigentlich vereinbart hatten, nämlich von der Münchner Straße in Richtung Wendlinger Brücke und danach zum Kreisverkehr an der Hauptstraße. Da man hier auf keine Spur der Vermissten stieß, gingen zwei Beamte der Polizeiinspektion den anderen Weg, am Inn-Ufer entlang.

Eine Stunde nach der Anzeige fanden die beiden Polizisten unterhalb der Inn-Promenade direkt am Ufer des Flusses eine weibliche Leiche.

3

Nach dem improvisierten Pressegespräch im Kantinenraum der Endinger Feuerwehr und der Veröffentlichung der schriftlichen Meldung, erfüllte ich draußen noch drei, vier Interviewwünsche, die inhaltlich nichts Weiteres aussagten, und setzte mich dann in mein Auto. So geschützt ließ ich mich per Mobiltelefon über die näheren Umstände informieren, die zum Auffinden der Leiche in dem kleinen Waldstück geführt hatten.

Kaum war das Gespräch beendet, wurde ich über mein Handy an die äußere Absperrung des Fundortes gerufen, wohin sich nun doch eine Vielzahl von Medienvertretern verlagert hatte. Die Absperrung war inzwischen lückenlos und weiträumig um den Fundort herum gezogen. Es gab nichts Besonderes zu sehen. Dennoch war die Kombination zwischen Flatterband, Polizeiautos und Waldstück begehrtes Objekt für die Kameras.

Wir standen auf dem Freiburger Weg an einer Wegkreuzung vor dem Wäldchen. Mein Job war es einmal mehr, die Journalisten, mit denen ich kaum drei Stunden zuvor am Weiher gestanden hatte, zu betreuen. Besonders musste ich darauf achten, dass keiner von ihnen andere Polizisten ansprach, um von ihnen vielleicht Näheres zum Auffinden der Leiche zu erfahren.

Ein Reporter rief mich auf dem Handy von der anderen Seite des Wäldchens aus an. Er beschwerte sich darüber, dass er von den Beamten an der dortigen Absperrung mit schroffen Worten abgewiesen worden sei. Er habe zwar Verständnis dafür, dass sie ihm keine Auskünfte geben, aber er würde sich nicht gerne als »Pressefuzzi« bezeichnen lassen. Diesen Ausdruck habe er beim Weggehen noch mit einem Ohr mitbekommen.

Ich konnte ihn beruhigen. Leider laborieren noch immer manche meiner Kollegen an unheilbarer Medienintoleranz. Die Krankheit wird aber erfreulicherweise immer seltener.

Ein Problem gab es dann noch mit einem Fotografen, der für eine bundesweit agierende Agentur unterwegs war. Nachdem nach einiger

Zeit alle anderen erkannt hatten, dass es nichts Spannendes vor die Linsen gab, war er als letzter Medienvertreter noch vor Ort. Der junge Mann bestand darauf, solange zu bleiben, bis er den wegfahrenden Leichenwagen des Bestatters filmen könnte. Hatte ich ihn richtig verstanden?

»Bitte, was möchten Sie filmen?« fragte ich daher ungläubig nach.

»Den Leichenwagen. Was meinen Sie, wann der hier vorbeikommt?«

Mein Verständnis hielt sich gelinde gesagt in Grenzen und führte zu einem kurzen Disput darüber, wo öffentliches Interesse endet und Geschmacklosigkeit beginnt. Bei aller Akzeptanz für die Medienarbeit konnte er mich nicht davon überzeugen, dass die Bevölkerung in der Mehrheit daran interessiert sein könnte, dem vom Fundort wegfahrenden Bestattungswagen am Bildschirm hinterherzuschauen.

Ich hatte jedenfalls weder Lust noch Zeit, länger zu verweilen. Zumal ich wusste, dass sich die kriminaltechnische Arbeit an der Fundstelle noch eine Weile hinziehen würde. Da ich ihn rechtlich nicht an seinem Vorhaben hindern konnte, ließ ich den Paparazzo – in diesem Einzelfall erscheint mir diese Bezeichnung angebracht – alleine zurück, nicht ohne ihn eindringlich davor zu warnen, meine Kollegen an der Absperrung mit Fragen oder der Kamera zu konfrontieren.

Es stand außer Frage, dass es am nächsten Tag eine offizielle Pressekonferenz geben würde. Diese musste organisiert werden. Für mich gab es keine andere Überlegung, als diese Veranstaltung in Endingen stattfinden zu lassen. Zur Suche einer passenden Örtlichkeit rief ich den städtischen Mitarbeiter und Feuerwehrkommandanten an. Seine knappen Gegenfragen belegten seine Kompetenz, Dinge unkompliziert auf den Punkt zu bringen.

»Wie viele Personen? Stuhlreihen oder Tische? Podium, wie viele Leute? Wie viele Mikrofone? Hand-Mikro? Getränke?«

Ich gab ihm die Informationen, die er mit dem Hinweis quittierte, mich anzurufen, sobald er etwas wüsste.

Zehn Minuten später rief er zurück.

»Bürgersaal im St. Jakobsgässle. Podium steht. Technik steht. Ihr könnt kommen.«

Einfach gut, der Mann!

Die Pressekonferenz, zu der wir über das Presseportal alle Medien einluden, terminierten wir auf den folgenden Tag, also auf Freitag, 11. November 2016, Beginn um 13 Uhr.

Bis dahin war Zeit, verlässliche Statements zu den im Raume stehenden drängendsten Fragen vorzubereiten: Handelt es sich bei der Toten um Carolin G.? Wie kam sie ums Leben? Wurde sie umgebracht? Wie lange ist sie tot? Gibt es einen Tatverdächtigen?

Mit Ausnahme der letzten Frage konnte nur die gerichtsmedizinische Untersuchung der Leiche Antworten liefern. Die Obduktion begann noch am Donnerstagabend, dauerte bis tief in die Nacht und ergab schließlich kurz vor vier Uhr morgens das erschütternde Gesamtergebnis:

Bei der Toten handelte es sich um die seit Sonntag vermisste Joggerin Carolin G. Sie wurde Opfer eines Gewaltverbrechens mit offenbar sexuellem Motiv. Todeszeitpunkt war der Tag ihres Verschwindens.

Unter dem Hinweis, kein sogenanntes Täterwissen preisgeben zu wollen, äußerten wir uns in der Pressekonferenz am Freitagmittag nicht zur Art und Weise, wie das Opfer ums Leben kam, und auch nicht zu Details der sexuellen Handlungen. Was die Obduktion auch ergeben hatte und wir bewusst zurückhielten, war die Tatsache, dass die Frau mit einem harten Gegenstand, vermutlich einer Eisenstange, durch heftige Schläge auf den Kopf getötet wurde. Neben den Spuren, die auf ein Sexualverbrechen hindeuteten, wies das Opfer Würgemale am Hals auf.

Im Bürgersaal hatten sich erwartungsgemäß zahlreiche Medienvertreter eingefunden. Auf dem Podium saßen der Leitende Oberstaatsanwalt, der Freiburger Kripo-Chef sowie der Leiter der frisch gegründeten Sonderkommission. Mein Part als Polizeisprecher bestand in der Moderation. Die PK verlief aus meiner Sicht und somit aus dem behördlichen Blickwinkel völlig unspektakulär. Die Redeanteile, Reihenfolge und Inhalte waren zuvor miteinander abgestimmt worden. Es gab die erwarteten Nachfragen, die mit der vereinbarten Sprachregelung beantwortet wurden. In dem Raum mit einem abgeschlossenen Kreis aus Journalisten, Polizisten und Juristen herrschte zwar eine gedrückte, aber ausschließlich auf Professionalität ausgerichtete Atmosphäre.

Kein Vergleich zu der denkwürdigen Pressekonferenz, die es gut ein halbes Jahr später geben würde, und bei der neben bewegenden Emotionen noch etwas anderes zugelassen war.

4

Die Nachricht, vor der sich alle tagelang gefürchtet hatten, verbreitete sich im Sekundentempo. Wie ein dunkler Schleier, der vier Tage lang unheilvoll über der Region geschwebt hatte, senkte sie sich nun erbarmungslos über das kleine Städtchen und seine Menschen und brachte Fassungslosigkeit, Bestürzung, tiefe Trauer. Und Angst.

Es war etwas geschehen, das nicht einmal die erfahrensten Polizisten für möglich gehalten hätten. Am friedlichen Kaiserstuhl war an einem helllichten Sonntagnachmittag eine Joggerin an einem durchaus belebten Weg getötet worden.

Die bestehende Ermittlungsgruppe des Kriminalkommissariats Emmendingen wurde umgehend in die »Sonderkommission Erle« umgewandelt, was augenblicklich zahlreiche Kolleginnen und Kollegen von ihrem Tagesgeschäft entband und ausschließlich der Aufklärung dieses Falles zuwies. Problematisch war die personelle Situation, denn die bereits bestehende Soko, die sich mit dem ungeklärten Freiburger Mord befasste, war mit zahlreichen erfahrenen Ermittlern besetzt, die natürlich nicht abgezogen werden konnten. Daher startete die Soko Erle unter rein Emmendinger Führung. Ihr unterstanden alle verfügbaren Beamten des örtlichen Kriminalkommissariats, ergänzt durch Beamte der Schutzpolizei und ein paar freie Kripo-Kollegen aus Freiburg. Die Soko Erle bestand also von Anfang an aus einer Mischung von Emmendingern und Freiburgern. Rein organisatorisch gehörte sie zur Freiburger Direktion und ohne den Dreisam-Mord wäre ihr Sitz in Freiburg gewesen und hätte auch einen deutlich höheren Anteil an Freiburger Ermittlern gehabt. Im internen Sprachgebrauch reduzierte sich jedoch alles auf die banale Unterscheidung zwischen der Emmendinger Soko und der Freiburger Soko.

Der Vollständigkeit halber muss natürlich erwähnt werden, dass in der Soko Erle nicht nur Emmendinger und Freiburger agierten, sondern auch Kollegen aus anderen Regionen und Arbeitsbereichen, die im Rahmen der sogenannten »Überlandhilfe« hinzugezogen wurden. So hatten wir tatkräftige und überaus engagierte Unterstützung durch die Polizeipräsidien Offenburg, Karlsruhe und Mannheim. Diese Präsidien hatten uns richtig gute Leute geschickt, teilweise ihre besten.

Elementar wichtig bei der Arbeit einer Sonderkommission war auch in unserem Fall das enge Zusammenwirken mit der Staatsanwaltschaft. Als sogenannte »Herrin des Verfahrens« steht sie an der Spitze behördlicher Strafverfolgung. Bei der Soko Erle kam es deshalb sofort zur Einbindung eines ermittelnden Staatsanwaltes, der fortan bei allen wichtigen Besprechungen und Entscheidungen präsent war. Seine Umsicht, sein Weitblick und seine juristischen Kenntnisse, begleitet durch ein sehr angenehmes Auftreten, waren für meine Kollegen von hohem Wert und von großer Bedeutung bei den zahlreichen Beratungsgesprächen, Diskussionen und vor allem bei den zu treffenden Entscheidungen.

Im Gegensatz zu manch unterhaltsamen Krimis bestand unsere Sonderkommission aus mehr als nur vier oder fünf Ermittlern. Im richtigen Leben hat sich bei Kapitalverbrechen als Standard bewährt, mit vierzig Köpfen zu starten – also mit etwa zehnmal so vielen, wie in den bekannten Fernsehserien oder in Kriminalromanen. Im Laufe der Ermittlungen orientiert sich die Anzahl der Soko-Mitglieder grundsätzlich am Umfang und Inhalt der zu bearbeitenden Spuren. Eine Aufstockung ist dabei genauso denkbar wie eine Reduzierung.

Eine Spur im polizeilichen Sinne ist dabei nicht nur eine materielle Finger-, Werkzeug-, Blut- oder Faserspur, sondern im Grunde genommen alles, was an Erkenntnissen erlangt oder durch Hinweise zugetragen wird. Hinzu kommen sogenannte selbst kreierte Spuren, wie zum Beispiel Handy-Auswertungen oder Überprüfungen anhand behördlicher Dateien. Kurzum: Alles kann eine Spur sein und wird als solche angelegt, beziffert und registriert.

Zur Spur Nr. 1 wurde Carolin G., das Opfer selbst. Dazu gehörte alles, was in irgendeiner Weise bedeutend mit ihr zu tun haben könnte. Familie, Freundes- und Bekanntenkreis, Arbeitsstelle, Tagesabläufe, Gewohnheiten, Hobbys. Einfach alles, was dazu beitragen konnte, etwas über die Hintergründe des schrecklichen Geschehens zu erfahren.

Spur Nr. 2 wurde ihrem Ehemann zugewiesen.

Es gab zu diesem frühen Zeitpunkt keinen begründbaren Verdacht gegen ihn. Er war vielmehr in dieser Anfangsphase der Mordermittlungen als engste Kontaktperson die wichtigste Quelle für uns und nach unseren Erkenntnissen einer der drei Menschen, die wussten, dass seine Frau am Sonntagnachmittag joggen gehen wollte.

Im Hinterkopf hatten meine Kollegen berufsbedingt natürlich die Erkenntnis, dass die meisten Tötungsdelikte an Frauen von deren Lebensgefährten oder Ex-Partnern begangen werden. Eine frühe, aber noch sehr vage in den Raum gestellte Hypothese lautete somit »Beziehungstat«, wobei sich schon früh weitere mögliche Hypothesen hinzugesellten.

Die Öffentlichkeitsarbeit der Polizei hatte erfreulicherweise im Laufe der Zeit, auch intern, einen Stellenwert erreicht, der ihr einen eigenen Einsatzabschnitt innerhalb einer Sonderkommission zuwies.

Folglich war es selbstverständlich, dass ich an der ersten offiziellen Soko-Besprechung am Morgen nach dem Leichenfund teilnahm. Aufmerksam lauschte ich den Worten des Soko-Leiters.

Als Chef des Kriminalkommissariats Emmendingen, einer Art Außenstelle der Freiburger Kriminalpolizeidirektion (was intern aber niemand so gerne hört), hatte er die Leitung der Sonderkommission übernommen. Der Kriminalbeamte im höheren Polizeidienst machte vor vielen Jahren im Rahmen seiner Ausbildung einige Zeit bei der Kripo Emmendingen Station. Als er im Jahre 2014 die Dienststelle in leitender Funktion übernahm, kannten sich schon einige – vor allem die Älteren, zu denen auch ich mich inzwischen zählen durfte.

Er fasste zusammen. Wir erfuhren, dass eine 27-jährige Joggerin, die seit Sonntag vermisst war, gestern Nachmittag tot in einem Waldstück zwischen Endingen und Bahlingen aufgefunden wurde. Sie wurde erschlagen. Sexualhandlungen konnten nachgewiesen werden. Soweit wussten alle schon Bescheid. Was neu war: Nach erster Einschätzung der Rechtsmedizin dürfte es sich bei dem Tötungsdelikt in Freiburg und unserem Endinger Fall mit hoher Wahrscheinlichkeit um den gleichen Täter handeln.

Das saß.

Obwohl es eigentlich nicht überraschend gewesen sein sollte. Genau drei Wochen zuvor, am 16. Oktober 2016, war am Freiburger Dreisam-Ufer eine 19-jährige Studentin getötet worden. Die ebenfalls 40-köpfige »Sonderkommission Dreisam« fahndete bislang ergebnislos nach dem unbekannten Täter. Die zeitliche und räumliche Nähe beider Verbrechen sowie deutliche Parallelen bei der Tatausführung legten die Vermutung nahe, dass ein Tatzusammenhang bestehen könnte. Die logische Folgerung daraus war beängstigend und durfte – da alles noch ungewiss war – keinesfalls von uns in die Öffentlichkeit getragen werden.

Hatten wir es mit einem Mehrfachtäter zu tun? Von einem »Serientäter« wollten wir angesichts von zwei Fällen nicht sprechen. Das taten dann schon die Medien. Ohne über die auffälligen Parallelen Bescheid zu wissen, wurde in online-Auftritten noch vor unserer Pressekonferenz am Mittag über einen Serienmörder im südbadischen Breisgau spekuliert. Es war in diesem Fall irgendwie legitim, denn Tatsache war, dass zwei junge Frauen innerhalb von drei Wochen in einem Umkreis von weniger als dreißig Kilometern Sexualverbrechen zum Opfer gefallen waren.

5

Das gleiche schlimme Schicksal hatte fast drei Jahre zuvor die 20-jährige französische Austauschstudentin im österreichischen Kufstein ereilt, die nachts alleine zu Fuß zu einer Freundin unterwegs gewesen war.

Nachdem Polizeibeamte am Morgen des 12. Januar 2014 die Leiche einer jungen Frau am Ufer der Inn-Promenade gefunden hatten, wurde der Ermittlungsapparat der Landespolizeidirektion Tirol hochgefahren. Das zuständige Landeskriminalamt Tirol übernahm die Federführung. Rasch herrschte Gewissheit darüber, dass es sich um die junge Frau handelte, die eine Stunde zuvor als vermisst gemeldet worden war.

Die Situation beim Auffinden der toten Frau ließ schon vor der eilends angeordneten Obduktion keinen anderen Schluss zu, als dass man es mit einem Tötungsdelikt zu tun hatte. Zu offensichtlich waren die Verletzungen, die zu keinem denkbaren Unfallgeschehen passen konnten. Zudem war der Unterkörper der toten Frau entkleidet.

Die gerichtsmedizinische Untersuchung bestätigte nicht nur den gewaltsamen Tod durch fremde Hand, sondern auch einen sexuellen Hintergrund und den Fakt, dass sich die fremde Hand eines schweren Gegenstandes, ähnlich einer Eisenstange, bedient hatte.

6

Der Leiter der Soko Erle beendete seine Zusammenfassung und stellte im Anschluss daran den Aufbau der Sonderkommission vor. Sie bestand aus sechs Einsatzabschnitten: Ermittlungen, Operative Auswertung, Kriminaltechnik, Fahndung, Digitale Spuren und Öffentlichkeitsarbeit. Gottfried wurde zum Leiter der Ermittlungen bestimmt. Er erklärte den systematisch vorgesehenen Spurenlauf und kümmerte sich um die Einteilung der Spurenteams und um die Zuteilung der Spuren.

Gottfried kannte ich schon seit über dreißig Jahren. Ihm begegnete ich erstmals Anfang der Achtziger Jahre.

Damals starteten wir gemeinsam unsere Ausbildung bei der Kriminalpolizei, zu der auch eine einwöchige Hospitation beim Landeskriminalamt (LKA) Baden-Württemberg gehörte. In diesen insgesamt recht unspektakulären fünf Tagen lernte ich ihn als ruhigen, intelligenten, humorvollen und durchweg angenehmen Menschen kennen – Eigenschaften, die er sich immer bewahrt hat und wegen derer ihn alle Kollegen schätzten und respektierten.

Wir beide haben eine gemeinsame Vergangenheit beim damaligen Rauschgiftdezernat (RD) der Kripo Emmendingen. In jener Zeit hielten wir neben der Ermittlungstätigkeit Vorträge an Schulen, vormittags in den Klassen, abends vor interessierten Eltern. Wir waren ein eingespieltes Team und versuchten mit Anekdoten und gegenseitigen Sticheleien das ernste Thema etwas aufzulockern.

Als ich später nur noch in der Prävention und nicht mehr beim RD tätig war, setzten wir unsere Vortragstätigkeit fort. Aber mit zunehmender Dauer tadelte mich Gottfried wegen der alten Geschichten, die ich den Leuten noch immer erzählte.

Eines Tages sagte ich ihm, dass es an der Zeit wäre, die gemeinsamen Vorträge zu beenden.

»Endlich«, meinte er nur, »ich dachte schon, du kommst nie drauf.«

Wir grinsten beide.

Für die Soko Erle galt das Gleiche wie für alle polizeilichen Sonderkommissionen, nämlich alsbald mögliche Tat- und Täterhypothesen zu entwickeln, um die Ermittlungen in priorisierte Richtungen zu lenken. Die anfangs zwölf Ermittlungsteams innerhalb der vierzig hochmotivierten Beamten mussten effektiv eingesetzt werden. Diese

Zweiertrupps erhielten ihre Aufträge von der Soko-Führung, die aus dem Leiter, dessen Stellvertreter, dem Leiter der Ermittlungen und dem Hauptsachbearbeiter bestand.

Ganz früher hörte man von den alten und erfahrenen Ermittlern, dass ein Kapitalverbrechen, das nicht in den ersten Tagen zur Ermittlung des Täters führt, niemals aufgeklärt wird. Die Generationen danach relativierten diese Aussage dahingehend, dass es mit zunehmender Dauer immer schwieriger werde, die Tat zu klären. In der heutigen Zeit gilt die Behauptung zwar immer noch. Aber die modernen, jedoch teils sehr aufwendigen und zeitraubenden Möglichkeiten der digitalen Auswertung erhalten die Hoffnung auf Klärung eines Falles noch weit über die Zeit hinaus, in der früher selbst die bissigsten Ermittler aufgeben mussten.

Soko-Besprechungen heutiger Art und unter moderner Leitung sind ein Genuss für all jene, die Team-Arbeit, Transparenz, Eigenverantwortung, kreatives Denken, kriminalistischen Ehrgeiz und moderne Ermittlungsmethoden schätzen. Wer dann noch offen ist für jegliche Art von Gegenargumenten, skurrilem Querdenken und abwegig erscheinenden Theorien, der muss sich am rechten Platze fühlen in einer Truppe, die nur das eine Ziel vor Augen hatte: den Mörder von Carolin G. zu finden.

Die Soko Erle entwickelte praktisch noch in ihrer Geburtsstunde auf Basis der bisherigen Erkenntnisse fünf Hypothesen.

Die Hypothese »Ehemann« erhielt zunächst mit Ausnahme der Beziehungstaten-Statistik keine bedeutende Nahrung, sollte aber im Laufe der nächsten Tage und Wochen nicht nur mit den Ermittlern eine turbulente Achterbahnfahrt unternehmen.

Hypothese Nummer zwei, ebenso bislang ohne jeglichen Verdachtsbeleg, hieß »Täter aus dem persönlichen Umfeld«.

Als dritte Möglichkeit zog man – intern, versteht sich – einen vielleicht existierenden ehemaligen oder abgewiesenen Liebhaber oder Ex-Freund in Betracht, wobei es auch hierzu keinerlei konkrete Hinweise gab.

Unter der Variante »Fremder Zufallstäter« schloss man die zu diesem frühen Zeitpunkt noch recht obskure Hypothese »Lkw-Fahrer« ein. Sie begründete sich lediglich durch die Nähe zur Autobahn und das bestehende Sonntagsfahrverbot für Lastkraftwagen. Mangels weiterer Kriterien wurde sie aber nicht priorisiert.

Und schließlich lag auf der Hand, und dazu musste man wahrlich kein gewiefter Kriminalist sein, dass die Endinger Tat mit dem »Dreisam-Mord« – der Tötung einer 19-jährigen Studentin in Freiburg drei Wochen zuvor – in Zusammenhang stehen könnte.

Die Hypothese, dass der Täter aus dem persönlichen Umfeld des Opfers kommen könnte, nahm in der Person des Bekannten, dem Carolin G. kurz vor Verlassen ihrer Wohnung ein Selfie geschickt hatte, früh Gestalt an.

Der junge Mann geriet nicht nur deshalb in Verdacht, weil er wusste, dass Carolin G. joggen gehen würde. Wir stellten über die Verbindungsdaten einen auffällig regen Kontakt mit dem Opfer fest, dessen Inhalt man so deuten konnte, dass er mehr als freundschaftliche Absichten haben könnte. War daraus ein Motiv zu konstruieren? Sein Verhalten nach Bekanntwerden des Vermisstenfalles jedenfalls erschien meinen Kollegen sehr merkwürdig.

Obwohl es zwischen den beiden zuvor praktisch dauerhaften Kontakt gegeben hatte, fiel auf, dass er nach ihrem Verschwinden kein einziges Mal versuchte, sie auf dem Handy zu erreichen.

Und was war mit seinem Alibi?

Um diese Frage zu beantworten, musste verlässlich der Zeitraum eingegrenzt werden, in dem Carolin G. getötet wurde. Während der Anfang dieses Zeitkorridors recht gut zu bestimmen war, bereitete die Festlegung des Endes einige Schwierigkeiten.

Das Opfer war am fraglichen Sonntag zuletzt gegen 15.20 Uhr lebend gesehen worden. Zwischen diesem Zeitpunkt und dem Tag ihres Auffindens lagen knapp sechsundneunzig Stunden, in denen die herbstliche Witterung, die Gesamtumstände am Fundort sowie natürliche Abläufe ihren Einfluss nahmen.

Die zunächst grundsätzliche und grobe Aussage der Gerichtsmedizin war, dass der Tod einige Tage vor dem Leichenfund eingetreten war. Bei den weiterführenden Untersuchungen spielte insbesondere der Zeitpunkt der letzten Nahrungsaufnahme eine Rolle, da mit ihm und dem Wissen um Verdauungsprozesse im Körper Berechnungen angestellt werden konnten. Man ging davon aus, dass Carolin G. zuletzt beim Brunch etwas gegessen hatte. Für sie untypisches Verhalten wäre gewesen, kurz vor dem Laufen noch etwas zu sich zu nehmen. Da die Uhrzeit der so angenommenen letzten Nahrungsaufnahme durch Zeugen beim Brunch belegbar war, setzte man unter Berücksichtigung der gerichtsmedizinischen Einschätzung der Forensiker den spätesten Zeitpunkt, an dem das Verbrechen begangen worden sein konnte, auf 17 Uhr.

Für die bedeutsamen zwei Stunden davor hatte der im Verdacht stehende Bekannte kein Alibi.

Er wohnte in einer etwa zwanzig Kilometer von Endingen entfernten Gemeinde und gab in seiner Befragung an, am Sonntagnachmittag bis etwa 17:30 Uhr zuhause gewesen zu sein. Eine Zeugin, die im gleichen Haus wohnte und die er uns als Alibigeberin nannte, konnte dies allerdings nicht bestätigen.

Eine Weg-Zeit-Berechnung von seinem Wohnort zum Fundort der Leiche ergab für alle möglichen Fahrtstrecken, dass er jeweils genügend Zeit zur Begehung der Tat gehabt hätte. Die Tatsache, dass sein Mobiltelefon in der fraglichen Zeit ununterbrochen in der Funkzelle seines Wohnortes eingeloggt war, nahmen wir ohne tiefere Bewertung zur Kenntnis. Sie war durch die These erklärbar, dass er sein Handy zur Tat einfach nicht mitgenommen haben könnte.

Innerhalb der Soko gab es bei der Einschätzung und der Diskussion um diese Spur Nr. 12 verschiedene Lager. Die Einen hielten es trotz fehlenden Alibis und belastender Merkmale nicht für wahrscheinlich, dass es sich tatsächlich um den Täter handeln könnte. Die Anderen sahen den jungen Mann durchaus als tatverdächtig an und hatten unter dem vermuteten Aspekt »verschmähter oder unbeachteter Liebhaber« kein Problem damit, ein schlagkräftiges Motiv herzuleiten.

Die bestehenden Zweifel mussten durch Maßnahmen ausgeräumt werden, zumal hinsichtlich eines gewissen »hinreichenden Anfangsverdachtes«, wie es Juristen nennen, die strafprozessualen Voraussetzungen vorlagen. Letztlich konnte alles, was folgen würde, auch zur Entlastung des Verdächtigen beitragen.

Am Samstag, zwei Tage nach Auffinden der Leiche, ergingen vom zuständigen Amtsgericht auf Antrag der Staatsanwaltschaft Beschlüsse zur Durchsuchung der Wohnräume und Fahrzeuge sowie zur körperlichen Untersuchung des Bekannten.

Der Tatvorwurf lautete »Vergewaltigung und Mord« und dürfte den jungen Mann, sofern er nicht der Täter war, ziemlich aus der Bahn geworfen haben.

Ziel der richterlich angeordneten Durchsuchungen sollte auch das Auffinden jener Gegenstände des Opfers sein, die bislang nicht aufgefunden worden waren. Es fehlten der linke Laufschuh, das Smartphone, der Ehering sowie ein Ohrstecker.

Dabei wussten wir anfangs nicht, ob es sich beim Fundort der Leiche auch um den Tatort handelte. Die zentrale Frage galt dem Ort, an dem sich Täter und Opfer begegneten. Wir gingen davon aus, dass dieser Ort auch die Stelle war, an der sich der Täter des Opfers bemächtigte.

Wir hielten es für sehr unwahrscheinlich, dass die Frau freiwillig mit ihrem Mörder in das unwegsame Waldstück gegangen war. Diese Überlegung galt auch für die Version, dass es sich um keinen Fremden handelte, sondern um eine Person, die sie kannte. Die Erstbegegnung musste irgendwo auf dem geteerten Weg stattgefunden haben, denn ganz ausschließen konnte man, dass Carolin G. durch dichtes Gestrüpp gejoggt sein könnte.

War es jedoch rein nach gesundem Menschenverstand überhaupt denkbar, dass der ansonsten unauffällige junge Mann diese brutale Tat begangen haben konnte? Nicht nur mir fiel es schwer. Aber der Verdacht bestand, und meine Soko-Kollegen sowie der untersuchende Staatsanwalt versprachen sich etwas von den Durchsuchungen. Sie versprachen sich noch mehr von den digitalen Verbindungsdaten. Und sie versprachen sich sehr viel von seiner DNA.

Von Medienseite wurde natürlich unmittelbar nach dem Fund der Leiche nach DNA-Spuren des Täters gefragt. Die Spezialisten unserer Kriminaltechnik und die der Stuttgarter Tatortgruppe des Landeskriminalamtes hatten es jedoch mit einer schwierigen Spurenlage zu tun. Innerhalb der vier Tage, in denen das Schicksal des Opfers unklar gewesen war, hatte es häufig geregnet. Es war Herbst. Die Fundstelle und alles, was sich dort befand, waren allen Umwelteinflüssen ungeschützt ausgesetzt gewesen. Es herrschte durchgängig an allen Tagen und Nächten ein nasskaltes Klima. Die Feuchtigkeit schlug sich nicht nur oberflächlich nieder, sondern kroch in jede sich bietende Ritze. Wahrlich keine leichte Aufgabe für unsere Spurenexperten.

Die Abstriche vom Opfer wurden ohne Zeitverzug dem Kriminaltechnischen Institut beim LKA Baden-Württemberg zugestellt, dessen Mitarbeiter an dem mit höchster Priorität versehenen Fall fortan zahlreiche Überstunden leisteten. Eine brauchbare DNA-Spur gerichtlich belastbar zu definieren, vor allem, wenn sie unter diesen schwierigen Bedingungen erhoben wurde, erfordert viel Aufwand und sehr viel Geduld. Bei einer dem europäischen Standard entsprechenden DNA-Analyse einer Spur wird zunächst ein Prozess von zwei bis drei Tagen durchlaufen, bei dem die DNA aus dem Zellkern gewonnen und die DNA-Menge bestimmt wird. In der sogenannten Polymerase-Kettenreaktion erfolgt über spezielle Computerprogramme die weitere Darstellung der Substanzprobe. Erst danach erfolgt die Auswertung durch einen Sachverständigen.

Es war für mich nicht immer einfach, den in diesem Punkt ungeduldigen Journalisten und somit der Öffentlichkeit die sich hinziehenden Abläufe verständlich zu machen. Zumal ich in dieser Hinsicht ja selbst kein Experte war.

Richtig schwierig wurde es einige Zeit später, als mir mitgeteilt wurde, dass man am Körper des Opfers, an intimer und tatrelevanter Stelle, eine männliche Spurenbeimengung gefunden habe, deren Existenz jedoch aus kriminaltaktischen Gründen auf keinen Fall verkündet werden durfte.

7

Zwei Tage nach Auffinden der Leiche meldete sich der Seher aus Nordrhein-Westfalen bei mir.

Es war Samstagmorgen und ich war gerade zuhause, aber selbstverständlich erreichbar. Da mein Handy längst »verbrannt« war, wie wir sagen, riefen mich ohnehin alle möglichen Menschen zu allen möglichen Uhrzeiten an.

Obwohl ich den Seher nicht kannte (auch nicht vom Sehen), bedankte er sich gleich zu Beginn des Gesprächs für das nette, kürzlich mit mir geführte Telefonat. Ich konnte mich an kein Gespräch mit ihm erinnern und war mir auch sicher, dass es kein solches gegeben hatte. Nachdem ich ihm dies mitgeteilt hatte, konnte schnell geklärt werden, dass er mit meinem Sohn, dem Dienstgruppenleiter, gesprochen hatte. Diese Verwechslung aufgrund der Namensgleichheit schien ihn aber in keiner Weise zu stören, im Gegenteil. In der Folge wiederholte der selbsternannte »Vermisstenfinder« offenbar den gesamten Inhalt seines Dialoges mit meinem Sohn, was die ersten zwanzig Minuten des Telefonats in Anspruch nahm. Mit gewissem Unbehagen registrierte ich die von ihm eher beiläufig gebrachte Bemerkung: »Ah, Sie sind der Polizeisprecher ... das ist gut, ja, das ist sehr gut!«

Ich erfuhr, dass er bereits drei Tage vor dem Auffinden den Leichenfundort durch einen »Hotspot«, wie er es nannte, auf einer Landkarte erspürt habe. Daraufhin habe er beim Polizeirevier angerufen und seine

Eingebung mitgeteilt und dazu noch eine E-Mail geschrieben. Ausschweifend und mit zahlreichen Wiederholungen versehen versuchte er nun, mir seine außergewöhnlichen Fähigkeiten zu erklären.

Der Mann konnte anscheinend nicht nur gut sehen, sondern auch bemerkenswert viel reden, und das in atemberaubendem Tempo ohne Punkt und Komma. Für Zwischenfragen oder Bemerkungen musste ich einen günstigen Augenblick erwischen, den es eigentlich nicht gab. In einem passenden Moment, vermutlich, als er gerade kurz Luft holte, packte ich die Gelegenheit beim Schopf, und es gelang mir, zwei Worte zu platzieren. »Und jetzt?«

Mir war trotz der Länge des sprudelnden Monologes nämlich noch immer nicht klar, was er eigentlich von mir wollte. Zu meiner Überraschung hatte er meine zwei Worte tatsächlich wahrgenommen, denn endlich kam er zur Sache.

»Ich habe schon am Montagabend der Polizei mitgeteilt, dass die Joggerin tot ist und wo ihre Leiche liegt. Jetzt hat man sie gefunden, etwa zweihundert Meter von der Stelle entfernt, die ich genannt habe. Drei Tage später zwar, aber das ist egal. Ich will die Polizei nicht angreifen. Aber ich möchte, dass ihr der Presse sagt, dass ich den Ort schon am Montag vorausgesagt habe.«

Nachdem er alles sinngemäß noch einmal wortreich wiederholt hatte, machte er tatsächlich eine Pause, denn er erwartete wohl eine Antwort.

»Sie haben den Ort nicht vorausgesagt.«

»Natürlich nicht exakt die Stelle, nein, nicht auf den Meter genau den Ort, aber ich hab' gesagt, sie liegt in einem Waldstück, im Bestattungswald.«

»Sie lag nicht im Bestattungswald.« Ich versuchte, ruhig zu antworten.

Er fuhr fort. »Ich verlange von der Polizei, dass sie öffentlich bestätigt, dass ich die Fundstelle bis auf zweihundert Meter genau vorausgesagt habe. Das müssen Sie bestätigen. Mehr möchte ich nicht. Ich habe nichts gegen die Polizei.«

»Ich habe auch nichts gegen Sie«, antwortete ich, »aber die Sache ist erklärbar, ohne seherische Fähigkeiten.«

Es gelang mir natürlich nicht annähernd, diese Erklärung an den Mann zu bringen, da er mir ab sofort wieder ins Wort fiel und seinerseits in einen erneuten Wortfluss geriet, nachdem er erkannt hatte, dass ich seinem Ansinnen nicht entsprechen wollte.

Da er in den Tagen darauf selbst den Gang an die Medien antrat, gelang es mir wenigstens dort, die Erklärung für die auf den ersten Blick erstaunliche Voraussage zu geben:

Der Seher wusste aus der Berichterstattung in den Medien in etwa, wie lang die Laufstrecke war. Beim Blick auf die Landkarte sah er in diesem überschaubaren Umkreis vor allem Felder und Reben. Hätte die Leiche dort gelegen, wäre sie schon entdeckt worden. Freies Feld und von oben einsehbares Gelände konnte er also ausschließen. Somit blieben zwei Möglichkeiten übrig: Wasser und Wald. Die beiden Weiher im Gewann Erle liegen so nahe an Wohnhäusern, dass die Begehung eines Mordes oder die Ablage einer Leiche wegen des Entdeckungsrisikos eher unwahrscheinlich war. Damit blieben in seinen Überlegungen nur noch die zwei durch den Freiburger Weg getrennten Waldstücke übrig. Der Seher nannte uns eines davon und lag falsch. Wir hatten seinen Hinweis durchaus ernst genommen und noch am gleichen Abend mit einer Streife und am anderen Morgen mit mehreren Suchkräften in dem von ihm erfühlten Bereich nachgeschaut. Ohne Erfolg.

Die intensive Suche in den beiden Waldstücken starteten wir erst, nachdem das Gebiet und die Laufstrecken, die von den Angehörigen als am wahrscheinlichsten genannt wurden, erfolglos abgesucht worden waren. Zudem lagen uns inzwischen Hinweise vor, wonach die Joggerin wohl eine andere Strecke gewählt haben könnte, als wir bis dahin auf Grund unserer Erkenntnisse annehmen mussten.

Nach dem knapp zweistündigen Telefonat an jenem Samstagmorgen musste ich es mangels Aussicht auf Sinnhaftigkeit unhöflich und gegen den Willen des Sehers beenden. Einige andere Menschen, auch Journalisten, die er ebenfalls per Telefon kontaktiert hatte, bestätigten mir später, dass dieser Seher selten ein Gespräch selbst beendet, und man sich irgendwann gezwungen sieht, einfach aufzulegen.

Dennoch glaube ich daran, dass es auf dieser Welt Dinge gibt, die nicht rational zu erklären sind. Sowohl dem Seher als auch den Medien gegenüber hatte ich erklärt, dass ich – auch in meinem Job als Polizist – der Erste wäre, der ein solches Phänomen bestätigen würde. Voraussetzung wäre jedoch, dass es tatsächlich ein solches sein müsste.

Wenn ein Wahrsager voraussagt, dass ein bestimmter Prominenter nächstes Jahr sterben wird, und dieses Ereignis nicht eintrifft, wird dies niemand weiter beachten, und der Wahrsager wird einfach still sein. Stirbt aber der Prominente überraschenderweise doch, wird der Prophezeier die Öffentlichkeit an seine spektakuläre Voraussage erinnern und vermutlich bei vielen Menschen Erstaunen hervorrufen.

Ich kann mich daran erinnern, dass in den 90-Jahren eine Wahrsagerin den Tod des damals amtierenden Bundeskanzlers Kohl in den folgenden zwölf Monaten vorausgesagt hatte. Die Menschen nahmen es kaum zur Kenntnis und vergaßen es wieder. Denn Helmut Kohl starb etwa fünfundzwanzig Jahre später im Alter von 87 Jahren. Das wiederum war, biologisch betrachtet, irgendwie voraussehbar.

Es gab noch einen weiteren Kontakt mit dem Seher, der nun seinen Fokus auf den Täter richtete.

Er beschrieb uns einen kleinen Ort im Kaiserstuhl und nannte uns sogar die Straße, in der wir den Mörder finden würden. Er gab vor, auch die Hausnummer zu kennen, wollte uns diese aber zunächst nicht mitteilen. Er begründete es damit, niemanden denunzieren zu wollen.

In Absprache mit und im Auftrag der Soko-Leitung bekam ich ihn ans Telefon, um die genaue Adresse in Erfahrung zu bringen. Der Soko-Leiter wusste, dass ich bereits ergiebigen Kontakt mit ihm hatte. Obwohl ich das letzte Telefonat mit dem Seher abrupt und grußlos beendet hatte, freute er sich hörbar über meinen Anruf.

Erstaunlicherweise kam ich anfangs auch zu Wort und erklärte ihm, dass wir mit dem bloßen Straßennamen wenig anfangen könnten.

Daraufhin folgte seinerseits ein längerer Vortrag über die Entstehung seiner »Hotspots«, im Zuge dessen ich auch erfuhr, dass der »Vermisstenfinder« zur Ortung von vermeintlichen Fundstellen mit seinem Finger über Landkarten streift und dabei Schwingungen empfindet. Diese seien aber nicht immer eindeutig und die exakte Benennung des Ortes sei daher oft schwierig. Letztlich gelang es mir, ihm wenigstens eine Reihe von Hausnummern um eine bestimmte Adresse herum abzuringen, die den Aufenthaltsort des unbekannten Täters vielleicht einzugrenzen vermochten.

Den erstaunten Hausbewohnern, die von meinen Kollegen daraufhin aufgesucht wurden, erklärten wir zwar, dass es um den Mord an der Joggerin ging, aber den genauen Anlass für die Überprüfungen nannten wir nicht.

Ein 86 Jahre alter, körperlich sehr stark eingeschränkter, alleinstehender Rentner, der für den Tattag kein Alibi hatte, beteuerte inbrünstig, nichts mit dem Mord zu tun zu haben. Wir glaubten ihm genauso, wie einem verwitweten Frührentner, einem pensionierten Steuerbevollmächtigten, einem ebenfalls alibilosen gehbehinderten Witwer sowie einem Sportschützen, der am Tattag das Königsschießen gewonnen hatte und mit Bild und Datum in der Zeitung abgebildet war. Wir glaubten auch allen Frauen, die wir an den Adressen antrafen. Insgesamt überprüften wir auf Hinweis des Sehers siebzehn männliche Personen, welche letztlich alle als Täter ausschieden.

Offenbar glaubte uns der Seher unsere Bemühungen nicht, denn er scheute nicht davor zurück, den Vater der Getöteten anzurufen und ihm mitzuteilen, dass er den Aufenthaltsort des Täters kenne, die Polizei ihn aber nicht ernst nehmen würde.

Da er mit seinem Hinweis auf den möglichen Wohnort des Mörders wieder an die Öffentlichkeit gegangen war, wurde ich von Journalisten damit konfrontiert. Einer fragte mich, weshalb wir dem Hellseher nicht glauben würden. Darauf hatte ich eine klare Antwort: Wir würden ihm gerne glauben, und falls er uns sagen würde, wer der Täter sei oder wo er wohne, dann würden wir sofort dorthin fahren, ihn festnehmen und den Seher mit einem Mikrofon ausgestattet in die Mitte des Podiums der Pressekonferenz setzen.

Leider schaffte er es nicht bis dorthin, und unser Schwerpunkt ruhte damit weiter auf den eher klassischen Ermittlungsmethoden.

8

Bei der Spur, die unsere Kriminaltechniker am Körper des Opfers gesichert hatten, lagen neben den DNA-Merkmalen des Opfers zusätzliche DNA-Merkmale vor, allerdings nicht in allen dem europäischen Standard entsprechenden untersuchten DNA-Systemen. Diese Spurenbeimengungen wiesen wie erwähnt auf eine Spurenbeteiligung einer männlichen Person hin. Sie ließen sich auch noch an anderer intimer Stelle nachweisen. Ein Abgleich dieser geringen Beimengungen mit der DNA-Datenbank, der DNA-Analyse-Datei, wurde durchgeführt. Ein Treffer wurde allerdings nicht erzeugt. Das bedeutete, dass keine männliche Person mit diesen DNA-Merkmalen in der Datenbank erfasst war. Um weitere genetische Informationen über diese männliche Person zu erhalten, wurden weitere DNA-Merkmale untersucht, die sich nur auf dem Y-Chromosom von Männern befinden. Die Experten sprechen dabei von DYS-Merkmalen. Diese geben grundsätzlich Hinweis auf eine männliche Person als Genom-Träger (das Ypsilon steht für das Y-Chromosom). Bei der Untersuchung gelang es, zusammen mit den weiteren gynäkologischen Abstrichen, ein sogenanntes DYS-Profil zu erarbeiten. Da die DYS-Merkmale nicht in die DNA-Datenbanken eingepflegt werden, konnte somit kein Abgleich der DYS-Merkmale durchgeführt werden. Aber sie lieferten immerhin zusätzliche genetische Informationen, die bei einem gezielten Abgleich mit einer bestimmten männlichen Person herangezogen werden konnten. Zum Beispiel der Vergleich mit der DNA des Bekannten, dem Carolin G. kurz vor ihrem Verschwinden ein Selfie geschickt hatte und der auch wegen seines fehlenden Alibis unter unserer besonderen Aufmerksamkeit stand.

Am Anfang war es für mich noch einfach, gegenüber den Medien die Existenz dieser Teilspur, im Folgenden mit »C.G.10.4« bezeichnet, zurückzuhalten. Wir wussten nicht, inwiefern sie für das Tatgeschehen relevant war. Wenn die Untersuchungen ergeben hätten, dass sie zum Ehemann des Opfers gehörte, wäre eine entsprechende Nachricht völlig uninteressant gewesen.

Die Spur »C.G.10.4« konnte dem Ehemann allerdings genauso wenig zugeordnet werden wie dem in Verdacht geratenen Bekannten. Wir konnten davon ausgehen, dass sie vom unbekannten Täter stammte. Dennoch ließen die Befürworter der Hypothese »Beziehungstat« nicht locker, was dazu führte, dass die Spur im Laufe der Zeit vorübergehend sogar in Gefahr geriet, unbeachtet und somit bedeutungsarm zu werden.

9

In der Woche nach dem Auffinden der Leiche beschlossen wir, mit unseren Fahndungsaufrufen in die bekannte Fernsehsendung *Aktenzeichen XY… ungelöst* zu gehen. Zwar hatten wir auf der einen Seite kaum Ermittlungsansätze, von denen wir uns durch eine bundesweite Ausstrahlung mehr Gehalt versprachen, auf der anderen Seite wollten wir jedoch auch nichts unversucht lassen.

Die Spurensicherung am Fundort und die Suche nach tatbezogenen Gegenständen oder sonstigen Auffälligkeiten im engeren und weiteren Umfeld des kleinen Wäldchens waren abgeschlossen.

Wir bereiteten die Inhalte für die Fernsehsendung vor.

Eine sachliche Übersichtsliste befasste sich mit Gegenständen. Solche, die fehlten, und solche, die wir fanden. Mit Sicherheit fehlten der linke Laufschuh und das Smartphone des Opfers. Unter Vorbehalt fehlten der silberne, gravierte Ehering sowie einer der beiden Ohrstecker. Vorbehalt deswegen, weil nicht mit letzter Sicherheit feststand, ob Carolin G. diese beiden Schmuckstücke tatsächlich getragen hatte.

Die Wahrscheinlichkeit dafür war aber sehr hoch, denn üblicherweise zog sie auch beim Sport den Ring nicht ab. Und aus welchem Grund sollte sie nur einen Ohrstecker abgenommen und den anderen am Ohr belassen haben?

Gefunden hatten wir in der Laufjacke den Wohnungsschlüssel und am Boden die Ohrstöpsel des Smartphones, einen abgerissenen Stofffetzen des Laufshirts, eine Damenbinde und einen Tampon.

Wir beabsichtigten, die fehlenden Gegenstände, insbesondere natürlich den auffällig blauen Laufschuh, in unsere Fahndungsfragen mit einzubeziehen. Da wir den rechten Schuh hatten, war es einfach, ein Vergleichsbild zu beschaffen, das in der Sendung veröffentlicht werden konnte.

Im Vorfeld wogen wir neben der Hoffnung auf einen entscheidenden Hinweis sehr sensibel ab, welche Nachteile eine solch aufsehenerregende Maßnahme vor Millionenpublikum mit sich bringen konnte. Nicht wenige unter uns hatten die Befürchtung, dass eine Flut von unbrauchbaren Hinweisen die Soko lahmlegen, zumindest jedoch ihre Arbeit erschweren könnte. Aber letztlich wollte niemand die Verantwortung dafür übernehmen, auf die Sendung zu verzichten und dadurch womöglich die Chance auf die Erfolg bringende Spur zu verpassen.

Somit hatte ich den Job, das Ganze auf den Weg zu bringen.

Formell wichtig war bei der Vorbereitung und Organisation einer solchen Fahndungsmaßnahme, alle wichtigen Stellen zu informieren. Diese waren in erster Linie der Polizeipräsident, die Kripo-Leitung, die Staatsanwaltschaft, das Landeskriminalamt und das Pressereferat des Innenministeriums. Die Soko-Kollegen sprachen mit den Angehörigen über unser Vorhaben. Sie waren einverstanden.

Die Sendung mit dem Beitrag über den Endinger Mordfall war für Mittwoch vorgesehen. Das war der Folgetag.

Der Beitrag war als sogenannter »Studio-Fall« geplant. Für die Erstellung eines kurzen Spielfilms mit nachgestellten Szenen reichte die Zeit nicht.

Mit der Fernsehredaktion lief alles sehr unkompliziert ab. Man erklärte mir, dass niemand von uns ins Münchener Studio kommen musste und dass der Moderator der Sendung, Rudi Cerne, den Fall selbst darstellen und die Fahndungsfragen ans Publikum richten werde.

Ich bereitete in Absprache mit der Soko-Leitung die Inhalte vor und formulierte für die Redaktion schriftlich den mit der Staatsanwaltschaft abgestimmten Fahndungstext. Dazu schickte ich wunschgemäß eine Übersichtsskizze ans Münchner Studio, die von dort mediengerecht angepasst wurde.

Seit ein paar Jahren verfügten wir bei der Polizei über den Luxus, ein eigenes Call-Center aufrufen zu können. Ausgangspunkt für diese außergewöhnliche Form der Hinweis-Entgegennahme war im Jahre 2009 der weltweit beachtete NATO-Gipfel in Baden-Baden und Kehl. Damals durfte ich als verantwortlicher Leiter gemeinsam mit Frank, einem technikaffinen Kollegen, mit dem mich bis heute eine wohltuende Freundschaft verbindet, weit im Vorfeld des politischen Gipfels ein solches Call-Center ins Leben rufen. Vorher hatte es so etwas bei der Polizei in Baden-Württemberg nicht gegeben.

Wir nannten das Ganze damals aber nicht Call-Center, sondern Bürgertelefon, was aus unserer Sicht eine seriösere Bezeichnung war. Als Folge daraus bildet man bis heute interessierte und geeignete Kolleginnen und Kollegen so aus, dass sie bei Bedarf kurzfristig in einem Telefonauskunfts-Team eingesetzt werden können. So nun auch in Verbindung mit der Sendung *Aktenzeichen XY ... ungelöst* und in Kooperation mit den Aufnahmestudios des Fernsehsenders.

Alles war vorbereitet.

Am Morgen der Ausstrahlung wurden meine Kollegen zufällig auf den Inhalt eines Interviews aufmerksam. Darin sprach Rudi Cerne gegenüber einem Boulevardblatt über die anstehende Sendung und über seine Gefühle. Der ehemalige Eiskunstläufer und heutige Sportjournalist verkündete, sein Bauchgefühl sage ihm, dass der Endinger Mordfall noch vor Ausstrahlung der Sendung gelöst sein könnte.

Mein Handy klingelte. Für Gottfried und sein Team war ich der alleinige Ansprechpartner in Medienangelegenheiten, und jetzt war einmal mehr die Situation eingetreten, in der ich fragwürdige Äußerungen von Journalisten erklären sollte. In diesem Fall gelang es mir nicht, da ich selbst keinen blassen Schimmer hatte, worauf Herr Cerne seine Ahnungen stützte.

Davon abgesehen, dass sich jeder Kollege innerhalb der Soko sehnlichst gewünscht hätte, Herrn Cernes Bauchgefühl möge ihn nicht trügen, waren wir über diese Aussage verwundert, ja, leicht verärgert. Natürlich waren wir brennend daran interessiert, welche Fakten denn seine Gefühle nährten. Wusste er mehr als die Ermittler? Was waren seine Quellen? Hatte womöglich er die seherischen Fähigkeiten, die wir einer anderen Person abgesprochen hatten?

Leider war der smarte und beliebte Moderator für uns vor der Sendung nicht erreichbar. So blieben nicht nur diese Fragen unbeantwortet, sondern die Verbreitung weiterer unglücklicher Formulierungen nahm auch in der Live-Sendung ihren Lauf. Im ersten Satz direkt nach der Begrüßung stellte Herr Cerne die Frage an das deutsche Fernsehpublikum: »Geht im Raum Freiburg ein Serientäter um?«

Da war er wieder, dieser zu diesem Zeitpunkt völlig unzutreffende Begriff, der so leicht geeignet war, Angst und Schrecken unter den Menschen zu verbreiten. Als Fernsehmensch hätte Herr Cerne wissen können, dass man noch nicht von einer Fernsehserie spricht, wenn es gerade einmal zwei Folgen gibt. Denn mit dem Wort »Serie« verbindet man eine Abfolge von mehreren zusammenhängenden Ereignissen. Wohlgemerkt: *zusammenhängenden* Ereignissen. Im Vorgespräch mit der Redaktion hatten wir zwar erörtert, dass man den Freiburger Mordfall an der Studentin selbstverständlich erwähnen müsste. Wir legten jedoch größten Wert auf unser Ansinnen, die beiden Mordfälle in Freiburg und Endingen seriös voneinander zu trennen. Falls dem Moderator diese Absprache bewusst gewesen sein sollte, ist ihm deren Umsetzung gründlich misslungen. Live vor einem Millionenpublikum und vor allem vor ohnehin verängstigten südbadischen Bürgern zelebrierte er unheilvoll Gemeinsamkeiten der beiden Fälle: Die zwei jungen Frauen seien innerhalb von drei Wochen jeweils an einem Sonntag verschwunden und Opfer eines Sexualmordes geworden. Beide Tatorte lägen nur rund dreißig Kilometer auseinander. Die Kripo könne einen Tatzusammenhang nicht ausschließen.

Er hatte ja in allem Recht. Aber die Wirkung seiner Worte, denen er selbst den Begriff »beklemmend« zuwies, schürte die Furcht von einem Serienmörder in der Region zusätzlich.

Es war ihm verziehen. Bei seinem Job spielten Einschaltquoten keine unwesentliche Rolle, und die erreicht man eben durch spektakuläre Aufmachungen und nimmt dabei in Kauf, Menschen zu verängstigen. Bei einem Sendeformat wie *Aktenzeichen XY ... ungelöst* ist es auch nicht einfach, den Spagat hinzubekommen zwischen spannender Unterhaltung und verantwortungsvoller Sachverhaltsschilderung.

Unsere teilweise geäußerten Befürchtungen über eine Flut von irrelevanten Hinweisen bestätigten sich nicht. Im Studio ging während der Sendung und im Laufe des übrigen Abends eine durchaus überschaubare Anzahl von Anrufen ein. Die Mitarbeiter an den Apparaten unseres Call-Centers hatten keinen Stress.

Am Ende hatten wir auf Grund der Fernsehausstrahlung sechzehn neue Hinweise. Sechzehn Hinweise – und eine noch mehr verunsicherte Bevölkerung in unserer Region. Die Menschen fragten sich, ob der unbekannte Täter noch in der Gegend unterwegs war. »Ist er einer von uns? Ein Südbadener, womöglich ein Kaiserstühler? Wird er ein drittes Mal zuschlagen? Und wenn es kein Serientäter ist – haben wir dann gleich zwei Mörder unter uns?«

Zu Endingens Straßenbild gehörten jetzt Polizei und Medien. Reporter berichteten täglich über den nun auch bundesweit bekannten Mordfall. Sie interviewten Menschen beim Einkaufen oder auf dem Weg zur Arbeit und übertrugen die Bilder von fassungslosen Männern und Frauen vor laufenden Kameras. Solche Szenen kannte man bisher nur aus Vorabendreportagen auf Privatsendern. Sie waren bislang weit weg gewesen, nicht wirklich real. Nun aber sah man in den Abendnachrichten eine Passantin auf der Straße, die nach Worten ringend ihre Gefühle und Ängste in ein vorgehaltenes Mikrofon sprach. Und man kannte sie.

Es war die Nachbarin von nebenan.

10

Die bange Frage, ob der Mörder noch unter uns ist, mag sich damals auch der junge Mann mit dunklem Haar und dunkler Jacke gestellt haben, den man nach der Tat auf der Überwachungskamera des Esso-Verkaufsraumes in Endingen sieht und der ahnungslos neben dem Mörder steht.

Dieser wartet auf seinen gerade bestellten Kaffee, nimmt derweil aus einem Verkaufsregal einen Teddybären heraus und schaut ihn lange wortlos an.

Dann setzt er das Stofftier zurück ins Regal, nimmt seinen Kaffee und verlässt den Raum.

11

Die Peterskirche im Herzen des kleinen Städtchens Endingen war in der Vergangenheit sicher schon unzählige Male Schauplatz emotionaler Momente.

Was sich am Donnerstag, genau eine Woche nach dem Auffinden der Leiche, dort abspielte, wird niemand vergessen, der an jenem Herbstnachmittag der ermordeten Carolin G. anlässlich der Trauerfeier die letzte Ehre erwies. Die Beerdigung sollte direkt im Anschluss daran im engsten Familienkreis in einer anderen Kaiserstuhlgemeinde stattfinden.

Sowohl die Trauerfeier als auch die Beerdigung des Opfers eines ungeklärten Tötungsdeliktes haben für die Ermittlungsbehörden eine gewisse Bedeutung. Der Umgang damit erfordert pietätvolles Feingefühl. Für ein paar wenige Stunden stehen nicht die Ermittlungen und die Fahndung nach dem unbekannten Mörder im Vordergrund, sondern der Respekt und die Achtung vor der Würde der Getöteten, deren Angehörigen und allen mittrauernden Menschen.

Somit versuchten wir, möglichst dezent aufzutreten. Wir wollten aber der Öffentlichkeit auch bewusst unsere Präsenz zeigen. Sie sollte demonstrieren, dass die Polizei mit aller Entschlossenheit gewillt war, das schlimme Geschehen aufzuklären. Da wir in den vergangenen Tagen in Endingen auf sehr viel Unterstützung und Verständnis gestoßen waren und die Notwendigkeit einer polizeilichen Begleitung der Trauerfeier unumstritten war, hatten wir keine Mühe, unsere Anwesenheit angemessen zu dosieren.

Der Stadtverwaltung als zuständige Behörde erteilte ich den Ratschlag, durch den Erlass einer Allgemeinverfügung die Fertigung von Bild- und Tonaufnahmen während der Trauerfeier zu untersagen. Dies hatte sich in vergleichbaren Situationen bestens bewährt und bot die Rechtsgrundlage für eine störungsfreie und würdige Veranstaltung.

Das Gebiet rund um die Kirche St. Peter wurde daher zur Sperrzone für aktiv handelnde Reporter und Fotografen erklärt. Meine Kontakte zu den Medien, die in den zurückliegenden Tagen noch intensiver als üblich und auf ein betont vertrauensvolles Miteinander ausgerichtet waren, nutzte ich, um eindringlich auf die Beachtung der Allgemeinverfügung hinzuweisen.

Meine Kollegen vom Polizeirevier Emmendingen postierten sich schon früh an den Durchgangsstellen, die wir zur Einhaltung der medialen Sperrzone rund um die Kirche eingerichtet hatten. Dabei galt die klare Anweisung, keine Personen offen zu kontrollieren, sondern lediglich beim sichtbaren Mitführen von Aufnahmegeräten höflich, aber bestimmt einzuschreiten.

Die Stadtverwaltung hatte zusätzlich alle Anwohner im Bereich der Peterskirche angeschrieben und darum gebeten, sämtliche Zufahrtsstraßen zur Kirche in einem bestimmten Zeitraum möglichst nicht zu befahren und dort auch nicht zu parken. Ferner wurden die Anwohner auf die erlassene Allgemeinverfügung hingewiesen und gebeten, keine Reporter mit Kameras in ihr Haus zu lassen.

Mit meiner Weste erkennbar gekleidet traf ich früh im Bereich der Peterskirche ein. Ich hatte vor, mich außerhalb der Kirche möglichst dezent zu bewegen, um das Einhalten der städtischen Verfügung im Auge zu behalten. Es war nicht auszuschließen, dass sich doch der ein oder andere mit versteckter Kamera in die Trauerfeier einschleichen wollte. Da mir die meisten Reporter vom Sehen her bekannt waren, konnte ich durch meine Anwesenheit meine Kollegen, die ansonsten nichts mit der Presse zu tun hatten, an den Durchgangsposten unterstützen.

Obwohl ich damit gerechnet hatte, dass der tragische Anlass zahlreiche Bürger zur Peterskirche führen würde, war ich doch überrascht, wie viele Menschen schon weit vor dem offiziellen Beginn der Trauerfeier auf den Beinen waren.

Die meisten hatten außerhalb der Zone geparkt und kamen zu Fuß, die Männer in schwarzen Anzügen, die Frauen ebenfalls schwarz gekleidet, mit Kondolenzblumen in der Hand und Tränen in den Augen. Man konnte sich trotz helllichtem Tag der düsteren Stimmung dort im Ortskern der Stadt nicht entziehen. Von der ersten Minute an war man in den Bann gezogen von dem ungewöhnlichen Missverhältnis zwischen der Vielzahl von Menschen an einem Ort bei gleichzeitig eigenartiger Ruhe, spürbarer Trauer und unausgesprochener Wut und Bestürzung.

Die hohe emotionale Wirkung dieser Atmosphäre überraschte mich. Ich versuchte, mein Befinden auf meine dienstlichen Aufgaben zu lenken. Allerdings suchte ich vergeblich nach Leuten mit versteckten Kameras. Ich sah nur traurige Fußgänger auf dem Weg zur Kirche und in angemessener Demut postierte Kollegen, die aus Achtung vor der Etikette bei Trauerfällen ihre dienstliche Anzugspflicht vernachlässigten. Ihre Uniformmützen hatten sie abgenommen und hielten sie mit überkreuzten Händen vor sich.

Ich ertappte mich bei der Vorstellung, dass der Mörder ebenfalls zur Trauerfeier kommen würde. In Krimis soll dies bisweilen schon vorgekommen sein. Ich wusste, dass meine Kollegen aus den gleichen Überlegungen heraus die Namen aus der Kondolenzliste erheben würden. Unter diesen unheimlich anmutenden Erwägungen beobachtete ich nun vor allem Männer, die ohne Begleitung waren. Das waren nicht viele. Die meisten hatten ihre Frauen dabei oder waren in kleinen Grüppchen unterwegs.

Aber einen hatte ich sofort im Visier. Er stand in einiger Entfernung zur Kirche im Schutz eines Baumes und schien auf etwas zu warten. Ich schätzte ihn auf Mitte vierzig, er war leicht untersetzt und trug im Gegensatz zu nahezu allen anderen keine Trauerkleidung, sondern einen kleinen Rucksack. Er fiel auch dadurch auf, dass er sich nicht, wie die anderen, in Richtung Kirche bewegte, sondern dort einfach stand und offenbar die Leute beobachtete.

Ich wartete eine halbe Minute. Als sich nichts tat, ging ich zu einem jungen Polizeikollegen in der Nähe und bat ihn, mich kurz zu begleiten. Den mir unbekannten Mann unter dem Baum sprach ich sofort in ernstem Ton an.

»Sie wissen, dass Fotografieren und Filmen hier nicht erlaubt ist …?« Ich nickte ihm und seiner Kamera, die er an einem Trageriemen um den Hals trug, zu. Er schaute ebenfalls zu seinem Fotoapparat hinunter, als sei er über dessen Existenz überrascht.

»Es gibt eine Allgemeinverfügung der Stadt. Haben Sie einen Presseausweis?«

Der Mann stammelte etwas von »Entschuldigung« und kramte in seiner Jackentasche. Dann zog er ein kleines Papier mit einem Foto von sich heraus, das ihn als Vertreter eines mir unbekannten Online-Mediums auswies. Offenbar voller Verständnis folgte der Fotograf meinen Aufforderungen, packte seine Kamera in den Rucksack und entfernte sich aus der Sperrzone. Nicht ganz korrekterweise erlaubte ich mir noch den Hinweis, dass es nicht nur hier, sondern in ganz Endingen nichts zu fotografieren gebe.

Ich bedankte mich bei meinem Kollegen und ging dem Fotografen nach. Ich wollte sehen, ob er auch tatsächlich meine Anweisungen befolgte.

Dabei traf ich auf meinen Schwager Achim. Er trug Uniform, aber ebenfalls keine Mütze, und war auf dem Weg in die Kirche. Er war der Leiter des Emmendinger Polizeireviers und hatte in der Anfangsphase die Suchmaßnahmen koordiniert. Achim kannte Carolin G. persönlich und stand jetzt in einer Art Doppelrolle. Verantwortlich für den störungsfreien Ablauf der Trauerfeier und der Beerdigung, hatte er gleichzeitig das Bedürfnis, nicht nur als handelnder Polizist aufzutreten. Wir wechselten ein paar Worte, dann ging er weiter.

Mir wurde jetzt richtig bewusst, welch bemerkenswerte Personen-Konstellationen dieser Fall in sich trug: Der Dienstgruppenführer, der mich über das unerklärliche Fehlen einer Joggerin verständigt hatte, war mein Sohn. Achim, der Leiter des zuständigen Polizeireviers und Verantwortliche für die ersten Suchmaßnahmen, der im Übrigen irgendwann einmal mein Vorgesetzter beim damaligen Rauschgiftdezernat gewesen war, hatte vor Jahren meine Schwester geheiratet. Diese wiederum arbeitete in der gleichen Firma wie Carolin G.s Ehemann und war auch eine Arbeitskollegin von Carolins Vater. Der unbelehrbare Medienmensch, der in der Nähe des Leichenfundortes zum Ärgernis seines Vaters den Bestattungswagen filmen wollte, war der Sohn eines Kollegen. Der ehemalige Leiter des Dezernates für Kapitalverbrechen war beim gleichen Brunch wie das Opfer. Einer der Zeugen, der den verdächtigen schwarzen Tiguan neben der Parkbank am Aussichtspunkt beim Bestattungswald gesehen hatte, war ein ehemaliger Kripo-Kollege, mit dem ich viele Jahre das Büro geteilt hatte.

Auf dem Weg zurück zum Vorplatz der Kirche rissen mich zwei ältere Männer aus meinen Gedanken. Die beiden, in schwarze Traueranzüge gekleidet, sahen mich und kamen direkt auf mich zu. Den Einen kannte ich vom Sehen, konnte ihn aber nicht zuordnen. Er seinerseits duzte mich sofort und sprach mich mit meinem Vornamen an. Während ich noch rätselte, woher wir uns kannten, fiel er mir plötzlich um den Hals, drückte mich fest und begann hemmungslos zu weinen. Spontan erwiderte ich seine Umarmung. Der andere Mann, der mir nicht bekannt vorkam, stand neben uns. Er wirkte etwas gefasster.

Ich weiß nicht, wie lange wir so dastanden, und ich wusste auch nicht, was der weinende alte Mann in meinen Armen zu bedeuten hatte. Bis ich auf meinen fragenden Blick über seine Schulter die Antwort seines Begleiters im Kaiserstühler Dialekt bekam.

»Des isch doch der Opa vun der Carolin!«

Zu Beginn der Trauerfeierlichkeiten war die Peterskirche bis auf den allerletzten Stehplatz gefüllt. Die Schlange der Wartenden, die sich ins Kondolenzbuch eintragen oder einfach nur in die Kirche wollten, reichte weit auf den Vorplatz hinaus. Dort hatte sich eine Menschenmenge jener angesammelt, die wussten, dass es drinnen keinen Platz mehr gab.

Man entschloss sich, die Kirchentüre offenzulassen, damit die Menschen draußen wenigstens etwas von der Feier mitbekommen konnten.

Der Fotograf mit dem Rucksack war der einzige Medienvertreter, den wir zurechtweisen mussten. Mit zwei mir bekannten Journalisten, die sich ebenfalls auf dem Vorplatz eingefunden hatten, gab es keine Probleme. Sie waren für Außenstehende nicht erkennbar, hatten keine Aufzeichnungsgeräte bei sich und hielten sich neutral im Hintergrund. Ich sprach kurz mit ihnen. Meine Gedanken waren jedoch noch in der Situation gefangen, die einige Minuten zurücklag. Der Begleiter hatte Carolins Großvater auf den Beginn der Trauerfeier hingewiesen. Er hatte mich losgelassen und beide waren langsamen Schrittes auf den Nebeneingang der Kirche zugesteuert, der für die Angehörigen freigehalten wurde.

Die Trauerfeier fand unter überwältigender Anteilnahme der Menschen statt.

Die Beerdigung im Anschluss daran sollte jedoch unter Ausschluss jeglicher Öffentlichkeit in Carolins Heimatgemeinde im engen Familienkreis erfolgen.

Uns oblag die Aufgabe, den Bestattungswagen bei der Überführung von Endingen aus zu begleiten, um mögliche Medienaktivitäten abzuwenden, und den Friedhofsbereich zu schützen.

Weder unterwegs noch im Bereich des Friedhofes fielen uns Reporter auf. Erfreulicherweise hatten sich alle ausnahmslos an unsere eindringliche Mahnung gehalten, den letzten Abschied der Angehörigen von Carolin G. zu respektieren und der Beerdigungszeremonie fernzubleiben. Dadurch konnten wir uns ebenfalls respektvoll außerhalb des Sichtbereichs der Trauerfamilie positionieren. Ich sollte zwar für alle Fälle in der Nähe bleiben, entschloss mich jedoch, ein paar Schritte zu gehen.

Von dem außerhalb des Ortes gelegenen Friedhof führten schmale Wege hinauf in die Reben. Ich spazierte einfach los. Nach einiger Zeit schlüpfte ich aus meiner Dienst-Weste und verstaute sie in meiner Tasche. Typisch für die Kaiserstühler Rebberge gabelten sich die Wege und führten irgendwie in alle Richtungen. Ich ging nach links, dann wieder nach rechts, mal einen unbefestigten Weg, vorbei an gepflegten Rebstücken, dann wieder im Schwung zurück in grober Richtung, aus der ich gekommen war.

Ich musste wieder an die Statistik über Vermisstenfälle denken. Von 6.500 als vermisst gemeldeten Personen wurden zwei Prozent tot aufgefunden. In gerade mal 0,1 Prozent wurden die Vermissten Opfer einer Straftat.

Zweifel an diesen Zahlen meldeten sich. Denn ich musste gerade jetzt an die 30-jährige Frau denken, die im Jahre 2014 aus dem verschlafenen Örtchen Biederbach an Fasnacht als vermisst gemeldet worden war. Man fand sie erschlagen auf einem versteckten Anhänger. Das als »Spatenmord« bekannte Verbrechen hatte auch damals die Menschen im Landkreis Emmendingen und darüber hinaus aufgewühlt.

Es zählte statistisch ebenfalls zu den 0,1 Prozent.

Beim Friedhof standen noch alle Autos der Trauergäste. Ich stieg in meinen Dienstwagen. Ich hatte hier nichts mehr verloren.

Diesen Tag im Dienste des Landes Baden-Württemberg nahm ich, entgegen üblicher Gewohnheit, mit nach Hause.

12

Es war der Tag, an dem die Soko Erle Verstärkung aus Freiburg bekam.

Mit Thomas stieß ein langjährig erfahrener Ermittler zur Emmendinger Führungsspitze. Er übernahm die stellvertretende Soko-Leitung und den Einsatzabschnitt »Operative Auswertung«. Thomas war einer der wenigen Experten, die nicht in die Freiburger Soko Dreisam eingebunden waren, sondern sich dem nie still stehenden Tagesgeschäft widmeten.

Der stets leger gekleidete Kriminalpolizist, der auf den ersten Blick so gar nicht dem Klischee eines polizeilichen Ermittlers entsprach, hatte in seinen vielen Dienstjahren schon bei einigen Kapitalverbrechen die Ermittlungsarbeit begleitet und geleitet. Vor allem wusste er um die lauernden Gefahren innerhalb einer Sonderkommission, wenn der erwartete Erfolg ausblieb. Thomas wusste, dass das in den ersten Tagen noch kein Problem sein würde. Aber mit fortschreitender Dauer, wenn die Ermittlung des Täters nicht gelingen würde, könnten sich unter dem immer vorhandenen Druck intern Probleme einschleichen. Dafür hatte Thomas in all den Jahren ein Feingefühl entwickelt.

Auch bei der Soko Erle betrachtete er es als seine Aufgabe, nicht nur den Fall und als Auswerter die schier unendliche Menge an gesammelten Daten im Auge zu haben. Für ihn zählte der Blick auf organisatorische Abläufe und Befindlichkeiten innerhalb des Teams genauso dazu. Meist früher als andere spürte er, wenn jemand in der Bearbeitung seiner Spuren überfordert oder durch private Schwierigkeiten abgelenkt war.

Thomas hatte nicht nur das Ohr an der Mannschaft, sondern sprach die Dinge auch an. Er nahm Kollegen zur Seite, wenn er die Zeit dafür sah. Mit Gottfried zusammen versuchte er die Trupps so einzuteilen, dass eine gewisse Harmonie bestand. Nicht jeder kann mit jedem. Um des Erfolges willen wurden auch Kollegen innerhalb der Soko ausgetauscht, wenn erkennbar war, dass irgendetwas deren Motivation störte. Das konnte dienstliche, aber auch private oder persönliche Gründe haben. Thomas suchte das Gespräch und ging der Ursache sensibel auf den Grund.

In den wenigen Fällen, in denen Kollegen im Laufe der folgenden Wochen herausgelöst wurden, waren sie darüber eher erleichtert, weil es nicht gegen ihren Willen geschah. Ein Makel blieb dabei nicht haften. Es war keine Schwäche, wenn jemand die nötige Stärke für die fordernde Soko aus irgendwelchen Gründen nicht aufbringen konnte.

Die Truppe musste schlagkräftig, höchst motiviert und ehrgeizig aufgestellt sein. Mit dem zur Verfügung stehenden Personal und mit Unterstützung aus den Präsidien Offenburg, Karlsruhe und Mannheim. Thomas, von Hause aus gewiefter Rauschgiftermittler und damit Gottfrieds Pendant in Freiburg, wurde sofort zu einem wertvollen und rundum geschätzten Soko-Mitglied. Dabei war ihm sehr wohl bewusst, dass seine Berufung nach Emmendingen von manchen auch kritisch gesehen wurde – nachdem die Soko eine Woche lang erfolglos nach dem Täter gesucht hatte.

Thomas, mit Gottfried seit Jahren bestens bekannt, klärte gleich zu Beginn seiner Tätigkeit aufkommende Missverständnisse auf. »Ich bin nicht hier, um euch zu sagen, wie man es besser macht. Ich bin hier, um gemeinsam mit euch eine abscheuliche Tat aufzuklären. Ob ich Soko-Arbeit besser kann, weiß ich nicht. Aber ich habe schon des Öfteren bei Sokos mitgewirkt und kann vielleicht ein paar Dinge optimieren.«

Viel später wird er über die damalige Situation sagen: »Ich hatte keine Ahnung, ob die Suche nach dem Täter ein Sprint wird oder ein Marathon.«

Auf beides war er eingestellt.

13

Der Polizeihubschrauber hob am Tage nach der Beerdigung ab. Sein Ziel war eine Kleinstadt am Niederrhein im Westen Nordrhein-Westfalens. Seine Insassen, außer den beiden Piloten der Hubschrauberstaffel, waren zwei Beamte der Soko Erle. Im Gepäck für den eilends organisierten Flug hatten sie die Hoffnung, den Fall knapp zwei Wochen nach der Tat aufklären zu können.

Einer der beiden fliegenden Ermittler war wieder ein Martin – aber nicht der Leiter des Endinger Polizeipostens, sondern ein gestandener Kriminalbeamter. Der andere war Christian, der Hauptsachbearbeiter des Endinger Tötungsdelikts. Chris, wie er von den meisten Kollegen genannt wurde, war ein stattlicher, früh ergrauter, aber in vielen Hobbysportarten versierter Allrounder, dessen stets ruhiges und souveränes Auftreten seinen großen Erfahrungsschatz unterstrich. Genau wie Gottfried, den Ermittlungsleiter, darf ich ihn zu den Urgesteinen zählen, mit denen mich nicht nur dienstliche Interessen verbanden. Mit Chris hatte ich sogar privat einige Jahre zusammen in der gleichen Fußballmannschaft gespielt.

Er war nicht bei der Trauerfeier, sondern saß zu dieser Zeit in seinem Büro in Emmendingen und studierte Akten. In seiner dienstlichen Funktion war er wohl derjenige, der neben Thomas am meisten las. Beide konnten von sich behaupten, alles, und vieles davon mehrfach, gelesen zu haben.

Man kann sich als Laie vermutlich kaum vorstellen, was sich bei der professionellen Arbeit einer Sonderkommission an Akten ansammelt. Nicht nur jede förmliche Vernehmung wird schriftlich festgehalten. Jegliche Aktivitäten, Maßnahmen, Überlegungen, einfach alles wird in Form von Aktenvermerken und Berichten dokumentiert. Unsere Spurenteams lieferten täglich eine Fülle an Informationen, die zunächst berichtet, dann verschriftet und schließlich bewertet werden mussten.

Fundamental wichtig, wie für alle Sonderkommissionen, war es, nicht den Überblick zu verlieren. Das gelingt vom Grundsatz aus betrachtet mit teamorientierter Arbeitsteilung.

Der Soko-Leiter braucht die Gesamtsicht mit allen wichtigen Informationen, ohne in die hintersten Ecken jedes Ermittlungsraumes blicken zu müssen.

Der Leiter der Ermittlungen legt seinen Schwerpunkt auf den Eingang und die Bearbeitung der Spuren und Hinweise und richtet seine Ermittlungsteams danach aus.

Im Abschnitt »Operative Auswertung« muss alles gelesen, das Gelesene mit anderen Informationen zusammengeführt und gegebenenfalls neue Spuren generiert werden. Daten werden erhoben und mit anderen Daten abgeglichen.

Den Sachbearbeitern und Auswertern hingegen obliegt der kritische Blick ins geringste Detail. In der Regel wird dem Hauptsachbearbeiter ein zweiter Kollege an die Seite gestellt. In unserm Fall war das Dominik, ein junger Kripo-Kollege, in gleichem Maße motiviert wie sympathisch. Die Sachbearbeiter und der Verantwortliche für die »Operative Auswertung« müssen alles wissen, alles hören und vor allem – alles lesen. Oft mehrmals. Denn es ist durchaus denkbar, dass zum Beispiel eine Vernehmung, die beim ersten Durchlesen eher unwichtig erschien, durch spätere, neue Erkenntnisse plötzlich eine andere Bedeutung erhält.

Eine solche Konstellation ermöglichte Chris und seinem Kollegen Martin den nicht alltäglichen Hubschrauberflug. Martin war Gottfrieds Vertreter und unterstützte ihn in der Leitung des Abschnitts »Ermittlungen«.

Am Tag der Trauerfeier war in aller Frühe auf unserem Hinweistelefon eine Mitteilung eingegangen. Eine Person mit männlicher Stimme hatte mitgeteilt, dass sie am Tag des Mordes in den Weinbergen in Endingen joggen gewesen sei. Gegen 15:20 Uhr sei ihr Carolin G. ebenfalls joggend entgegen gekommen. Man habe sich nickend kurz gegrüßt und sei weitergelaufen. Hinter Carolin G., mit etwa drei- bis vierhundert Metern Abstand, sei ein Mann mit einer schwarzen Kapuzenjacke gelaufen. Dieser habe sein Gesicht bei der Begegnung weggedreht, aber dennoch seien seine dunkelbraunen Augenbrauen und seine leuchtend blauen Augen aufgefallen.

Man kann sich leicht ausmalen, dass ein solcher Hinweis in die oberste Priorität gesetzt wurde. Die Kollegin des Hinweistelefons hatte sich die Handynummer des Mitteilers notiert. Ermittler Martin versuchte unverzüglich einen Rückruf. Das Handy war nicht erreichbar. Angesichts der eingestuften Dringlichkeit versuchte er es den ganzen Vormittag, während man sich bei der Soko-Leitung an die weitere Bewertung des Hinweises machte. Wenn dessen Inhalt tatsächlich stimmen würde, dann gab es bisher nicht gekannte Kriterien im rekonstruierten Ablauf-Schema. Und vor allem gab es plötzlich zwei neue Personen, auf die bislang nichts hingedeutet hatte.

Person Nummer eins: der Hinweisgeber, der joggend dem Opfer begegnet war.

Person Nummer zwei: ein unbekannter Jogger, der hinter dem Opfer herlief.

Keiner der bisher befragten Zeugen hatte etwas von joggenden Männern erzählt. Die Ermittlungen bis zu diesem Zeitpunkt hatten ergeben, dass Carolin G. an vier verschiedenen Stellen von insgesamt sieben Personen gesehen wurde. Die einzelnen Aussagen wurden hinsichtlich Zeit und Ort der Sichtungen übereinandergelegt und waren in sich stimmig. An jenem Sonntagnachmittag, als die Tat geschah, waren trotz trüben und regnerischen Wetters viele Menschen im fraglichen Gebiet unterwegs, entweder zu Fuß oder mit Rad oder Auto. Zwangsläufig gaben diese Zeugen bei ihrer Befragung gegenseitig Hinweise auf sich, aber in der Gesamtbetrachtung passte alles zusammen. Wir konnten alle beobachteten Personen und Fahrzeuge, mit Ausnahme eines dunklen Autos, im bedeutsamen Zeitraum zuordnen. Von einem oder gar zwei männlichen Joggern kurz nach 15 Uhr hatte bislang niemand etwas erwähnt.

Nach unzähligen Anruf-Fehlversuchen beschloss Martin, seine Bemühungen für eine kurze Mittagspause zu unterbrechen. Er wollte gerade aufstehen, als seinerseits das Telefon klingelte. Im Display erkannte er die Nummer, die er in den vergangenen Stunden unzählige Male angewählt hatte.

Ermittler Martin nahm das Gespräch entgegen. Er vernahm eine eindeutig männliche Stimme, die sich in gepflegtem Hochdeutsch dafür entschuldigte, die Anrufe nicht entgegen genommen zu haben.

»Es tut mir leid, dass ich Sie weggedrückt habe. Aber ich konnte das Gespräch nicht annehmen. Ich sitze gerade bei Ihren Kollegen hier, bei der Kripo, und erstatte Strafanzeige.«

»Strafanzeige? Weswegen?«

Kurze Pause.

»Man hat versucht, mich zu vergewaltigen.«

Der Kontakt mit dem zuständigen Kriminalkommissariat in Nordrhein-Westfalen unmittelbar nach dem Telefonat, und nicht im Beisein des Hinweisgebers, bestätigte dessen Worte. Der 26-Jährige, der von den westfälischen Kollegen als ziemlich schrille Person beschrieben wurde, hatte angegeben, von einem unbekannten Mann überfallen und beinahe vergewaltigt worden zu sein. Die Tat habe sich vor ein paar Wochen im Bereich Krefeld ereignet. Auf die ungläubigen Reaktionen der vernehmenden Beamten habe er erklärt, dass er sich gerade im Umwandlungsprozess in eine Frau befindet. Bei der versuchten Vergewaltigung sei er auch verletzt worden.

Verletzt?

Jetzt wurde es interessant.

Wir analysierten die Aussagen.

Wenn die Angaben des Mannes, der gerade eine Frau werden wollte, der Wahrheit entsprachen, dann hatte er (oder sie) mit hoher Wahrscheinlichkeit den Mörder gesehen.

Wenn die Angaben falsch waren, gab es mehrere Möglichkeiten: Entweder war alles erfunden und der Zeuge war gar nicht in den Endinger Weinbergen unterwegs gewesen. Oder er war tatsächlich dort unterwegs, hatte aber in Wahrheit nichts gesehen. Oder er hatte nur das Opfer gesehen und den unbekannten Jogger erfunden.

Letztere Möglichkeit brachte ihn in Verdacht.

Das Motiv für seinen Hinweis bei der Polizei am frühen Morgen nach der ausgestrahlten *Aktenzeichen XY*-Sendung konnte darin liegen, dass er damit rechnen musste, gesehen worden zu sein. Einem solchen möglichen Hinweis, musste er dringend vorbeugen, indem er sich selbst als Zeuge ins Spiel brachte. Am besten lieferte man dabei der Polizei noch einen möglichen Tatverdächtigen.

Und was könnte das Motiv sein für die Anzeige wegen der angeblich versuchten Vergewaltigung? Da gab es keine langen Überlegungen. Seine Verletzungen. Wir hielten es im Endinger Fall aufgrund des in etwa rekonstruierten Tatgeschehens für nicht ausgeschlossen, dass sich der Täter verletzt haben könnte.

Der Hubschrauber mit den beiden Soko-Beamten flog nicht nur mit der Hoffnung auf Klärung Richtung Nordrhein-Westfalen, sondern hatte auch ein paar Fragen an Bord.

Kann jemand, der sich einer Geschlechtsumwandlung vom Mann zur Frau unterzieht, einen solchen Sexualmord begehen? Diese Frage stellten wir uns genauso wie die, ob ein Ehemann zu einer solchen Tat an seiner Frau fähig ist. Die Suche nach Antworten führt zu nichts – außer zu der allgemein hilflosen Frage: Wie kann überhaupt jemand so etwas tun?

Aber es war passiert, und wir kannten viele schlimme Tatumstände. Nicht nur deswegen, sondern auch aus dem beträchtlichen Erfahrungsschatz kriminalistischer Ermittlungen heraus wussten wir, dass alles denkbar war. Ein junger Polizeibeamter mit kurzer Diensterfahrung lernt recht bald, dass es nichts gibt, was es nicht gibt. Und die Älteren mit etwas mehr Erfahrung wissen, dass es leider nichts Schlimmes gibt, was es nicht gibt.

Im Soko-Raum in Emmendingen lag am Abend eine Spannung mit gemischten Gefühlen in der Luft. Wir warteten auf Nachrichten aus Nordrhein-Westfalen. Auf Nachrichten von Chris und Martin, die beim dortigen Kriminalkommissariat die Vernehmung der zwielichtigen Transgender-Person sowie die vom Gericht angeordneten strafprozessualen Maßnahmen durchführten.

Da mir persönlich die Umstände dieser Spur vielversprechend vorkamen, blieb ich nach der abendlichen Soko-Besprechung noch bei den Kollegen, um das erste Ergebnis abzuwarten. Wir wussten inzwischen, dass keiner der sechzehn Hinweise, die im unmittelbaren Zusammenhang mit der XY-Sendung eingegangen waren, als *heiße Spur* angesehen werden konnte. Die »Nordrhein-Westfalen-Spur« hatte zumindest hohe Temperatur und stand aktuell an erster Stelle.

Es war spät in der Nacht, als Chris und Martin mit dem polizeilichen Lufttaxi zur Soko zurückkehrten. Erwartungsvoll lauschten wir ihrem Bericht. Sie beschrieben Art und Beschaffenheit der Verletzungen. Demnach hatte unser Hinweisgeber fingerkuppengroße Verletzungen am Hals. Weitere oberflächliche Verletzungen fanden sich im Brustbereich sowie an beiden Ellenbogen und an einem Knie. Nach Einschätzung eines Gerichtsmediziners, den man kurzfristig hinzugezogen hatte, konnten diese teils abgeheilten Verletzungen durchaus zur tatbedeutenden Zeit entstanden sein.

Bei der Vernehmung hatte sich der Tatverdächtige in Widersprüche verwickelt. Vorübergehend behauptete er, die versuchte Vergewaltigung habe nicht im Bereich Krefeld, sondern in Endingen stattgefunden. Dort sei er gewesen, weil er eine Wohnung suche. Er habe früher in Endingen gewohnt, dort habe er auch das Grab seiner Mutter besucht.

Allerdings ließ sich weder das Grab der Mutter noch die Person recherchieren, bei der er Anfang November, also zur Tatzeit, angeblich mehrere Tage genächtigt haben wollte.

Chris fasste zusammen.

»Der Mensch hat schwere psychische Probleme. Mag sein, dass das mit seiner persönlichen Situation zu tun hat. Er wirkt echt gestört. Aber er hat Carolin G. nicht umgebracht.«

Die Hoffnung, die unsere beiden Ermittler auf ihrem Flug an den Niederrhein noch begleitet hatte, trat den Rückflug erst gar nicht an.

Sie wich letztlich gänzlicher Ernüchterung, als wir der skurrilen Person, entgegen ihrer Version, ein Alibi für den Tatnachmittag lieferten. Ja, WIR lieferten das Alibi!

Die dubiose Geschichte zerfiel in ihre der Fantasie entsprungenen Bestandteile.

Chris machte dem Beschuldigten klar, dass er sich gerade selbst ausliefere, wenn er bei seiner Aussage bliebe. In ruhigem Ton erklärte ihm der Kriminalhauptkommissar, dass man ihm die Story mit dem unbekannten Jogger mit den leuchtend blauen Augen nicht abnahm. Und da es diesen Jogger nicht gab, sei er nun selbst im dringenden Tatverdacht.

Das wurde dem Zeugen, der sich zwischenzeitlich in einen Beschuldigten verwandelt hatte, nun doch zu heiß. Er gab zu, seit Jahren nicht mehr in Endingen gewesen zu sein. Nach eindringlichem Ratschlag offenbarte er seinen tatsächlichen Aufenthaltsort am Tattag. Bei der Überprüfung bestätigte sich zweifelsfrei, dass er sich in einem Wanderheim bei einem Pfadfindertreffen in der erwähnten Kleinstadt am Niederrhein aufgehalten hatte.

Er konnte nicht unser Täter sein.

Der Mann, der eine Frau werden wollte, hatte alles frei erfunden.

Meine Kollegen hatten in der Folgezeit noch erhebliche Mühe mit der Person, weil sie in den folgenden Wochen in sozialen Netzwerken behauptete, Kronzeuge in dem Fall zu sein und unter Polizeischutz zu stehen. Ferner gab er oder sie sich als enge Verwandte des Opfers aus, belästigte Angehörige und meldete sich am Telefon als Kriminalbeamter.

Wir leiteten ein Strafverfahren gegen ihn ein. Flankierend zur Behandlung seiner Störung wurde veranlasst, das psychologische Betreuungsverhältnis, das zwischenzeitlich geruht hatte, wieder aufleben zu lassen.

14

Viel Zeit, um wegen der erfrorenen niederrheinischen Spur zu hadern, blieb nicht. Der nächste vielversprechende Hinweis klopfte bereits einen Tag nach dem Helikopterflug an die Soko-Tür.

Abends meldete sich ein zunächst anonymer Anrufer über das Hinweistelefon. Gespannt hörte meine Kollegin ihm zu.

Am 3. oder 4. November, also zwei oder drei Tage vor dem Mord, so der Anrufer, habe sich bei ihm ein Mann in seiner Einliegerwohnung im Erdgeschoss in Endingen eingemietet. Dieser Mann habe sich mit der Kopie eines österreichischen Reisepasses ausgewiesen. Demnach sei er dreiundfünfzig Jahre alt und in Wien geboren. Am 6. November, am Tag der Tat, sei die Ehefrau des anonymen Anrufers gegen 16 Uhr vom Walken nach Hause gekommen. Dabei sei ihr der Österreicher aufgefallen, weil er sehr aufgeregt und fahrig gewesen sei. Der Feriengast, der auch sonst irgendwie komisch sei, würde normalerweise einen schwarzen Pkw fahren. Seit dem Montag nach dem Verschwinden der Joggerin habe er jedoch aus unerfindlichen Gründen für zwei oder drei Tage einen Mietwagen gefahren. Der Anrufer habe dann auf eigene Faust recherchiert und herausgefunden, dass der Österreicher eine feste Meldeadresse in einem Endinger Ortsteil habe. Das alles käme ihm sehr merkwürdig vor.

Unseren Ermittlern kam es zwar nicht so merkwürdig vor, aber bei Hinweisen auf schwarze Autos reagierten sie sehr sensibel.

Natürlich war es sehr blauäugig von dem anonymen Anrufer zu glauben, wir würden mit den Infos, die er uns gab, nicht herausfinden, wer er war. Wir verhielten uns dennoch so rücksichtsvoll und diskret wie möglich ihm gegenüber, denn er hatte geäußert, Angst um seine Frau und seine Kinder zu haben.

Der in Wien geborene Mann, dem der Hinweis galt, war polizeilich kein Unbekannter. In Vergangenheit war er mehrfach wegen Betruges und Urkundenfälschung aufgefallen. In einer Befragung äußerte eine Kontaktperson, dass der Österreicher auch schon mehrfach Frauen belästigt habe. In den Akten war darüber jedoch nichts vermerkt.

Wir entschlossen uns, ihn offensiv anzugehen und vernahmen ihn als Zeugen.

Bei seiner Befragung ergaben sich zunächst keine konkreten Verdachtsmomente.

An jenem Sonntagnachmittag sei er deshalb so aufgeregt gewesen, weil sein Vater ein paar Tage vorher verstorben sei und er viel zu regeln gehabt habe. Die Ferienwohnung habe er angemietet, weil er von seinem Vermieter vor die Tür gesetzt worden sei. Grund dafür sei gewesen, dass er die Miete nicht bezahlt habe. Einen Leihwagen habe er nie gefahren, er besitze gar kein eigenes Auto. Ab und zu würde er das Auto seiner Tochter benutzen.

Zwischenfrage: »Was für ein Auto, welche Farbe?«

»Schwarz. Ein schwarzer Opel Corsa.«

Alles klang recht schlüssig. Ein Alibi konnte er allerdings nicht vorweisen. Der Mann gab an, sich am fraglichen Sonntagnachmittag in Endingen in der Ferienwohnung aufgehalten zu haben. Da er dort alleine lebe, könne dies auch niemand bestätigen.

Somit hatten wir nur die indirekte Aussage der Ehefrau des anonymen Anrufers, die ihn gegen 16 Uhr gesehen haben wollte. Dabei sei er sehr aufgeregt und nervös gewesen.

Der österreichische Feriengast, der eigentlich im Nachbarort ein paar Kilometer entfernt wohnte, weigerte sich, auf freiwilliger Basis eine Speichelprobe abzugeben. Das war sein gutes Recht.

Meine Kollegen waren insgesamt eher skeptisch was den Wert dieser Spur betraf. Trotz den geschilderten Verdachtsmomenten hielten die meisten den uns gegenüber freundlichen Mann nicht für den Täter. Man ließ die Spur zunächst offen und behielt sie im Auge, obgleich sie den Puls der Soko Erle nicht annähernd so hochschlagen ließ, wie anfangs die Niederrhein-Spur.

Das sollte sich allerdings ein paar Wochen später durch zwei Bilder drastisch ändern.

Das eine Bild, mit einem Handy gefertigt, war eine Landschaftsaufnahme.

Das andere war ein Phantombild.

15

Ob der Spaziergänger mit seinem Hund am Sonntag, genau drei Wochen nach der Tat, zufällig in den Reben zwischen Endingen und Bahlingen unterwegs war, oder ob ihn eine gewisse nachvollziehbare Schaulust in die Nähe des kleinen Wäldchens führte, bleibt dahingestellt. Jedenfalls erschnüffelte der Vierbeiner irgendetwas im dichten Gestrüpp einer Böschung am Rande eines Rebstücks. Sein Herrchen sah nach und entdeckte kaum sichtbar etwas Blaues unter Ästen und faulendem Blattwerk. Er stocherte es zu Tage und meldete seinen Fund direkt bei der Polizei.

Der linke Laufschuh des Opfers, nach dem wir ergebnislos gesucht hatten, lag etwa zweihundert Meter vom Leichenfundort entfernt – an einer Stelle, an der unsere Suchkräfte unterwegs gewesen waren. Allerdings ohne Spürhunde. Da sich der Soko-Leiter an diesem Sonntagnachmittag ebenfalls dort in den Reben aufhielt, um sich vor Ort nochmals mögliche Varianten durch den Kopf gehen zu lassen, konnte der Hundebesitzer ihm persönlich die Fundstelle zeigen.

Man konnte den späten und offenbar durch Zufall begünstigten Fund nur damit erklären, dass in den drei Wochen seit der Tat die ursprünglich dicht bewachsenen Hecken jener Böschung bedingt durch die Jahreszeit ihr Laub nach und nach verloren hatten und dadurch den Blick auf den Schuh erst jetzt freigaben.

Es war zweifelsfrei der Schuh des Opfers. Unsere Kriminaltechniker dokumentierten, dass er nicht geschnürt und die Schnürsenkel in den obersten beiden Öffnungen stark gelockert waren. Der Schuh wies Spuren auf, die auf Tierbiss hindeuten konnten, weshalb die Überlegung nicht ausgeschlossen war, dass er in den vier Tagen zwischen der Tat und dem Auffinden der Leiche von einem Tier verschleppt worden sein könnte. Ein Hobbyjäger unseres Soko-Teams bestätigte, dass zum Beispiel Füchse ein solches Verhalten zeigen. Dieser alternative Gedanke hätte auch die Möglichkeit zugelassen, dass der Schuh zum Zeitpunkt der polizeilichen Suche noch gar nicht im Unterholz der Böschung gelegen hatte. Genauso denkbar war jedoch, dass der Täter den Schuh zunächst mitgenommen und dann im dichten Gestrüpp entsorgt hatte. Für diese zweite Version sprachen äußerst interessante Entdeckungen, die unsere Kriminaltechniker machten, als sie die Fundstelle des Laufschuhs und deren Umgebung näher in Augenschein nahmen.

Etwa fünfzig Meter von der Stelle entfernt fanden sie zahlreiche sehr kleine zerborstene Kunststoffteile, die man einem schwarzen Smartphone zuordnen konnte. Weiter entdeckte man transparente Bruchstücke einer Handy-Schutzhülle. Carolin G. besaß nicht nur eine solche Schutzhülle, sondern auch den gleichen Smartphone-Typ, dem man die zertrümmerten Kunststoffteile zuschrieb.

An den aufgefundenen Teilen konnten mineralische Anhaftungen festgestellt werden, die mit der Beschaffenheit eines Grenzsteins übereinstimmten, der an der Fundstelle der Bruchstücke im Boden verankert war. Der Grenzstein bestand aus rotem Sandstein. In einem späteren Gutachten wurde formuliert, dass der Kontakt zwischen Grenzstein und Mobiltelefon mit »größerer Wucht« erfolgt sein muss. Durch bloßes Herunterfallen sei eine derartige Materialzerlegung nicht möglich.

Trotz intensiver Bemühungen gelang es wegen fehlender Individualmerkmale nicht, die aufgefundenen Bruchstücke tatsächlich dem fehlenden Handy des Opfers zuzuordnen.

Die Wahrscheinlichkeit, dass es an diesem Grenzstein bewusst zerstört wurde, war aber sehr hoch.

16

Ein Spaziergänger mit Hund in den Kaiserstühler Weinbergen war in jener bedrückenden Zeit zu einer echten Seltenheit geworden. Die Menschen hatten Angst. Nicht in ihren üblichen Tagesabläufen, nicht bei der Arbeit oder zuhause. Auch keine Angst vor unmittelbar bevorstehender Bedrohung. Aber es war eine Furcht vor etwas nicht Greifbarem, das nicht in ihr Leben gehörte. Was war aus ihrer friedvollen Heimat geworden? Winzer, die in den Reben nach dem Rechten schauten, sah man nur vereinzelt. Es gab nach der Weinlese, dem sogenannten *Herbsten*, und vor dem Winterschnitt zu dieser Jahreszeit keine dringlichen Arbeiten. Nicht nur deswegen sah man außer Polizisten kaum mehr Menschen in den Weinbergen.

Was man überhaupt nicht mehr sah, waren Joggerinnen. Jedenfalls keine, die alleine unterwegs waren. Viele Frauen, ob leidenschaftliche Hobbyläuferinnen, Walkerinnen oder gelegentliche Spaziergängerinnen, verzichteten in jener Zeit auf ihre gewohnten Aktivitäten. Viele baten die Polizei um Ratschläge, wie man sich verhalten müsse, um sicher zu sein. Wir konnten aber keine verlässlichen Empfehlungen geben. Niemand wusste, ob nicht tatsächlich jemand in der Gegend lauerte und auf sein nächstes Opfer wartete. Im Grunde genommen musste jeder für sich selbst entscheiden. Das war zwar für viele unbefriedigend, aber weder die Bestätigung einer drohenden Gefahr noch eine Verharmlosung der Situation waren angebracht. Die Atmosphäre blieb ohnmächtig gelähmt, und die Menschen mussten es aushalten.

Was diese Beunruhigung für burleske Blüten trieb, belegte ein vielversprechender Hinweis, dem wir unsere ganze Aufmerksamkeit schenkten.

Ein Zeuge teilte telefonisch mit, er habe in der Nähe des Rheins eine Joggerin gesehen. Mitte dreißig, pinkfarbenes Oberteil, dunkle Hose. Und alleine unterwegs.

Diese Mitteilung hörte sich angesichts des spürbar gestörten Sicherheitsgefühls in der Bevölkerung zunächst befremdlich an. Eine Frau, alleine joggend?

Hinter der Frau, in etwa zwanzig bis dreißig Metern Abstand, sei ein dunkel gekleideter Mann auf einem Fahrrad hergefahren. Auffällig sei gewesen, dass der Mann nur Schritttempo gefahren sei und ganz offensichtlich die vor ihm laufende Joggerin beobachtete. Das Alter des Radfahrers könne nicht geschätzt werden, da er eine Kapuze und einen Schal getragen habe. Den Schal habe er mit einer Hand über Mund und Nase gehalten, daher habe man sein Gesicht nicht erkennen können.

Der Zeuge hatte bei seinem Hinweis etwas äußerst Lobenswertes getan. Er hatte für seinen Anruf bei der Polizei keine Minute gezögert, sondern sich unmittelbar nach seiner Beobachtung gemeldet. Dadurch war das Wichtigste in einer solchen Situation möglich: Wir konnten sofort zwei Streifen hinaus an den Rhein schicken, um die erforderlichen Überprüfungen vorzunehmen.

In der Tat trafen die beiden Kollegen der ersten Streife auf die beschriebene Joggerin. Pinkfarbenes Oberteil, dunkle Hose, Mitte dreißig. Sie hielten ihren Dienstwagen so an, dass die überraschte Frau ihren Lauf zwangsläufig unterbrechen musste. Allerdings war nicht nur die Joggerin überrascht, sondern auch die Streifenbesatzung. Tatsächlich fuhr in einigem Abstand ein vermummt anmutender Radfahrer hinter der Frau her. Beim Erkennen der Polizisten ergriff er aber nicht die Flucht, sondern fuhr gemächlich weiter und hielt schließlich direkt neben der Frau an.

Die Situation klärte sich bereits mit seinem ersten Satz. »Was gibt's, meine Herren, ist meine Frau zu schnell gelaufen?«

Der vermeintlich unbekannte Radfahrer erwies sich als fürsorglicher Ehemann der Joggerin, der seine Frau zu ihrem Schutz und zu ihrer Beruhigung auf dem Fahrrad begleitete.

Der ursprüngliche Inhalt des Hinweises beschrieb genau die Situation, die sich mancher von uns für den Fall wünschte, dass tatsächlich ein

Frauenmörder seine nächste Tat plante. Nämlich, dass der Täter, zum Beispiel bei Tatvorbereitungen, auf irgendeine verdächtige Weise auffallen würde und die Polizei einschreiten könnte, bevor dem Opfer etwas geschieht.

Die Ungewissheit stieg mit jedem Tag. Die Furcht und Beklemmung der Menschen war gegenwärtig bei jedem Schritt, den man beim Gang zum Einkaufen oder bei sonstigen Erledigungen tat. Die Sorge hatte nicht nur die Endinger Bevölkerung erfasst. Zwei ungeklärte Frauenmorde und die Ungewissheit, ob die beiden grausamen Taten miteinander zusammenhingen, belastete eine ganze Region. Man konnte Mühe mit der Frage haben, was denn besser sei. Ein Mehrfach-Täter, der vielleicht schon sein nächstes Opfer suchte, oder die nicht minder beängstigende Vorstellung, dass sich gleich zwei Mörder in der Gegend unerkannt und frei bewegten.

Manche hatten eine Art Strategie, mit der Situation umzugehen. Verdrängen, sich auf andere Dinge konzentrieren, bestimmte Orte meiden. Die Männer hatten es, oberflächlich betrachtet, zwar einfacher als die Frauen. Aber die Sorge um die eigenen Partnerinnen und Töchter war bei vielen präsent. Die meisten Leute konnten das alles nicht so richtig einschätzen. Sie kannten es bisher nur aus den Fernsehnachrichten. Die dauerten vielleicht eine Viertelstunde, dann war der Spuk vorbei, und danach kam eine unterhaltsame Quiz-Show. Die kam zwar jetzt auch, aber das unfassbare Schicksal der beiden jungen Frauen, das tragische Verhängnis dessen, was geschehen war, und die damit verbundene Unruhe begleiteten viele in den Schlaf.

Die Kunde über die beiden Morde hatte jeden erreicht. Alle, zumindest die Erwachsenen, trugen das fürchterliche Geschehen in ihrem Alltag irgendwie bei sich, machten sich darüber Gedanken. Man sprach täglich mehrfach darüber. Jeder hatte das Verbrechen zumindest am Rande mitbekommen und verarbeitete es auf seine Weise.

Wirklich jeder?

Etwa zwei Wochen nach der Tat fuhr ich mit meinem Schwager Achim, dem Revierleiter, in einem Streifenwagen die vermutete Laufstrecke zwischen Endingen und Bahlingen ab. Ich hatte bis dahin zwar nahezu pausenlos über das Geschehen berichtet, Auskünfte gegeben und Anfragen beantwortet. Aber den Fundort, das kleine Wäldchen, das in seinen groben Umrissen stark an den Bodensee erinnerte, kannte ich nur aus Skizzen und Luftaufnahmen. Es erschien mir für meine Arbeit auch wichtig, persönlich an den Orten gewesen zu sein, über die ich täglich sprach, und ein Gefühl für den Fall zu bekommen.

Von Gottfried, dem erfahrenen Ermittlungsleiter, wusste ich, dass er bei allen Fällen, die er bearbeitete, stets den Tatort aufsuchte – auch wenn es nüchtern betrachtet für seine Aufgabe nicht notwendig erschien.

In einem Fall, bei dem es um einen Raubüberfall auf ein Wettbüro ging, führte diese kriminalistische Angewohnheit sogar zur Aufklärung. Just in dem Augenblick, als Gottfried einen Tag nach dem Überfall das Gespür für die Tat aufnehmen wollte und außerhalb des Wettbüros im Stile Inspektor Columbos scheinbar ziellos herumschlich, kehrte der bis dahin unbekannte Täter, einer alten Ermittler-Weisheit folgend, an den Tatort zurück. Gottfried, dessen Spürsinn sich beim Anblick des Mannes sofort entfaltete, sprach ihn an, und der verdutzte und überrumpelte Räuber verwickelte sich derart in Widersprüche, dass er letztlich ein Geständnis ablegte.

Mit Revierchef Achim am Steuer fuhren wir vom Polizeiposten los Richtung Stadthalle und dann vorbei an den beiden Gewässern im Erle. Nach einer scharfen Linkskurve bogen wir rechts auf den Freiburger Weg. Von dort, über eine Kreuzung, kamen wir an die Abbiegung, an der man wiederum rechts zum Bestattungswald gelangt. Wir blieben jedoch auf dem Freiburger Weg und fuhren geradeaus weiter bis zu einer Gabelung und einer offenen Schranke. Dort beginnt das kleine Wäldchen, in dem die tote Frau gefunden wurde.

An der Stelle, an der die Böschung links in Richtung Fundstelle abfällt, fuhren wir schweigend in Schrittgeschwindigkeit vorbei.

Anschließend führte uns der Weg leicht ansteigend zu einem kleinen Aussichtspunkt mit einer Bank. Hier hielten wir an und stiegen aus.

Ich schaute in die Ferne, hin zum Kandel, dem höchsten Berg des Mittleren Schwarzwaldes. Diese wunderschöne Aussicht vermischte sich plötzlich mit einem Bild – mit einem Handy-Foto, das seit Kurzem ausgedruckt an einer Wand im Soko-Raum hing.

Wir standen genau an der Stelle, von der meine Kollegen vermuteten, dass Carolin G. wenige Tage vor der Tat ein Panorama-Landschaftsbild aufgenommen und ihrer Mutter geschickt hatte. Von der Existenz dieses Bildes und vor allem von der Örtlichkeit, wo es entstanden sein könnte, hatten wir erst kurz vor Auffinden der Leiche Kenntnis bekommen. Ansonsten hätten wir schon früher unsere Suche in das Gebiet Richtung Bahlingen ausgedehnt. Aber bis dahin hatten wir keine Hinweise, dass die seinerzeit Vermisste hier unterwegs gewesen sein könnte.

Dieser Platz hatte aber noch eine weitere Bedeutung. Er war auch genau der Ort, an dem Zeugen am Tatnachmittag einen schwarzen Tiguan gesehen hatten, den wir niemandem zuordnen konnten.

Wir fuhren weiter und wollten in einer großzügigen Schleife zurück nach Endingen fahren, als wir plötzlich vor uns auf dem schmalen Weg eine Frau sahen. Sie ging mit dem Rücken zu uns in gleicher Richtung wie wir. Offenbar hörte sie das Motorengeräusch hinter sich, denn sie trat, ohne sich dabei umzudrehen, rechts zur Seite, um uns vorbeizulassen. Wir verlangsamten und hielten auf Höhe der Fußgängerin an. Jetzt erst erkannte sie den blau-silbernen Streifenwagen und erschrak. Offenbar war sie alleine unterwegs, geschätztes Alter knapp über fünfzig, gepflegtes Äußeres. Ich ließ die Scheibe der Beifahrertüre herunter.

»Hallo, guten Tag. Bei Ihnen ist alles in Ordnung?«

»Ja, ähm, klar.« Die Spaziergängerin war über das Auftauchen einer Polizeistreife inmitten der Reben sichtlich überrascht. »Ist etwas passiert?«

Sie fragte tatsächlich, ob etwas passiert sei?

»Gehen Sie hier öfters spazieren?«

»Was heißt öfters … so ein- oder zweimal in der Woche vielleicht. Ab und zu.« Sie beugte ihren Kopf nach unten, damit sie besser ins Auto sehen konnte, und stellte meinem uniformierten Schwager die gleiche Frage noch einmal. »Ist denn etwas passiert?«

»Passiert?« Achim schien ebenfalls irritiert.

»Gehen Sie hier auch sonntags spazieren?« fragte ich dazwischen.

»Sonntags? Sonntags … ja, auch. Warum fragen Sie?«

Es war unfassbar. Konnte es sein, dass diese Frau, die auf uns einen völlig normalen, keinesfalls verwirrten Eindruck machte, nicht wusste, was geschehen war? Um dies herauszufinden, hakte ich nach.

»Darf ich fragen, woher Sie kommen?«

Die Frau blieb freundlich. »Aus Endingen«, und als Ergänzung, »ich wohne dort.«

Tatsächlich stellte sich im weiteren Gespräch heraus, dass die Frau bis zu diesem Zeitpunkt nichts von dem Mord mitbekommen hatte. Sie erklärte uns, dass ihr Fernsehgerät seit dem plötzlichen Tod ihres Mannes vor drei Jahren nie mehr eingeschaltet worden sei. Sie sei eine alleinstehende Rentnerin (meine Altersschätzung lag völlig daneben). Nachrichten höre und lese sie grundsätzlich nicht, weil da eh nur schlimme Sachen verkündet werden. Wohl wahr.

Wir konnten die Frau jedoch von der ganz besonders schlimmen Nachricht nicht verschonen, die der Grund für unsere Anwesenheit im vermeintlich friedlichen Weinberg war. Dazu war das Gespräch schon zu weit gediehen.

Wir versuchten der nichtsahnenden Spaziergängerin behutsam mitzuteilen, was passiert war und wo sie sich gerade aufhielt. Sie war, gelinde gesagt, schockiert. Es gelang uns nur halbwegs, sie zu beruhigen. In das Gespräch ließen wir Fragen einfließen. Ob ihr zum Beispiel bei ihren Spaziergängen irgendetwas aufgefallen sei. Autos, Personen, Gegenstände.

»Nein, nichts«, war ihre klare Antwort, aber ihre Gedanken drehten sich um etwas Anderes. »Und wie soll ich jetzt nach Hause kommen, allein?«

Da wir sie im Streifenwagen nicht mitnehmen durften, boten wir ihr an, in langsamem Tempo in ihrer Nähe zu bleiben. Sie war einverstanden.

Ohne Absicht hatten wir die arglose Dame völlig verschreckt.

Zu meiner großen Verblüffung hatte es tatsächlich eine Frau gegeben, die zwei Wochen nach dem aufsehenerregenden Mord im eigenen Städtchen nichts von dem Geschehen mitgekriegt hatte und völlig ahnungslos im Bereich des Tatortes alleine spazieren gegangen war.

17

An vier Tagen in der Woche nahm Ermittler Gottfried seine ebenfalls berufstätige Frau auf seiner Fahrt zum Dienst im Auto mit und setzte sie an der Rheintal-Haltestelle Kollmarsreute, einem Emmendinger Stadtteil, ab. Von hier fuhr sie mit der Regionalbahn weiter zur Arbeit nach Freiburg.

Normalerweise hatte Gottfried in der Vergangenheit an der dortigen Bushaltestelle nur kurz angehalten, um seine Frau aussteigen zu lassen. Seit dem Mord an der Joggerin jedoch stand sein Auto immer etwas länger an der Bushaltestelle. Öfters stellte er den Motor ab. Der Grund dafür lag fünfzehn Kilometer Luftlinie entfernt und erhob sich als höchster Punkt über dem Kaiserstuhl.

Der 557 Meter hohe Totenkopf.

Seinen Namen erhielt er Ende des ersten Jahrtausends n. Chr. wegen Hinrichtungen im Namen des damaligen deutsch-römischen Königs Otto, des Dritten.

Gottfrieds Blick schweifte in diesen Tagen regelmäßig hinüber zum weithin sichtbaren Fernmeldeturm auf der Spitze des Totenkopfs. Seine privaten Gedanken verschmolzen mit den dienstlichen Plänen des jeweils anstehenden Tages. Diese Pläne befassten sich einzig und allein mit dem Ziel, das Endinger Verbrechen aufzuklären. Mit jedem Tag, an dem die heißersehnte Spur ausblieb oder hoffnungsvolle Hinweise als Seifenblasen zerplatzten, wurde Gottfrieds morgendlicher Blick hinüber sehnlicher. In gleichem Maße aber wuchs der Wille, den Mörder der jungen Frau zu finden.

»Wir werden den Fall klären«, sagte er jedes Mal, bevor seine Frau ausstieg. Dann saß er noch eine Weile im Auto, startete bald den Motor und fuhr weiter zu seiner Dienststelle.

Neben den schlechten räumlichen Bedingungen, unter denen die Soko Erle ihre anspruchsvolle Arbeit verrichten musste, lastete eine hohe Erwartungshaltung aus verschiedenen Richtungen auf den vierzig Kollegen.

Da waren zu allererst die Angehörigen des Opfers, die sehnlichst wissen wollten, wer dieses furchtbare Verbrechen an einem ihrer Familienmitglieder begangen hatte.

Die gleiche Frage stellten sich die Bürgerinnen und Bürger der Region, die Medien und sehr schnell auch bundesweit und über die Grenzen hinaus eine breite Öffentlichkeit.

Erwartungsdruck spürte man auch in den eigenen Reihen. In der Vergangenheit hatte es durchaus ernstzunehmende Gedanken gegeben, das räumlich eng am Standort Freiburg liegende Kriminalkommissariat aufzulösen und dessen Personal in die Kriminalpolizeidirektion zu übernehmen. Eine durchaus nachvollziehbare Überlegung, wenn man bedenkt, wie viele andere Kollegen im Zuge der Reform einen neuen Arbeitsplatz bekamen. Freilich hing das Weiterbestehen einer Organisationseinheit nicht von der Klärung oder Nichtklärung eines Verbrechens ab. Dennoch lastete damals die schwelende Frage auf den schmalen Schultern des kleinen Kommissariats, ob man in der neuen Organisation auf die Zukunft gerichtet tatsächlich noch eine eigene Kriminalpolizei für den Landkreis Emmendingen brauchen würde.

Eine solche gab es seit dem Jahre 1983. Damals bezog man ein eigens geschaffenes Gebäude auf dem vom Land angemieteten Areal der stadtbekannten Villa Sonntag. Die Villa selbst, ein bemerkenswertes Sandsteingebäude aus dem 19. Jahrhundert, das von der damaligen

Fabrikantenfamilie Sonntag erbaut wurde, musste zunächst als Sitz der Emmendinger Polizeiführung herhalten. Aus Sicht der Polizisten mit Blick auf kostbare Stuckarbeiten in allen Räumen ein exquisiter Arbeitsplatz. Aus Sicht der einst glanzvollen Villa eine eher unwürdige Verwendung.

Ich selbst durfte in meiner Funktion als Präventionsbeamter und später noch als Pressesprecher in einem der zahlreichen Räume der Villa logieren. Die prachtvoll hohen Wände, der Stuck und die große, knarrende Holztreppe taten mir fast leid. Noch heute möchte man sich am liebsten dafür entschuldigen, dass man den einst schmucken Garten zugepflastert und der alten Sandsteindame eine Reihe humorloser Fertiggaragen vor die mächtige, zweiflügelige Eingangstüre gesetzt hat.

In diesen altehrwürdigen Mauern, durch deren schlecht isolierte Fenster der Herbstwind pfiff, residierte nun die Soko Erle. Einen ausgewiesenen Soko-Raum, wie ihn die Kollegen in Freiburg besaßen, gab es nicht. Und die dortige Unterbringungsmöglichkeit war mit der Soko Dreisam bereits belegt.

Es musste improvisiert werden. Das Herzstück der Soko Erle wurde in einen etwas größeren Raum im ersten Obergeschoss gelegt. Vor der Polizeireform hatte er als Besprechungs- und Einsatzraum gedient – und ganz früher vermutlich als schmuckes Esszimmer der einstigen Villenbewohner. Dieser Raum hätte bestimmt einiges zu erzählen gehabt.

Die Bezeichnung »Herzstück« muss man so verstehen, dass hier alle Fäden, alle Informationen zusammenliefen und die Entscheidungen getroffen wurden. *Herzlich* ging es eher nicht zu. Die Lage war angespannt, und man saß sich in dem für diesen Zweck zu kleinen Raum förmlich auf der Pelle.

In der Mitte waren mehrere Tische aneinandergestellt, auf denen Computer Spalier standen. Davor, dicht gedrängt, ein Stuhl für jeden PC, aus Platzgründen so knapp nebeneinander aufgestellt, dass deren Benutzer auf Tuchfühlung mit den Nachbarn links und rechts saßen. Ich musste an das Britische Parlament denken, wenn ich meine Kollegen geradeso intim aufgereiht sah wie die Abgeordneten auf der Insel, die bar jeglicher Distanzzonen ihre hitzigen »Brexit«-Diskussionen im prall gefüllten Unterhaus im Palace of Westminster führten.

Einige Journalisten zeigten brennendes Interesse daran, einmal in den Soko-Raum blicken zu dürfen. Ich konnte es ihnen weder verdenken noch gewähren. Waren die aneinander postierten Tische, die unbequemen Bürostühle, die Computer und die Kaffeetassen mit den Polizeilogos noch unspektakulär, so hätten die Wände bei den Reportern offene Münder, offene Notizblöcke und offene Verschlüsse ihrer Kameras verursacht. Sie waren tapeziert mit Fundortfotos, Übersichtsskizzen, grafischen Weg-Zeit-Berechnungen, skizzierten Bewegungsbildern, Tat- und Täterhypothesen, Personengeflechten, einer Übersichtstafel mit den Namen und Erreichbarkeiten der Spurenteams, einem Organigramm der Soko – ebenfalls mit Erreichbarkeiten – und und und.

Bei allem Verständnis für die Arbeit und Intention der Medien – das Betreten dieses Raumes war aus guten Gründen allein den Soko-Mitgliedern vorbehalten. Ausnahmen gab es lediglich für die Staatsanwaltschaft und mit dem Fall tangierte Personen, zum Beispiel für die Spezialisten der Operativen Fallanalyse oder des Beraterteams. Selbstverständlich hatten auch der Polizeipräsident und die Freiburger Kripo-Leitung Zutritt. Sie informierten sich von Zeit zu Zeit persönlich über den Stand der Ermittlungen.

Natürlich hielten sich nicht alle vierzig Beamten gleichzeitig im Soko-Raum auf. Das wäre allein vom Platzangebot her gar nicht möglich gewesen. Die Spurenteams, wenn sie nicht zu Ermittlungen unterwegs waren, verteilten sich auf verstreute Räume in der Villa sowie auf Büros im nahen Kripo-Gebäude, zu dem man über den gepflasterten Hof des Areals laufen musste.

Dem schmucklosen Kripohaus sah man vor allem im Innern an, dass es seine besten Tage längst gesehen hatte. Das waren damals die Tage, an denen ich meine ersten Schritte bei der Kripo machte. Immerhin konnte man im Sommer, auch schon an nicht sehr heißen Tagen, die Sauna sparen, wenn man sich ins aufgeheizte, ebenfalls notdürftig isolierte Dachgeschoss wagte. Manche mussten dies täglich tun. Sie hatten dort ihre Büros.

Nachdem die Soko eingerichtet worden war, wurde alles durcheinandergewürfelt. Gottfried zum Beispiel gab sein Büro gänzlich auf und stellte es notgedrungen einem Spurenteam zur Verfügung. Oder temporär mir. Ihn traf man fortan verlässlich im Soko-Raum.

Dort fanden die täglichen Besprechungen statt. Da die räumliche Kapazität bei Weitem nicht ausreichte, ließ man die Türe zum Nebenbüro offen, wo Christian und Dominik, die beiden Fall-Sachbearbeiter, wirkten. Doch nicht nur dort tummelten sich bei den wichtigen Besprechungen die Soko-Kollegen. Die meisten jener, die keinen Sitzplatz im Herzstück ergattern konnten, drängten sich im Bereich der Türe.

Wenn man zur abendlichen Besprechung zu spät kam, was sich bisweilen nicht vermeiden ließ, stand man tatsächlich aus Platznot draußen auf dem Flur. Dort bekam man trotz offener Türe nicht all das mit, was drinnen gesprochen wurde. Durch den guten Draht zu Chris, Gottfried und Dominik entgingen mir aber keine wichtigen Dinge, wenn ich mich hin und wieder mit einem Stehplatz im knarrenden Treppenhaus begnügen musste.

Von ihnen erfuhr ich auch Ende November, dass sich österreichische Kollegen des Landeskriminalamtes Tirol gemeldet hatten. Bereits Anfang des Jahres 2014 war in Kufstein eine junge Frau ermordet worden. Es gäbe möglicherweise Parallelen zwischen dieser Tat und den beiden ebenfalls ungeklärten Morden in Endingen und Freiburg.

Jetzt schoss auch mir der unheilvolle Begriff in den Kopf, und ich konnte nichts dagegen tun.

Serienmörder?

18

Mit dem ersten Anruf der Tiroler Kollegen wurde zwischen den österreichischen und den deutschen Ermittlern ein dauerhafter Kontakt geknüpft. Der sofortige Austausch der jeweiligen Fallerkenntnisse bestätigte gewisse Ähnlichkeiten.

In zwei der drei Fälle waren junge Frauen, die alleine unterwegs gewesen waren, mit einem harten Gegenstand erschlagen worden. Die Verletzungsmuster der massiven Schläge, jeweils gegen den Kopf gerichtet, glichen sich. Alle drei Taten waren offenbar sexuell motiviert. Sowohl im Kufsteiner als auch im Endinger Mordfall waren die Fundsituationen, was die Lage der Opfer und den Sitz der Bekleidung betraf, auffällig ähnlich. Bei beiden Fällen wurden die Opfer offen liegengelassen, und es wurde anscheinend auch kein Versuch unternommen, sie abzudecken oder ihr Auffinden zu erschweren. In Kufstein und in Endingen fehlten Gegenstände der Opfer, insbesondere die Handys. Alle drei Taten wurden an einem Sonntag begangen. Die Tatorte lagen jeweils in Autobahnnähe.

Wir erfuhren Näheres über den Kufsteiner Mordfall. Taucher des österreichischen Einsatzkommandos »Cobra West« hatten im Rahmen der Spurensuche im Inn eine Eisenstange gefunden, die man als Tatwaffe identifizieren konnte. Trotz der Lage im Wasser war es gelungen, Blut des Opfers an der Stange nachzuweisen. Bei dem Tatwerkzeug handelte es sich um eine knapp sechzig Zentimeter lange und gut einweinhalb Kilogramm schwere Eisenstange. Sie war an einem Ende leicht abgerundet und hatte seitlich kleine Bohrungen. Man vermutete, dass sie irgendwann zu einem Lkw gehört haben könnte. Eine Bestätigung dieser Annahme war bislang nicht gelungen.

Neben dem Handy fehlten die Wohnungsschlüssel und die auffällig bunte Handtasche des Opfers. Einem Zeugenpaar war diese Handtasche bei der Begegnung mit der 20-jährigen Studentin an der Inn-Promenade kurz vor der Tat besonders aufgefallen.

Eine große Bedeutung maßen die Ermittler der Beobachtung einer Zeugin bei, die kurz vor Mitternacht in unmittelbarer Tatortnähe einen Mann gesehen hatte, der aus Richtung Inn-Promenade an die Straße getreten war und sich mit den Händen seine Kleidung abgeklopft hatte. Von diesem unbekannten Mann wurde auf Grundlage der Zeugenbeschreibung ein Phantombild erstellt. Das Bild eines etwa fünfzig Jahre alten Mannes mit Brille und schmalem Oberlippenbart, der eine Mütze, eine Kapuzenjacke und darunter ein auffällig gelbes Oberteil getragen habe, ging durch die Gazetten der Alpenrepublik. Zudem wurde es in der Fahndungssendung *Aktenzeichen XY ... ungelöst* präsentiert.

Unter den zahlreichen Hinweisen, die zu diesem Phantombild eingingen, war kein erwähnenswerter dabei.

Das Opfer war Raucherin. In unmittelbarer Nähe der Leiche fand man eine Zigarettenkippe, die man der jungen Studentin zuordnen konnte.

Erstaunlicherweise entdeckte man an dem Stummel neben den DNA-Merkmalen der Studentin eine unvollständige Spurenbeimengung einer unbekannten männlichen Person. Eine zusätzliche Untersuchung der DYS-Merkmale lieferte weitere genetische Informationen dieses unbekannten Mannes. Da die festgestellten Spurenbeimengungen auch an tatrelevanten intimen Stellen des Opfers und von Abrieben einer Hand vorlagen, gingen die österreichischen Ermittler davon aus, dass die Spuren vom Täter stammten. Den österreichischen Experten gelang es, aus den fremden DNA-Beimengungen ein sogenanntes hypothetisches DNA-Profil abzuleiten, das in nationalen und auch internationalen Datenbanken abgeglichen werden konnte.

Eine Treffermeldung, also die Übereinstimmung der am Tatort gesicherten DNA-Spur mit der vollständigen DNA einer bestimmten Person, war in den knapp drei Jahren seit der Tat allerdings nicht gelungen. Dies konnte nur bedeuten, dass die unbekannte Person ihr DNA-Profil bislang noch an keinem anderen Tatort hinterlassen hatte und somit in keiner DNA-Datenbank erfasst war.

19

Ab Anfang Dezember, vier Wochen nach dem Mord an Carolin G., überschlugen sich die Ereignisse.

Es begann mit einem Anruf des Endinger Lokalredakteurs. Er fragte mich auf seine typisch investigative Art, was eine Handvoll Polizisten, gekleidet in weißen Spurensicherungs-Overalls, vor dem Haus eines Bürgers mitten in Endingen zu bedeuten hätten. Er setzte auch noch eine Zusatzfrage obendrauf. »Stimmt es, dass der Mann festgenommen wurde?«

Er hatte mich auf dem falschen Fuß erwischt. Nicht alle Maßnahmen, die wir gerne verdeckt durchführen würden, bleiben der Öffentlichkeit verborgen. Unangenehm an der Sache war, dass ich im Vorfeld über die Aktion nicht informiert worden war. Da ich ihn nicht mit Allgemeinfloskeln abspeisen wollte, schlug ich einen zeitnahen Rückruf vor. Er war einverstanden.

Ich bekam Gottfried sofort an den Apparat. Meine forsche Frage, ob es zutreffe, dass in Endingen eine Polizeiaktion stattgefunden habe, quittierte er mit der Gegenfrage, ob der Ö eigentlich immer alles wissen müsse.

»Nicht alles«, antwortete ich, bemüht um den stets guten Ton unter uns. »Aber alles, was in die Öffentlichkeit ausstrahlt. Die örtliche Presse weiß von einer Festnahme.«

»Woher wollen die das wissen?« fragte er.

»Das spielt doch keine Rolle. Sie wissen es eben. Muss ja auch ziemlich auffällig gewesen sein. Die Jungs der Spurensicherung in ihren weißen Kapuzen-Anzügen mit Fotoapparaten und Alu-Koffern sind ja auch kaum zu übersehen.«

Nach einem kaum vernehmbaren »Na gut ...« berichtete Gottfried.

Eine Woche nach der Trauerfeier und Beerdigung war ein Hinweis auf einen ledigen Endinger, Mitte vierzig, eingegangen.

Zunächst sehr vage damit begründet, er sei ein komischer Typ, gesellte sich zu diesem Hinweis ein paar Tage später ein anonymes Schreiben hinzu. Darin behauptete der unbekannte Verfasser, dieser Mann sei etwa drei Wochen vor der Tat auf der Laufstrecke der Getöteten mit seinem Auto gefahren und habe dabei an sich herumgefummelt. Ferner habe sich der Mann am Tage des Mordes, gegen 14:30 Uhr, also eine halbe Stunde, bevor Carolin G. zum Joggen aufgebrochen war, mit seinem Auto wieder im Bereich der Laufstrecke aufgehalten.

Man muss zugeben, dass die Möglichkeiten, jemanden zu denunzieren, im Dunstkreis von polizeilichen Ermittlungen zu einem ungeklärten Verbrechen sehr groß sind. Daher prüften unsere Ermittler Hinweise immer mit äußerster Sorgfalt, vor allem dann, wenn sie anonym eingingen.

In diesem Fall gab es neben dem anonymen Schreiben gleich noch zwei uns bekannte Personen, die auf den Mann hinwiesen.

Meine Kollegen entschlossen sich, ihn zunächst als Zeugen zu befragen.

Ein nachprüfbares Alibi und die Bereitschaft, auf freiwilliger Basis eine Speichelprobe abzugeben, hätten allen Beteiligten die Umstände erleichtert. Aber genau wie für den Österreicher, der sich als Feriengast verdächtig gemacht hatte, galt auch hier das Recht, die DNA-Abgabe zu verweigern. Der Knackpunkt war das Alibi. Der Mann verstrickte sich bei seinen Zeitangaben, die seinen Aufenthalt in einem nahen Freizeitpark betrafen, in erhebliche Widersprüche. Das hatte zur Folge, dass auch die Staatsanwaltschaft einen Anfangsverdacht begründete.

Der Zeuge wurde zum Beschuldigten. Vom zuständigen Amtsgericht ergingen daraufhin Beschlüsse zur Durchsuchung seiner Person, seiner Wohnung, seiner Fahrzeuge, seines Arbeitsplatzes und vorhandener elektronischer Speichergeräte. Ebenfalls per Beschluss wurden die körperliche Untersuchung, die Entnahme eines Mundhöhlenabstrichs, bei Weigerung die Entnahme einer Blutprobe, sowie eine molekulargenetische Untersuchung gerichtlich angeordnet.

Am 3. Dezember wurden die Beschlüsse vollzogen – mit der zwar nicht gewünschten, aber unvermeidlichen Außenwirkung, die der

Presse nicht verborgen blieb. Nachbarn und Passanten hatten den Polizeieinsatz zwangsläufig mitbekommen. Man kann Beschlüsse, die auf den Tatvorwürfen »Vergewaltigung« und »Mord« basieren, nicht durch höfliches Klingeln an der Tür und womöglich der Frage, ob man bitteschön kurz stören dürfe, umsetzen.

Nun hatte ich zwar die Hintergrundinformationen, aber ich durfte sie natürlich nicht an die Medien weitergeben. Den versprochenen Rückruf beim Lokalredakteur tätigte ich dennoch.

Beim Telefonat war ich um Ausgewogenheit bemüht. Auf der einen Seite bestätigte ich, dass wir tatsächlich bei einem Verdächtigen durchsucht hatten. Andererseits würden wir aber keinesfalls von einer heißen Spur ausgehen. Ich dachte dabei an Gottfrieds Einschätzung, der am Schluss unseres Gesprächs eine derart sinngemäße Bemerkung gemacht hatte.

Am anderen Ende der Telefonleitung hatte offenbar jemand seine Mühe mit meinem kläglichen Balanceakt und hakte nach.

»Die Polizei hat einen Tatverdächtigen, richtig?«

»Ja, aber ...«

»Er wurde festgenommen, bei ihm wurde durchsucht, richtig?«

»Ja, aber ...«

»Ja, aber?«

»Wir haben inzwischen etwa eintausend Spuren und Hinweise«, versuchte ich zu erklären, »dabei sind auch Hinweise, die sich auf bestimmte Personen beziehen. Wir gehen diesen Mitteilungen sehr gewissenhaft nach. Meine Kollegen überprüfen selbstverständlich den Inhalt der jeweiligen Informationen und manchmal auch die Personen, auf die hingewiesen wird.«

»Aber Sie haben nicht bei jeder Überprüfung Durchsuchungsbeschlüsse. Kann ich denn schreiben, dass die Soko Erle einen Tatverdächtigen festgenommen hat?«

Bei dieser Frage wurde mir die Brisanz so richtig klar.

»Nein«, war meine klare Antwort, »schreiben Sie das bitte nicht!« Ich malte mir die Folgen einer solchen Nachricht aus. »Ich hole mir weitere Informationen und melde mich umgehend bei Ihnen. Bitte schreiben Sie bis dahin nichts von einem Tatverdächtigen!«

»Heute ist aber Samstag.«

»Das spielt keine Rolle. Sobald ich Näheres weiß, rufe ich Sie an. Spätestens morgen. Warten Sie das ab! Wir holen es sonst nie zurück.«

Ich war mir sehr sicher, dass ich mich auf die regionalen Medien verlassen konnte.

Auf sie schon, aber nicht auf die sozialen Netzwerke. Deren Eigendynamik katapultierte den Endinger Bürger ohne das Wissen um Fakten binnen Kürze als dringend Tatverdächtigen ins Rampenlicht der Öffentlichkeit. Die nicht verborgen gebliebene Polizeiaktion wurde in Internetforen als Festnahme eines Verdächtigen kommentiert.

Unverzüglich musste ich von der Soko die genauen Umstände erfahren, warum man die Spur als nicht vielversprechend einstufte.

Man berichtete mir, dass der völlig überraschte Mann nach Beginn der Aktion mit allen Maßnahmen einverstanden war und nun auch freiwillig die Speichelprobe abgab. Mitarbeiter der Tatortgruppe des Landeskriminalamtes entdeckten an einem Joggingschuh des Mannes eine blutverdächtige Substanz. Im Keller wurden Bananenschachteln mit ebenfalls blutähnlichen Antragungen festgestellt. Die sofortigen Untersuchungen ergaben jedoch, dass es sich um kein Blut handelte. Mehrere digitale Geräte wurden zu Auswertungszwecken sichergestellt. Ein Rechtsmediziner nahm die Körperoberfläche des Mannes in Augenschein. Dabei fiel eine leichte Rötung am Hals auf, die aber nach Einschätzung des Experten nicht mit der Tat in Verbindung zu bringen war.

Mitten in die Vernehmung des Beschuldigten platzte die fulminante Nachricht, dass der Mord an der 19-jährigen Studentin in Freiburg aufgeklärt sei. Ein junger afghanischer Flüchtling sei als Täter ermittelt und bereits am Vortag festgenommen worden.

Diese Meldung wühlte uns alle auf.

Spontan war da eine neidlose Freude über den tollen Ermittlungserfolg der Soko Dreisam. Dann aber mischten sich innerhalb der Soko

Erle andere Gefühle unter die Erleichterung über den Durchbruch im Freiburger Fall.

Vor allem die Hoffnung, dass die Festnahme auch für den Endinger Fall zumindest neue Erkenntnisse bringen würde.

Zuversicht, einen Fall auch nach mehreren Wochen aufklären zu können.

Sorge, der Erfolgsdruck könne noch mehr steigen, falls der Festgenommene nicht auch der Endinger Täter sein sollte.

Und schließlich Furcht, in einen argwöhnischen Vergleich mit den Freiburger Kollegen zu geraten.

Die Stimmungslage war brisant.

Wie auch immer, es galt, die Vernehmung des kontaktierten Endingers losgelöst von der strahlenden Erfolgsnachricht aus Freiburg fortzuführen. Dies geschah in gewissenhafter Weise und ergab durch entsprechende Überprüfungen, dass die ursprünglichen Widersprüche zum Alibi nahezu restlos bereinigt werden konnten.

Anhand von Rechnungsbelegen und durch Vernehmungen von Bedienungspersonal war davon auszugehen, dass sich der Mann im tatbedeutenden Zeitraum in einer Gaststätte des Freizeitparks aufgehalten hatte. Die Widersprüche hatten ihn durch eigene Erinnerungslücken und Verwechslungen von Uhrzeiten selbstverschuldet in die missliche Lage gebracht.

Nach Bewertung der ganzen strafprozessualen Maßnahmenreihe kam der Mann mit sehr hoher Wahrscheinlichkeit nicht als Täter für den Mord an der Joggerin in Betracht.

Das Ergebnis des Speichelabgleichs hatten wir noch nicht. Es war zu diesem Zeitpunkt ohnehin nichts für die Öffentlichkeit.

Am Sonntagmittag rief ich den Redakteur zurück. Ohne auf die mir nun bekannten Einzelheiten einzugehen, erklärte ich ihm, dass der Endinger Bürger, um den es ging, nach aktuellem Stand nicht als Täter in Frage kommt.

Am Abend meldete er sich nochmals, um Details zu erfahren.

»Bitte fragen Sie mich nicht nach Einzelheiten, die kann ich Ihnen im Moment nicht sagen! Der Mann wurde überprüft, weil wir einen Hinweis auf ihn bekamen. Ein ganz normaler Vorgang. Leider haben dies andere Personen mitbekommen.«

»In den sozialen Netzwerken wird spekuliert, dass die Polizei einen dringend Tatverdächtigen festgenommen habe.«

»Für den Freiburger Fall trifft das zu.« Die Ermittlung und Festnahme des Tatverdächtigen war noch am Samstag in einer Pressekonferenz verkündet worden. »Aber der von uns in Endingen überprüfte Mann hat nichts mit den beiden Taten zu tun.«

Jetzt wollte er keine Details mehr, dafür aber Klarheit. »Definitiv?«

»Definitiv.«

Den Gerüchten, die im Netz hinsichtlich der angeblichen Täterfestnahme kursierten, musste schnellstens entgegen getreten werden. Binnen Kürze bahnte sich in sozialen Portalen eine regelrechte Hetzjagd auf den vorübergehend tatverdächtigen Mann an.

»Wir werden eine Pressemitteilung vorbereiten, in der wir den Leuten dringend anraten, sich nur auf behördliche Informationen zu verlassen und sich nicht an Spekulationen zu beteiligen«, erklärte ich. »Aber ich muss offizielle Pressemitteilungen in diesem Fall mit der Staatsanwaltschaft und der Soko-Leitung abstimmen. Das kann etwas dauern.«

Wir hatten über die Festnahmeaktion natürlich öffentlich nicht berichtet. Also konnten wir auch keine Richtigstellung herausgeben, die eine gewisse Rehabilitation des Mannes dargestellt hätte.

»Wir sind schneller«, war die spontane Reaktion des Lokalreporters, »wir können den Mann aus der Schusslinie nehmen. Und wir können dabei die Polizei zitieren.« Bestrebt, den letztlich Unschuldigen zu schützen, ergänzte er: »Wir können sofort online gehen.«

Noch am gleichen Abend erschien unter der Überschrift *»Keine Festnahme und keine heiße Spur im Fall Carolin G.«* ein ausführlicher Online-Artikel der Lokalredaktion. Darin fanden sich Passagen und Zitate, die in ihrer klaren Aussage die wilden Mutmaßungen in Foren und sozialen Netzwerken einfingen, zumindest ihnen entschieden entgegentraten.

»Am Samstag überprüfte die Kripo eine Person in Endingen nach einem Hinweis. Das sorgte für teils wilde Spekulationen in den sozialen Netzwerken. Die Person hat laut Polizei aber definitiv nichts mit dem Sexualverbrechen an der 27-jährigen Joggerin zu tun. (…) Die Polizei rät zu Informationen aus seriösen Quellen. Seit Beginn der Suche nach Carolin G. habe es immer wieder nachweislich falsche Behauptungen gegeben, die online schnell die Runde machten. (…) Eine Verbindung zwischen den beiden Frauenmorden in Freiburg und Endingen sei nicht auszuschließen, aktuell aber nach wie vor nicht erkennbar.«
(Quelle: Badische Zeitung vom 4. Dezember 2016)

So etwas ist vertrauensvolle Zusammenarbeit.

20

Die Aussichten auf Klärung des Freiburger Mordes an der jungen Studentin waren sieben Wochen nach der Tat so dünn gewesen, wie das Haar, das sich am Ufer der Dreisam am Zweig einer Brombeerhecke verfangen hatte.

Die kriminalistische Meisterleistung, von welcher der Polizeipräsident in der Pressekonferenz sprach, bestand in einem perfekten Ineinandergreifen vieler Rädchen, die sich um die Klärung des Verbrechens drehten.

Der Tatort, direkt hinter dem Fußballstadion des SC Freiburg, war weiträumig abgesperrt worden.

Um eine lückenlose Spurensicherung zu gewährleisten, hatten die Kriminaltechniker zu einer nicht alltäglichen Maßnahme gegriffen. Sie schnitten sämtliche Hecken im maßgeblichen Tatortbereich ab, verpackten sie in Säcke und ließen sie von Experten des Landeskriminalamtes sichten.

Beim dortigen Kriminaltechnischen Institut fand man im abgeholzten dornigen Gestrüpp nach Wochen die berühmte Stecknadel im Heuhaufen, und zwar leibhaftig in Gestalt eines einzelnen Haares. Knapp zwanzig Zentimeter lang und dunkel, wies es etwa ab der Mitte bis hin zur Spitze eine auffällige Blondierung auf. Ein Merkmal, das für die Fahndung nach dem unbekannten Mörder sehr wichtig sein konnte. Sofern es auch dem Täter gehörte.

Mit der Kenntnis um das markante Haar entschloss man sich zu einer aufwendigen Aktion. Sieben Polizeikollegen werteten mit akribischer Aufmerksamkeit die Videoaufnahmen des öffentlichen Personennahverkehrs aus. Unter anderem auch die Aufzeichnungen der Straßenbahnlinie 1 der Freiburger Verkehrs-AG. Diese Linie befährt den Stadtteil Littenweiler, in dem der Mord geschah. Sie verläuft in etwa parallel zu dem Radweg am Dreisam-Ufer, auf dem die getötete Studentin in der Tatnacht mit ihrem Fahrrad von einer Uni-Party nach Hause unterwegs war, bevor sie auf ihren Mörder traf.

Die Aufnahmen jenes Abends und jener Nacht waren für die Freiburger Kollegen von besonderer Bedeutung.

Es war eine junge Polizistin, erst kürzlich in den Dienst eingetreten, die in einer Videosequenz eine auffällige Beobachtung machte. Immer wieder spulte sie die Aufnahme zurück. Schließlich rief sie ihren Vorgesetzten hinzu, um ihm die Passage zu zeigen. Gemeinsam sah man sich den Ausschnitt an. Darauf war ein junger Mann mit langen Haaren, seitlich rasiert, zu erkennen. Er hatte sie zu einem Zopf zusammengebunden. Etwa ab der Hälfte waren die Haare hell changiert.

Die Videoaufnahme war von recht guter Bildqualität. Im Display war ein Zeitjournal eingeblendet.

Der unbekannte junge Mann betrat um 01:57 Uhr die Straßenbahn der Linie 1 und setzte sich einer Frau gegenüber, die nach kurzer Zeit ihren Platz wechselte und sich von dem Mann wegsetzte. Später sollte sich diese Frau nach einem öffentlichen Zeugenaufruf bei der Polizei melden und zu Protokoll geben, dass sie sich von dem Unbekannten aufdringlich beobachtet und dadurch sehr unwohl gefühlt habe. Man kann darüber spekulieren, wie knapp sie in jener Nacht dem schrecklichen Gewaltverbrechen entgangen war, dem bald darauf eine andere Frau zum Opfer fallen würde.

Der Mann mit dem Zopf verließ die Straßenbahn um 02:10 Uhr an der Endhaltestelle Laßbergstraße. Die Tathandlungen, die zum Tod der 19-jährigen Studentin führten, begannen keine Stunde später unweit der Endhaltestelle am Dreisam-Ufer.

Aus der Videosequenz in der Straßenbahn schnitten unsere Techniker ein Standbild des unbekannten Fahrgastes heraus, das zunächst intern innerhalb unseres Präsidiums zu Fahndungszwecken veröffentlicht wurde.

Am 2. Dezember 2016 fuhren zwei Beamte des Polizeipostens Littenweiler Streife im Bereich der Pädagogischen Hochschule, ganz in der Nähe des Tatortes. Ihnen fiel ein junger Mann auf der Straße auf. Dessen Gestalt und vor allem die Gesichtszüge ähnelten nach Einschätzung der beiden Polizisten der Person auf dem Fahndungsfoto. Obwohl der Fußgänger kurze Haare hatte und seine Frisur überhaupt nicht zu der Person aus der Straßenbahn passte, entschieden sich die Kollegen zu einer Kontrolle.

Der Rest ist schnell erzählt. Bei dem jungen Mann handelte es sich um einen afghanischen Flüchtling. Beim Kriminaltechnischen Institut in Stuttgart wurde in einer eiligst auf den Weg gebrachten Untersuchung festgestellt, dass das Haar im Brombeerstrauch tatsächlich von ihm stammte. Was das Ganze abrundete: Seine per Gerichtsbeschluss erhobene DNA stimmte mit Merkmalen jener Spuren überein, die am Tatort und an der Leiche der jungen Studentin gesichert worden waren.

Der Freiburger Mord war aufgeklärt.

21

Schon gegen Ende November sickerten intern zunächst unbestätigte Informationen durch, die drei Tage nach der Festnahme des Dreisam-Mörders spektakuläre Gewissheit erlangten. Anlass war die Präsentation eines dreiköpfigen Teams der »Operativen Fallanalyse« (OFA), bestehend aus zwei baden-württembergischen Experten des Landeskriminalamtes und einem anerkannten Profiler und Kriminalpsychologen aus Bayern.

Die Soko Erle hatte am Tag nach dem Auffinden der Leiche im Endinger Wäldchen Kontakt zur OFA aufgenommen und um Unterstützung gebeten.

Die Fallanalyse als ein anerkanntes kriminalistisches Werkzeug sollte der Soko weitere Ermittlungsansätze aufzeigen.

Vereinfacht und allgemein ausgedrückt, dient eine solche Fallanalyse grundsätzlich der detaillierten Rekonstruktion des Tathergangs unter Berücksichtigung der speziellen Opfersituation. Nach vorliegenden Fakten werden Rückschlüsse auf das Täterverhalten gezogen und Aussagen zur Motivlage und zu Personenmerkmalen des Täters getroffen. Die Fallbewertung und die daraus abgeleiteten Hypothesen sind dabei Wahrscheinlichkeitsaussagen. Das betonen die OFA-Experten immer ausdrücklich. Allerdings orientiert sich ihre Analyse immer eng an der objektiven Spurenlage, die wegen ihrer offenkundigen und oft nachweisbaren Fakten in die Nähe der vermuteten Wahrheit gerückt werden kann.

Und genau diese Spurenlage wurde bei der Vorstellung der OFA-Einschätzungen am 5. Dezember in aller Sachlichkeit, aber auch in all ihrer aufwühlenden Dimension deutlich.

Der OFA lagen die aktuellen Untersuchungsergebnisse aus den Stuttgarter Laboren vor. Die Soko-Leitung wusste bereits seit Mitte November davon. Die Öffentlichkeit nicht.

An der Kleidung von Carolin G. fand sich DNA-Material, das nicht von ihr stammte. DNA-Material, das auch nicht zu der ominösen fremden Spur »C.G.10.4« passte. Diese DNA-Spuren konnten an markanten Stellen, die mit dem Tatgeschehen in Verbindung zu bringen waren, nachgewiesen werden. Übereinstimmendes Spurenmaterial ein und derselben Person befand sich am Laufshirt des Opfers, und dort in unmittelbarer Nähe einer Stelle, an der ein Stück Stoff herausgerissen worden war. Ebenso am Bund der Jogginghose, an einem BH-Körbchen und neben einem weiteren Riss am Slip. Ferner gab es gleichartige Spuren an einzelnen Bereichen der Oberbekleidung, an denen zwar keine Zerreißungen, aber schwache Abriebe von Textilfasern durch massives Festhalten mikroskopisch erkennbar waren. Sowohl dort als auch am Loopschal des Opfers erhoben die langjährig kriminalerfahrenen Biologen Befunde, die nach ihren Bewertungen rein objektiv nur schwer mit einer zufälligen oder alltäglichen Übertragung erklärt werden konnten.

Die Spuren stammten allesamt vom Ehemann des Opfers.

Die Inhalte der gutachterlichen Aussage erreichten mich zunächst nicht. Und das, obwohl ich an jenem Tag genau in dem Haus weilte, in dem man zu dieser Erkenntnis gekommen war.

Bei dem Haus handelte es sich um kein geringeres als um das Landeskriminalamt Baden-Württemberg mit Sitz in Stuttgart.

Ich hielt mich dort auf, weil in Absprache mit den Leitern der beiden Sonderkommissionen Erle und Dreisam das Kriminaltechnische Institut (KTI) die interessierte Presse zu einem Informationstermin ins LKA eingeladen hatte. Dort sollte den Journalisten ein allgemeiner und von den aktuellen Fällen losgelöster Einblick in die Arbeitsweisen und Techniken bei der Auswertung und Analyse kriminaltechnischer Spuren ermöglicht werden. So war jedenfalls die offizielle Verlautbarung. Freilich gelang es niemandem, was auch keiner erwartet hatte, sich von den beiden aufwühlenden Verbrechen wirklich loszulösen.

Die Veranstaltung war in zwei Teile gegliedert. Zunächst informierten der Leiter des Instituts und ein Biologe des LKA die zahlreich erschienenen Medienleute in einem Vortrag über die Organisation und die allgemeinen Aufgaben des KTI.

Anschließend durfte man in Gruppen die »heiligen Räume« des Instituts, wie es ein LKA-Sprecher mit Augenzwinkern bezeichnete, betreten und vom Flur aus sogar in manchen Untersuchungsraum blicken. Dort sah man Computer, Mikroskope und andere wissenschaftliche Geräte auf den Tischen. Das war noch wenig überraschend. Beeindruckend, auch für mich, war allerdings die für uns unüberschaubare Zahl von blauen Kunststoffsäcken, die teilweise ganze Zimmer in Anspruch nahmen. Uns Besuchern wurde erklärt, dass sich in den Säcken abgeschnittenes Buschwerk, zerlegte Sträucher und grob zerkleinerte Hecken befanden. Man erahnte beim Umfang dieses Materials die Sisyphus-Arbeit, die hinter der Suche nach der vielleicht entscheidenden Spur stecken musste.

Die Suche nach einem wichtigen oder zumindest weiterführenden Hinweis in dem ganzen Gestrüpp erfolgte mit System, nach einem exakten Plan und vor allem mit sehr, sehr viel Geduld. Dabei dürften die sichtenden Experten auch einen gewissen Druck verspürt haben, denn von ihrer akribischen Arbeit und ihrer Motivation hingen mögliche Ermittlungserfolge ab.

Beim Anblick dieser Berge aus Schnittgut mutete sich der bereits erwähnte Vergleich mit der Stecknadel im Heuhaufen eher bescheiden an. Man sollte wohl besser von der Suche nach einem bestimmten Sandkorn in der Wüste sprechen.

Genau das hatten die Stuttgarter Kriminaltechniker im Fall der Soko Dreisam in einer Wüste aus Ästen, Blättern und Dornen gefunden, und zwar in Form eines einzelnen Haares.

Jetzt, unter dem eigenen und unmittelbaren Eindruck, war jedem klar, weshalb sich die Suche nach verwertbaren Spuren gefühlt so lange hinzog. Dabei gestaltete sich die Fundortsituation in Endingen gegenüber dem Freiburger Tatort als weitaus schwieriger. Zwischen der Kaiserstühler Tat und dem Auffinden des Opfers lagen vier Tage. Vier Tage, in denen die herbstliche Witterung ihren natürlichen Einfluss auf alle Spuren genommen hatte. Die Fundstelle lag mitten im Wald, zwischen Bäumen, Gehölz und Gebüsch. Der Boden war großflächig von heruntergefallenem Laub bedeckt. Da die Stelle des Erstkontaktes zwischen Täter und Opfer nicht bekannt war, gab es praktisch keine Grenze, die man um einen bestimmten tatrelevanten Raum hätte ziehen können. Deshalb mussten bei der Einsammlung möglicher Spurenträger Prioritäten gesetzt werden, wohl wissend, dass man niemals den gesamten Waldboden im fraglichen Bereich einschließlich Bäumen, Hecken und Herbstlaub lückenlos durchleuchten konnte.

Die Besucher der LKA-Präsentation hielten sich größtenteils an die Vorgaben und beließen es fast ausnahmslos bei allgemeinen Fragen, ohne direkt auf die beiden Morde einzugehen. Interessant war allerdings zu beobachten, wie mancher über Umwege versuchte, an brisantes Wissen heranzukommen. In einem fast unbeachteten Moment bekam mein Pressesprecher-Kollege des LKA gerade noch mit, wie ein pfiffiger Journalist einem LKA-Biologen, der im Umgang mit Medien eher wenig erfahren war, vor laufender Kamera Insider-Details entlocken wollte. Seine suggestive Fangfrage begann mit den Worten: »Nachdem Sie im Endinger Fall ja auch DNA-Spuren gefunden haben, würde ich gerne wissen …«

Wir unterbanden das Interview höflich, aber mit sofortiger Wirkung.

22

Der Schulungsraum des Polizeireviers Emmendingen beherbergte einen Tag später die verantwortlichen Mitglieder der beiden Sonderkommissionen und Experten der Fallanalyse unter einem Dach. Anlass war die Präsentation einer sogenannten »Vergleichenden Fallanalyse«, die von einem zertifizierten polizeilichen Profiler aus Bayern vorgestellt wurde.

Wir hatten, so auch die Formulierung des Experten, zwei sexuell motivierte Tötungsdelikte innerhalb eines kurzen Zeitraums in einer relativ engen Geografie, welche für sich gesehen bereits seltene Ereignisse darstellten. Die vergleichende Fallanalyse war somit im Grunde genommen die kriminalistische Form der Männer-Stammtisch- und Frauen-Kaffeekränzchen-Frage, ob die beiden Morde von Freiburg und Endingen von demselben Täter begangen wurden.

Zur Annäherung an die Antwort auf diese Frage waren drei Analyseteams, bestehend aus erfahrenen Profilern, gebildet worden. Das erste Team befasste sich ausschließlich mit einer Einzelfallanalyse des Freiburger Mordes.

Team Zwei erstellte unabhängig vom Freiburger Fall eine Einzelfallanalyse zur Endinger Tat.

Das dritte Team schließlich, das aus Gründen der Objektivität zuvor in keinen der beiden Fälle eingebunden war, verfasste auf Grundlage der beiden Einzelfallergebnisse die vergleichende Fallanalyse.

Alle im Raum folgten mit Spannung den Ausführungen des Profilers, die uns Zuhörer in einem Ping-Pong zwischen Für und Wider hin- und herrissen.

Zu Beginn wies er nüchtern, aber ausdrücklich darauf hin, dass die Durchführung einer Fallanalyse nach eingehender Prüfung der bestehenden objektiven Informationslage erfolge. Die systematische Analyse führe im Ergebnis zu einer Bewertung des Tatmotivs, zu fallbezogenen Aussagen und womöglich zu Aussagen zur Person des Täters. Im Zentrum der Fallanalyse stehe die eingehende Rekonstruktion des Tathergangs. Die abgeleiteten Hypothesen seien jedoch lediglich Wahrscheinlichkeitsaussagen, die auf den zur Verfügung gestellten Informationen zum Zeitpunkt der Analyseerstellung basieren.

Wissenschaftler und seriöse Fallanalytiker sind keine Hellseher. Ihre berufliche Angewohnheit, sich bildlich gesprochen ein Hintertürchen offenzulassen, ist ihrer Glaubwürdigkeit geschuldet. Wenn sie etwas zu einhundert Prozent behaupten könnten, dann würden sie es tun. Dies ist aber in einhundert Prozent der Fälle nicht möglich. Daher arbeiten sie mit Wahrscheinlichkeitsaussagen – oder sie nennen einfach nüchtern ein paar Zahlen, deren Bewertung dem Betrachter überlassen werden kann.

Solche Zahlen nannte der Münchner Profiler zu der Frage, ob die beiden Morde von Freiburg und Endingen zusammenhingen. Zahlen, die nachdenklich machten.

In einer bundesweiten Datenbank waren über viele Jahrzehnte hinweg alle Straftaten erfasst, bei denen entweder jemand getötet wurde oder Opfer eines Sexualdelikts geworden war. Von diesen insgesamt über 26.000 Fällen erfüllten weit über 3.000 beide Kriterien – sie waren also als Tötungen mit sexuellem Hintergrund registriert. Filterte man bei diesen Sexualmorden die bekannten Kombinationen der vorgenommenen Tathandlungen heraus, blieben gerade noch neun in etwa identische Taten übrig. Davon waren laut Datenbank sechs bereits aufgeklärt. Von den drei restlichen Morden wurde einer im Jahre 1995 in Hamburg begangen. Die beiden übrig gebliebenen waren die Taten von Freiburg und Endingen. Begangen innerhalb von drei Wochen und kaum dreißig Kilometer voneinander entfernt.

Und genau diese zwei Morde sollten von zwei verschiedenen Tätern unabhängig voneinander begangen worden sein?

Die vergleichende Fallanalyse, so erfuhren wir an diesem Tage, hatte dennoch bei der Gegenüberstellung der objektiven Spurenlage der beiden Fälle einen Tatzusammenhang zunächst in Frage gestellt.

Gegen eine Verbindung sprach laut Experteneinschätzung zum Beispiel, dass der Täter in Endingen offenbar ein Schlagwerkzeug mitführte, das er letztlich auch für die Tötung einsetzte. Aus fallanalytischer Sicht stellte dies einen erheblichen Unterschied zum Freiburger Fall dar, bei dem der Täter kein Tatwerkzeug benutzt hatte.

Keine Übereinstimmung der beiden Fälle lag auch bei der räumlichen Situation und bei der Tatzeit vor. Beides waren zwar Sonntage, aber die Uhrzeiten differierten doch sehr stark. Die Freiburger Tat, im städtischen Bereich, wurde tief nachts begangen, der Endinger Mord hingegen im ländlichen Bereich am Nachmittag. Und während bei der Tat am Kaiserstuhl Gegenstände des Opfers fehlten, gab es beim Dreisam-Mord keine Hinweise darauf, dass der Täter persönliche Sachen der getöteten Frau vom Tatort mitgenommen hatte.

Das waren im Wesentlichen die markanten Unterschiede.

Allerdings überstrahlten die offensichtlichen Gemeinsamkeiten der zwei Mordfälle bei weitem die Abweichungen.

Laut Analyse handelte es sich bei beiden Opfern um junge Frauen, die alleine an Orten unterwegs waren, die eine sogenannte eingeschränkte Sozialkontrolle aufwiesen. In beiden Fällen bemächtigte sich der Täter überfallartig des Opfers und verbrachte es jeweils unter Anwendung von körperlicher Gewalt in sichtgeschützte Bereiche. Dort wurden die Frauen wehrlos gemacht und sexuelle Handlungen vorgenommen, bevor der Täter sein Opfer jeweils erneut an einen anderen, in der Nähe liegenden Ort verlagerte, um dort die Tötung zu vollenden. Unter Verzicht auf Nennung von Details gab es auffällige Übereinstimmungen bei der Art der vorgenommenen Sexualhandlungen, die in ihrer Kombination als sehr selten angesehen wurden. In beiden Fällen bewertete die vergleichende Analyse das Täterverhalten als zielgerichtet, konsequent und handlungssicher.

Unterm Strich zog die vergleichende Fallanalyse am Ende des Tages das Fazit, dass die objektive Spurenlage einen Tatzusammenhang zwar zunächst in Frage stellte, aus verhaltensanalytischer Sicht jedoch mit hoher Wahrscheinlichkeit von einem Tatzusammenhang zwischen den beiden Morden in Freiburg und Endingen auszugehen war. Diesen Satz des Profilers hielt ich mir noch einmal vor mein geistiges Auge. »Mit hoher Wahrscheinlichkeit ist von einem Zusammenhang zwischen den beiden Morden in Freiburg und Endingen auszugehen.«

Wie jetzt? Tatzusammenhang zwischen Freiburg und Endingen? Und was war mit dem Spurenbild, das den Ehemann der Joggerin belastete? Und was mit den deutlichen Parallelen zu dem drei Jahre zurückliegenden Mord in Kufstein?

Die Verwirrung war perfekt. Nicht nur bei mir.

Der Soko-Leiter behielt zum einen die Übersicht, zum anderen die bisherigen Ermittlungsrichtungen bei. Sie orientierten sich an den vier aktuellen Hypothesen.

Erstens, basierend auf den wahrscheinlichen Tatzusammenhang mit dem Dreisam-Mord, musste der dort ermittelte und festgenommene afghanische Flüchtling überprüft werden. Wir hatten seine DNA und konnten sie mit der fremden Endinger Spur »C.G.10.4« vergleichen, die bisher niemandem zugeordnet werden konnte. Parallel dazu mussten der junge Afghane sowie sein gesamtes Umfeld dahingehend überprüft werden, ob irgendwelche Verbindungen nach Endingen bestanden.

Der zweite Ermittlungsstrang, auf Grundlage der belastenden Spurensituation am Opfer, richtete sich gegen den Ehemann.

Drittens, allerdings ohne konkrete Argumentation, hielt man noch immer eine Beziehungstat, begangen aus dem Umfeld der 27-Jährigen, für nicht ganz ausgeschlossen.

Und viertens schließlich konnte der Mörder eine Person ohne jeglichen Vorbezug zum Opfer gewesen sein. Mit der von ihm ausgehenden Gefahr einer neuen Tat.

Da mit höchster Priorität versehen, war rasch klar, dass die Spur »C.G.10.4« am Opfer des Endinger Verbrechens nicht dem Mörder der Studentin in Freiburg zugeordnet werden konnte. Freilich war das noch nicht der endgültige Beleg dafür, dass er mit der Tat am Kaiserstuhl nichts zu tun hatte. Aber klar war, dass die unbekannte Spur an Carolin G.s Körper nicht von ihm stammte.

Mit allen Ermittlungsmöglichkeiten versuchten die Kollegen beider Sonderkommissionen ineinandergreifend, den afghanischen Flüchtling verdachtsmäßig *irgendwie nach Endingen zu bringen*. Ohne Erfolg. Die Kontakte, die von dem einen oder anderen Kumpel des Freiburger Täters tatsächlich an den Kaiserstuhl führten, waren überprüfbar und erbrachten keine Hinweise dafür, dass der junge Afghane oder einer seiner Bekannten mit der Tat etwas zu tun haben könnten. Auf freiwilliger Basis wurden Speichelproben erhoben und Vergleichsuntersuchungen angestoßen.

Spur »C.G.10.4«, von der die Öffentlichkeit zu dieser Zeit noch nichts wusste, blieb anonym.

Die Einschätzung der vergleichenden Fallanalyse, wonach die beiden Taten mit hoher Wahrscheinlichkeit zusammenhängen würden, erhielt trotz intensivster Ermittlungen keine weitere Nahrung und somit keine Bestätigung.

Und was war mit der Hypothese »Ehemann«?

Bei einem erwiesenen Tatzusammenhang zwischen Freiburg und Endingen wäre sie selbstredend komplett widerlegt gewesen. Denn dann hätte der Ehemann etwas mit dem »Dreisam-Mord« zu tun haben müssen. Das schien völlig absurd. Dadurch jedoch, dass die Verbindung der beiden Verbrechen faktisch nicht hergestellt werden konnte, erhielt die Ehemann-Variante natürlich neue Gewichtung. Allerdings rieben sich selbst erfahrene Experten an den beiden völlig konträren Feststellungen auf, wonach sich auffällig viel DNA des Ehemannes an der Opferkleidung fand – er aber für die errechnete Tatzeit ein einwandfreies Alibi hatte.

23

Schon unmittelbar nachdem die Leiche der vermissten Joggerin aufgefunden worden war, hatte die Soko damit begonnen, ein Bewegungsbild zu erstellen. Es galt, möglichst lückenlos zu erfahren, welche Personen und welche Fahrzeuge an jenem Sonntag im Rebgebiet zwischen Endingen und Bahlingen unterwegs gewesen waren.

Schnell wurde klar, dass es überraschend viele Menschen waren, die sich trotz nasskalten und trüben Wetters dort aufhielten. Es gab Wanderer, Spaziergänger, Radfahrer, Pilzsammler, Weinbauern, die nach dem Rechten sahen, und Autofahrer, die den kürzeren Weg zwischen den beiden Ortschaften durch die Reben nahmen.

Wir erhielten zum Beispiel Hinweise auf einen weißen Kastenwagen, auf einen Motorradfahrer, auf einen blauen SUV, auf einen geparkten dunklen Pkw, auf einen Mann mittleren Alters beim Bestattungswald, auf einen hellen Pick-Up, auf einen silbergrauen Passat mit offener Heckklappe, auf einen silbernen Passat mit geschlossener Heckklappe, auf einen roten Passat auf einem Rebstück, auf einen Mountain-Biker, auf einen schwarzen Tiguan, auf einen Opel Vectra, auf einen Mercedes am Silberbrunnen, auf einen älteren Mann in den Reben, auf einen jüngeren Mann mit Baggy-Jeans, auf ein Auto mit schweizerischem Kennzeichen, auf einen dunklen Geländewagen und auf einen mit dem Handy telefonierenden Fußgänger im Wäldchen neben dem Bestattungswald.

Da die Frage, wer und was sich alles am 6. November 2016 im fraglichen Gebiet aufgehalten hatte, von zentraler Bedeutung war, ergab sich bald ein Gesamtbild, das durch unsere entsprechenden öffentlichen Aufrufe in den Medien noch klarer wurde. Dabei fügten sich die Aussagen der einzelnen Zeugen Zug um Zug puzzleartig zusammen, und die Plausibilität stieg dadurch, dass die Zeugen oft gegenseitig aufeinander hinwiesen.

Der Hobbywinzer, der in einem Rebstück neben seinem roten Variant von einem BMW-Fahrer gesehen worden war, gab seinerseits einen Hinweis auf den BMW-Fahrer. Das Ehepaar, das am Panorama-Aussichtspunkt einen schwarzen Tiguan gesehen hatte, wurde kurz darauf von einem anderen Zeugen Richtung Wäldchen gehend gesehen.

So konnte man gut fünf Wochen nach der Tat eine zwar mit Fragezeichen versehene, aber doch recht verlässliche Einschätzung vornehmen, welche Beobachtungen und Angaben der Zeugen mit dem Tatgeschehen in irgendeiner Weise etwas zu tun haben könnten. Manche Aussagen konnten sofort als erledigt und unbedeutend abgelegt werden. Andere wiederum relativierten sich, weil sie zwar als möglicher Hinweis auf einen Täter oder ein Täterfahrzeug eingegangen waren, es sich aber bei der Überprüfung herausstellte, dass die vermeintlich verdächtige Person selbst ein Zeuge war oder das beschriebene Fahrzeug einem Zeugen gehörte.

Allerdings blieb das Bewegungsbild jenes trüben Herbsttages unvollständig, denn fünf Puzzleteile ließen sich zu diesem Zeitpunkt nicht in die Gesamtdarstellung einbauen.

Da war zunächst eine männliche Person, die von einer Zeugin um kurz nach 17 Uhr in dem Wäldchen gesehen wurde, in dem der Mord geschah. Diese Person konnte ebenso wenig identifiziert werden wie ein junger Mann in sogenannten Baggy-Jeans und Skater-Schuhen, der ebenfalls von Zeugen beschrieben worden war.

Dazu blieb die Zuordnung eines schwarzen Tiguan, eines silbernen Passat mit offener Heckklappe sowie eines hellen oder grauen Pkw mit schweizerischem Kennzeichen für unsere Ermittler offen.

Zu dem unbekannten Baggy-Jeans-Träger, der nach einer Zeugenaussage mit Skater-Schuhen und einem schwarzen Kapuzen-Pullover zu Fuß in den Endinger Weinbergen unterwegs gewesen war, veröffentlichen wir einen Zeugenaufruf. Dazu musste ich mich als Vertreter der schon etwas älteren Generation zunächst über den Begriff schlau machen. Ich fand heraus, dass man zu Baggy-Jeans früher vermutlich Pumphose gesagt und seinen Besitzer zum Hochziehen derselben aufgefordert hätte.

Überraschenderweise meldete sich unmittelbar nach unserer Pressemitteilung eine Frau, die nicht nur bestätigte, dass der so beschriebene junge Mann am fraglichen Sonntagnachmittag tatsächlich zwischen Endingen und Bahlingen unterwegs gewesen sei, sondern auch, dass sie diesen Mann kenne. Und zwar sehr gut kenne, da es nämlich ihr Sohn sei.

Wie sich herausstellte, hatte der Teenager selbst nicht den Mut, sich bei der Polizei zu melden, weshalb seine Mutter dies übernahm. Meine Kollegen nahmen sich des Jungen mit den Flatterhosen an und konnten sehr schnell sicher ausschließen, dass er etwas mit dem Verbrechen zu tun haben könnte.

Die Spur mit dem schweizerischen Pkw führte zunächst in die drei Kantone Tessin, Thurgau und Schwyz und danach ins Nichts. Die sehr vagen Zeugenaussagen hatten zwar alle einen hellen oder grauen Pkw thematisiert. Beim Kennzeichen jedoch wichen die Wahrnehmungen von TI (Tessin) über TG (Thurgau) bis SZ (Schwyz) voneinander ab. Dennoch wollten wir nichts unversucht lassen und riefen in einer grenzüberschreitenden Pressemeldung in all diesen drei Kantonen nach Zeugen auf. Niemand meldete sich. Eine ernsthafte Bedeutung maßen die Ermittler dieser Spur nicht bei, ließen sie aber offen.

Somit verblieben noch der schwarze Tiguan, der silberne Passat mit der offenen Heckklappe und der unbekannte Mann im Wald.

24

Welchem Impuls der leitende Ermittler der Soko Erle folgte, als er kurz vor Weihnachten, am eigentlich einzig freien Tag, in sein Privatauto stieg und von seinem beschaulichen Zuhause im hinteren Elztal aus nach Emmendingen fuhr, konnte er mir auch später nicht erklären.

Als Gottfried an der Bushaltestelle vorbeikam, an der er sonst seine Frau absetzte, warf er nur einen flüchtigen Blick hinüber zum Totenkopf und fuhr weiter in Richtung Polizeirevier. Ohne sein Tempo jedoch zu verringern, bewegte er sich weiter an der Elz entlang und steuerte sein Auto auf die Villa Sonntag zu, den Sitz der Soko. Allerdings fuhr er auch hier ohne zu zögern vorbei und verließ kurz darauf Emmendingen. Er folgte der Bundesstraße bis zum sogenannten *Malterdinger Ei*. Dort bog er nach links in Richtung Autobahn ab. Er kreuzte die A5 durch die Unterführung und sah vor sich wieder Kaiserstuhl und Totenkopf. Endingen hatte er auf der alten Kreisstraße nach wenigen Minuten erreicht. Um zum Polizeiposten zu gelangen, hätte er im Ort nach rechts abbiegen müssen. Um den Tatort aufzusuchen, hätte er nach links abbiegen müssen. Gottfried jedoch fuhr geradeaus.

Er ließ Endingen hinter sich und fuhr weiter in Richtung französische Grenze, bis er in eine kleine Kaiserstuhlgemeinde kam.

Dort hielt er an einem Ladengeschäft an, ging hinein und kaufte etwas, das er ein paar Minuten später auf dem Beifahrersitz seines Autos ablegte. Er fuhr weiter bis zu einem kleinen Parkplatz am Ortsrand. Dort parkte er, griff zum Beifahrersitz und stieg aus. Er sah sich um. Niemand war zu sehen. Langsamen Schrittes ging er auf den Eingang zu und betrat den kleinen Friedhof.

Im Vorbeigehen las er flüchtig die Namen auf den Grabsteinen. Gottfried registrierte sie aber nur am Rande, denn ihn interessierte allein ein bestimmter Name. Alsbald entdeckte er im hinteren Bereich des Friedhofs das, wonach er gesucht hatte. Ohne den übrigen Gräbern weiter Beachtung zu schenken, schlenderte er geradewegs dorthin und blieb schließlich vor dem frischen, schlichten Holzkreuz stehen.

Er betrachtete die Blumen und Gestecke und las die letzten Grüße auf den seidenen und satinierten Trauerschleifen. Eine ganze Weile stand er so da. Dann legte er eine einzelne weiße Rose auf das Grab und fuhr zurück nach Hause.

25

Zwei Tage vor Heiligabend beantragte der Leiter der Soko-Erle den Einsatz eines internen Analyseteams.

Die Rätselhaftigkeit der Spurensituation trieb die gesamte Soko-Leitung seit Wochen um. Zwar gab er sehr viel auf die Einschätzung seiner Kollegen Chris und Gottfried, die nicht nur wegen des Alibis an keine Beziehungstat glaubten. Aber die DNA-Spuren des Ehemanns an kritischen Stellen der Opferbekleidung standen dem faktisch entgegen. Man wollte auf Nummer sicher gehen und sich auch nicht dem im Raume stehenden Vorwurf aussetzen, nicht alles Mögliche getan zu haben.

Die sich widersprechende Konstellation nahm man so hin, wie sie war – nämlich für den Moment unerklärbar. Man erwartete aus eigener Einschätzung heraus ein unabhängiges Ergebnis der anstehenden Untersuchung, war aber fest davon überzeugt, dass das Analyseteam zu keinem anderen Resultat gelangen werde.

Dem Antrag, der direkt an die Freiburger Kripo-Leitung gerichtet war, wurde sofort zugestimmt.

Der Auftrag für das sodann ins Leben gerufene Dreier-Team aus Freiburger Kriminalbeamten bestand in der Prüfung, inwiefern man den Ehemann entweder entlasten könnte, oder ob er trotz seines gesicherten Alibis dennoch die Tat begangen haben könnte.

Die Kollegen machten sich unverzüglich ans Werk.

26

Weihnachten, so sagt man landläufig, ist die Zeit der Besinnung. Die Menschen wollen zur Ruhe kommen, ihre Betriebsamkeit zurücknehmen, Gefühle zulassen. Man wünscht sich gegenseitig eine geruhsame Zeit und friedvolle Tage im Kreise seiner Lieben.

Im Kreise seiner Lieben. Aber was ist, wenn man seine Liebste verloren hat?

Auch die Gedanken der meisten Polizisten schwenkten in diesen Tagen mehr von den rein dienstlichen Aufgaben ab, als dies sonst der Fall war. Man ließ sich von der bewusst herbeigeführten »Weichstimmung« beeinflussen und fast erlag man dem gewissen Charme der vorweihnachtlichen Zeit. Die meisten Kollegen ließen es zu, das Tempo, das sie über das zurückliegende Jahr aufgenommen hatten, etwas zu drosseln.

Die hohe Schlagzahl, die sich meine Kollegen der Soko zur Klärung des Mordes seit sechs Wochen unter teilweise völliger Zurückstellung privater Interessen vorgegeben hatten, durfte an Heiligabend und den beiden folgenden Feiertagen reduziert werden.

Die Soko-Leitung schickte einen Großteil ihrer Mannschaft zu den Familien nach Hause, um neue Kraft zu tanken und abzuschalten. Um wenigstens für ein paar Stunden Abstand zu finden von dem kräftezehrenden Ehrgeiz, dieses Verbrechen aufklären zu wollen.

Gottfried nahm sich die Ruhe und den Einhalt nicht. Zu sehr hatte ihn dieser Fall mit seinen komplexen Verflechtungen in Beschlag.

Die ungewöhnliche Ruhe im nun menschenleeren Soko-Raum nutzte er zum Aktenstudium. Immer wieder löste sich dabei sein Blick vom Computer und wanderte zu den reich bepflasterten Wänden mit den Bildern, Karten, Skizzen, Grafiken, dem Zeitschema und den Personen, von denen manche nur mit Namen, Geburtsdatum und Wohnort dargestellt waren. Von Anderen hingen Fotos an der Wand. So auch von Carolin G. Ein Bild, das sie joggend mit einer Freundin zeigte. Es war eine schon etwas ältere Aufnahme aus dem Sommer. Man sah eine vergnügt lächelnde junge Frau, sportlich, attraktiv, mit einer offenen und lebensbejahenden Ausstrahlung.

Gottfrieds Gedanken kreisten um die verschiedenen Theorien. Obwohl er sich vorgenommen hatte, jeder denkbaren Tatvariante aufgeschlossen gegenüberzustehen, war er wie seine engen Kollegen trotz der Ausgangslage davon überzeugt, dass die Arbeit des Analyseteams kein anderes Ergebnis liefern würde, als die Bestätigung des mysteriösen Widerspruchs zwischen entlastendem Alibi und belastenden Opferspuren.

Während er das Foto betrachtete, ging plötzlich die Türe auf. Chris trat ein und schien überhaupt nicht überrascht, seinen Kollegen im Soko-Raum anzutreffen. »Frohe Weihnachten«, wünschte er und zog seine Jacke aus.

Gottfried schnappte sich seine leere Tasse, stand auf und schmunzelte leicht. »Ja, frohe Weihnachten, Chris. Willst du auch einen Kaffee?«

27

Das Jahr 2016 verabschiedete sich, nahm das Rätsel um den Mord am Kaiserstuhl mit und übergab seinem Nachfolger die Ungewissheit darüber, ob die Tat jemals aufgeklärt werden würde.

Die Soko Erle hatte gleich nach den Feiertagen wieder mit dem vollständigen Personal Fahrt aufgenommen und verfolgte aktuell etwa 1500 Spuren.

Das von der Soko unabhängige dreiköpfige Analyseteam mit dem Exklusivauftrag, eine mögliche Täterschaft des Ehemannes zu prüfen, hatte mit der aktuellen Arbeit der Mordermittler zwar nichts zu tun. Dennoch war die Präsenz der Freiburger Kollegen gegenwärtig, da ihnen für ihre Bewertung Auskünfte erteilt und Einblicke in die Akten gewährt werden mussten.

Einige Soko-Kollegen beobachteten diese Situation kritisch, denn es schlich sich das Gefühl ein, auf eine gewisse Art beaufsichtigt und kontrolliert zu sein. Zumindest hatten manche den Eindruck, dass es der Soko gegenüber womöglich am notwendigen Maß an Vertrauen mangeln könnte. Die Soko-Leitung beschwichtigte den aufkeimenden Argwohn in ihren Reihen mit der deutlichen Erklärung, dass man selbst den Einsatz des Analyseteams mit dem klaren Sonderauftrag beantragt hatte, um nicht zuletzt dadurch – und davon war man überzeugt – die Situation der sich widersprechenden Fakten auf noch breitere Füße zu stellen.

Polizisten sind von Natur aus misstrauisch. Dem Analyseteam begegnete man weiterhin skeptisch.

Dabei stellt der Einsatz solcher quer einsteigenden Sonderteams in kniffligen Fällen durchaus keine Rarität dar und ist immer dazu geeignet, einen Fall aus anderen Blickwinkeln zu betrachten. Eine ermittelnde Sonderkommission zeigt sich grundsätzlich aufgeschlossen gegenüber einer unabhängigen Prüfung und Bewertung von kritischen Sachverhalten, insbesondere dann, wenn sich scheinbare Fakten völlig konträr gegenüberstehen und keine plausiblen Erklärungen zulassen. Von der Soko-Struktur losgelöst agierende Inspizienten gelten als professionelles Überprüfungsinstrument und als Garant für gesteigerte Qualität. Natürlich standen alle Beteiligten nach der wochenlangen, unbelohnten Energieleistung unter dem herrschenden Ermittlungsdruck sehr unter Spannung. Aber eines stand fest. Alle hatten das gleiche Ziel, egal, wie unterschiedlich die Ansichten gewesen sein mögen.

Ohne Ausnahme wollten alle den Mörder von Carolin G. finden.

Der Heilige-Drei-Könige-Feiertag im Januar 2017 fiel auf einen Freitag und bot sich somit für ein verlängertes Wochenende an. Obwohl ich bei Weitem nicht dem hohen Druck ausgesetzt war, unter dem meine Soko-Kollegen arbeiteten, freute ich mich doch über ein paar Tage Privatleben.

Mit einem Teil meiner Familie fuhr ich nach Interlaken. Als ich die Soko davon unterrichtete, scherzte ich mit dem Hinweis, mich persönlich um Zeugen wegen des gesuchten schweizerischen Autos zu kümmern. Wiederum ernsthaft bot ich an, dass man mich jederzeit auch in der Schweiz über mein Handy erreichen könnte, falls dies erforderlich sein sollte.

Die Möglichkeit, dass der Täter zeitnah ermittelt werden könnte, erschien vielen in jenen Tagen eher unwahrscheinlich. Meinen Kurzurlaub hätte ich in dem Fall abgebrochen, wofür meine Familie vollstes Verständnis gehabt hätte.

In unserem Apartment-Hotel hatte ich mein Handy zwar nicht ausgeschaltet, aber es lag schon mal unbeachtet und lautlos in einem anderen Zimmer, oder ich ließ es während der Unternehmungen in der Ferienwohnung zurück.

Weil der Mordfall aber nie aus den Gedanken verschwand, schaute ich nach der Rückkehr immer gleich nach, ob neue Nachrichten eingegangen waren. Es war ein dienstliches Gerät, dessen Nummer mittlerweile einigen Medienvertretern bekannt war. So war es nicht verwunderlich, dass in Interlaken Anrufversuche eingingen, obwohl ich während meiner kurzzeitigen Abwesenheit durch einen Kollegen unserer Pressestelle vertreten wurde.

An besagtem 6. Januar waren wir Schlittschuhlaufen. Als wir in unser Apartment zurückkamen, sah ich im Augenwinkel mein stummgeschaltetes Handy auf dem Dielenschränkchen aufleuchten. Ich vermutete einen Medienvertreter und ignorierte den Anruf.

Eher beiläufig klappte ich nach dem Abendessen den Deckel meiner Handyhülle auf. Mein Blick auf das Display sorgte für erhöhten Puls. *Soko Erle* stand da an erster Stelle der Verlaufsübersicht. Meine Kollegen hatten versucht, mich anzurufen.

Das konnte nur Eines bedeuten!

Ich drückte die Rückruftaste und zog mich in einen Nebenraum zurück.

Auf den sehnlichst herbeigewünschten Satz mit den drei Worten wartete ich allerdings vergeblich. Im Gegenteil – auf meine hoffnungsvolle Frage gab es nur eine ernüchternde Antwort: »Nein, wir haben ihn nicht.«

Man hatte nur eine eher belanglose Rückfrage an mich, aber nicht mehr daran gedacht, dass ich außer Landes war.

Der Kollege entschuldigte sich für die Störung. Meine kurzzeitig aufkeimende Hoffnung versank mit einem gutgemeinten Gruß. »Schönen Urlaub noch!«

Leicht enttäuscht kehrte ich zu meiner Familie nebenan zurück. Immerhin musste ich den Kurzurlaub nicht abbrechen, was zumindest einer kleinen Person sehr gefiel.

»Toll, Opa, du bleibst bei uns!«

28

In den Tagen nach meiner Rückkehr aus der Schweiz spürte ich schon beim Betreten der alten Villa eine gedrückte Stimmung. Was war geschehen?

Auch die Freiburger Kollegen mit dem Sonderauftrag, die Spur Nr. 2 ins Visier zu nehmen, sahen sich zunächst der offensichtlichen Unvereinbarkeit zweier scheinbar feststehender Fakten gegenübergestellt: dem lückenlosen Alibi des Ehemannes und seinem auffälligen Spurenbild an der Opferkleidung.

Orientiert an seinem Auftrag musste das Analyseteam als Startposition zunächst davon ausgehen, dass es hinsichtlich der Aussage aller am Fall beteiligten Kriminaltechniker keinen Zweifel gab. Demnach befand sich die DNA des Ehemanns an tatbedeutenden Stellen der Bekleidung des Opfers, und das in einer auffälligen Konzentrierung. »Tatbedeutend« hieß, dass der Ehemann zwar grundsätzlich ein sogenannter »berechtigter Spurenleger« war, Art und Lage der

Spuren jedoch in Einklang mit der Tathandlung zu bringen waren. Eine plausible, alternative Erklärung, wie die DNA-Spuren – außer durch die Tat – an die betreffenden Stellen gelangen konnten, gab es zu diesem Zeitpunkt nicht. Zu dieser Erkenntnis war auch die Soko schon gekommen. Allerdings waren da noch die männlichen Spurenbeimengungen am Körper des Opfers, Spur »C.G.10.4«, die man bisher niemandem hatte zuordnen können – auch dem Ehemann nicht.

Diese fremde Teilspur setzten die drei Ermittler des Analyseteams als eher schwache Spur dem intensiven Spurenbild des Ehemanns entgegen und kamen zu dem Schluss, sie nicht zu priorisieren, sondern als weniger bedeutend einzustufen. Erstaunlicherweise hatte die Spur »C.G.10.4« beim Freiburger Mordfall an der Studentin an der Dreisam sehr wohl Bedeutung. Sie hatte nämlich den dortigen Täter für den Endinger Mord entlastet, weil sie nicht mit seiner DNA übereinstimmte. Nachvollziehbar war aber die Begründung des Dreierteams, dass diese sogenannte DYS-Spur auch auf indirektem Wege, durch irgendeine andere Übertragung, entstanden sein konnte und nicht zwingend vom Täter stammen musste.

Das Analyseteam ging davon aus, dass der Ehemann der Mörder sein konnte. Dazu mussten Belege gefunden werden. Fortan widmete man sich ausschließlich seinem Alibi und betrachtete bei der Vorbereitung einer Tathypothese, die vom Ehemann als Täter ausging, das ihn belastende Spurenbild als gesichert.

Das sichere Alibi stützte sich auf die von der Soko angenommene Tatzeit und die Bestätigung zahlreicher Alibi-Zeugen.

Der Angriff auf das Alibi, wenn man es einmal so drastisch bezeichnen wollte, konnte somit nur über die Infragestellung der Tatzeit oder des in Frage kommenden Tatzeitraumes erfolgreich sein.

Die Soko ging davon aus, dass die Tat an jenem Sonntagnachmittag vor 16:30 Uhr begangen wurde. Zuletzt lebend gesehen wurde die Ermordete etwa um 15:20 Uhr. Wegen des nachgewiesenen Handy-Crashs um 15:48 Uhr und der Aussage eines Zeugen, der zeitnah einen markerschütternden Schrei gehört haben wollte, konzentrierte sich die Soko bei der Tatzeit auf diesen Bereich. Die Festlegung, dass der Mord nicht später als 16:30 Uhr geschehen sein konnte, stützte sich auf ein rechtsmedizinisches Gutachten, das sich mit der Verweildauer von Nahrung im Magen beschäftigte. Auf der Grundlage von Zeugenaussagen ging die Soko davon aus, dass Carolin G. am Tattag zuletzt gegen 12:30 Uhr beim Brunch etwas gegessen hatte. Mit dieser Information und dem Wissen um die Abläufe bei Verdauungsprozessen im Körper kam die Soko als spätesten Tatzeitpunkt auf 16:30 Uhr.

Innerhalb des engen Zeitrahmens zwischen der letzten Sichtung um 15:20 Uhr und dem errechneten Zeitpunkt um 16:30 Uhr hatte der Ehemann ein unantastbares Alibi: Er war als Zuschauer auf einem Fußballplatz, etwa zwanzig Kilometer vom mutmaßlichen Tatort entfernt. Viele Leute hatten ihn dort gesehen und bestätigten seine Anwesenheit.

Versetzen wir uns in die Aufgabe und Sichtweise des Analyseteams. Dessen Ermittler legten die größte Gewichtung auf das Spurenbild, das wesentlich durch die DNA des Ehemannes geprägt war. Eine völlig legitime Grundlage, zumal man sich dabei im objektiven, also unbeeinflussbaren, relativ wertfreien Bereich bewegte. Die Fremdspur am Körper der Ermordeten zählte zwar auch in diesen Bereich, wurde aber in der Gesamtbetrachtung in ihrer Bedeutung heruntergestuft, da sie nicht zwangsläufig als taterheblich angesehen wurde.

Blieben also noch drei wichtige Fragen, die es zu klären galt:

Konnte die letzte Nahrungsaufnahme des Opfers plausibel nachvollziehbar auf einen späteren Zeitpunkt korrigiert werden?

Ließ sich der Schrei, der von einem Spaziergänger gehört worden war, zeitlich relativieren?

War der Handy-Crash um 15:48 Uhr auf andere Weise als mit der Tat einhergehend erklärbar?

Bei der Beschäftigung mit der ersten Frage bewegte man sich sofort im spekulativen Raum. Wer wollte sicher ausschließen, dass das Opfer nicht doch nach 12:30 Uhr noch etwas gegessen hatte? Zeugen beim Brunch hatten zwar ausgesagt, dass die Frau zu dieser Zeit letztmals etwas Essbares zu sich genommen hätte. Aber weil niemand sie bis 15:00 Uhr lückenlos unter Beobachtung hatte, war denkbar, dass sie doch noch etwas gegessen hatte. Vielleicht beim Brunch, ohne dass jemand davon Notiz genommen hatte. Oder zuhause, vor dem Joggen. Zwar nach Aussage aus ihrem Umfeld unüblich, aber de facto nicht auszuschließen.

Im Übrigen handelte es sich bei den Aussagen der Rechtsmedizin zur Verweildauer der Nahrung um grundsätzliche Einlassungen. Im speziellen Fall konnte sie nicht exakt bestimmt werden. Die individuellen Faktoren waren ungewiss, nachdem die Frau erst nach vier Tagen gefunden worden war.

Jedenfalls konnte niemand mit Bestimmtheit behaupten, das Opfer hätte nach 12:30 Uhr nichts mehr gegessen.

Als Folge dieser Überlegungen konnte der Tod auch später als 16:30 Uhr eingetreten sein.

Was den Schrei anbetraf, hatte der Spaziergänger aus der sechsköpfigen Gruppe am *Silberbrunnen* zunächst zu Protokoll gegeben, ihn so kurz nach 15 Uhr gehört zu haben. Er trug keine Uhr bei sich, weshalb ihm als zeitliche Orientierung eine Mitteilung im Autoradio diente. Dort waren unmittelbar vor Aufbruch zum gemeinsamen Spaziergang die Fußballergebnisse der Zweiten Bundesliga genannt worden. Da der Zeuge davon ausging, dass die Zweitligaspiele um 13 Uhr beginnen, schätzte er den Zeitpunkt des »Todesschreis«, wie er ihn beschrieb, auf kurz nach drei. Tatsächlich begannen die Spiele jedoch eine halbe Stunde später, sodass die Ergebnisse um 15 Uhr noch gar nicht feststehen konnten. Deshalb ging die Soko davon aus, dass der Spaziergänger den Schrei nach 15:30 Uhr vernommen hatte.

Allerdings gab es, wenn man allen Zeugen Glauben schenkte, noch weitere Schreie an diesem Sonntagnachmittag. Und zwar zu unterschiedlichen Zeiten und offenbar an unterschiedlichen Orten.

Eine Hobbyfotografin auf Motivsuche schilderte einen Schrei, der ihr durch Mark und Bein gefahren sei. Den Zeitraum grenzte sie zwischen 14:50 Uhr und 15:10 Uhr ein, auf keinen Fall später. Ihr Begleiter bestätigte dies, sprach sogar von drei kurz aufeinanderfolgenden Schreien. Als möglichen Ort, aus dessen Richtung die Schreie kamen, nannten beide einen Waldparkplatz auf der Gemarkung Eichstetten, Luftlinie knapp anderthalb Kilometer südlich der Leichenfundstelle.

Zu diesem Hinweis schien ein anonymes Schreiben zu passen. Eine unbekannte Person schickte vier Tage nach dem Auffinden der Vermissten einen Brief an den örtlichen Polizeiposten. Darin behauptete sie, dass sie am Tattag zwischen 14:45 Uhr und 15:15 Uhr Schreie gehört habe. Dem Schreiben war ein Kartenausschnitt beigelegt, auf dem der unbekannte Absender eine Stelle markiert hatte, wo er die Wahrnehmung gemacht habe. Diese Stelle konnte mit den Äußerungen der Hobbyfotografin und ihres Begleiters in etwa in Einklang gebracht werden.

Die Pilzsammlerin, die gewissenhaft ihre Uhr im Auge behielt, hörte um kurz nach 16 Uhr zwei Schreie, die exakt aus dem kleinen Wäldchen neben dem Bestattungswald gekommen seien.

Zwei weitere Fragen grundsätzlicher Natur begleiteten das Analyseteam bei der Einordnung all dieser Wahrnehmungen. Kann man mit Gewissheit einen menschlichen Schrei von einem tierischen unterscheiden? Kann man einem Schrei das Prädikat »Todesschrei« zuschreiben, wenn man zuvor nie einen solchen gehört hat?

Als Fakt jedenfalls wurde angesehen, dass es an jenem Nachmittag mehrere Schreie gegeben hatte, die nicht alle zwangsläufig dem Verbrechen zugeordnet werden konnten. Auch nicht der, den der fußballinteressierte Spaziergänger gehört hatte und der in das Ablaufraster der Soko passte. Zu ungewiss erschienen seine Zeitschätzungen, basierend auf den verkündeten Fußballergebnissen aus dem Radio und den vagen Rückrechnungen unserer Ermittler.

Das Analyseteam kam zu dem begründeten Ergebnis, dass die Schreie zur Festlegung der Tatzeit oder wenigstens eines Zeitkorridors nicht geeignet waren.

Übrig war nun noch der Handy-Crash.
    Das war relativ einfach.

Die genaue Uhrzeit des nicht ordnungsgemäßen Abschaltvorgangs aus dem Mobilfunknetz stand mit 15:48 Uhr zwar fest, der Ort jedoch, an dem das Handy abrupt gecrasht wurde, konnte nicht bestimmt werden. Der Abstrahlungsbereich der Funkzellen war nicht eingrenzbar. Zudem konnte der plötzliche Funktionshingang tatsächlich auch aus anderen Gründen erfolgt sein. Es gab Zeugenaussagen, nach denen Carolin G. einige Zeit schon über Probleme mit ihrem Mobiltelefon berichtet hatte. Einem Bekannten, der sich damit etwas auskannte, hatte sie das Handy schon zur Begutachtung überlassen. Es war hin und wieder ohne ersichtlichen Grund vom Netz gegangen.

Der Handy-Crash musste also diesen Überlegungen folgend nicht bindend mit dem Tatgeschehen im Zusammenhang stehen.

Damit war aus Sicht des Analyseteams das Fundament, auf dem die Soko die Tatzeiteingrenzung aufgebaut hatte, ins Wanken geraten. Durch die Infragestellung der durch die Soko zusammengetragenen Fakten konnte hypothetisch die Tatzeit des Verbrechens in Richtung Abend verschoben werden. In einen Zeitraum, in dem der Ehemann kein eindeutig belegtes Alibi mehr hatte. Und nicht nur das: In einen Zeitraum, in dem er alleine unterwegs war, auch in der Nähe des Wäldchens, und laut eigener Aussage nach seiner verschwundenen Frau gesucht hatte.

29

Die dominante Spurenlage, flankiert von der neuen Situation, dass der Ehemann doch kein Alibi haben könnte, musste zwangsläufig Konsequenzen haben. Das Analyseteam baute eine alternative Hypothese auf, deren Aussicht auf Klärung des Falles allerdings zwei kritische Punkte weitestgehend offenließ.

Da war zum einen das Motiv. Durfte man allein durch die Tatsache, dass es sich bei dem Opfer um eine sehr attraktive und lebensbejahende Frau handelte, Eifersucht als Grund für ein derart schlimmes Verbrechen herleiten? Sicher war das möglich. Müsste es da aber nicht wimmeln vor lauter Beziehungstätern, die zugegebenermaßen einen sehr hohen Anteil an den Gewaltdelikten gegen Frauen haben? Die Operative Fallanalyse (OFA) hatte dieses Motiv ausdrücklich ausgeschlossen.

Der zweite Knackpunkt waren die Lichtverhältnisse. Wie hatte der Täter zur jetzt im Raum stehenden Tageszeit die Tat überhaupt begehen können? Zu dieser Uhrzeit war es im November stockdunkel, die Sicht extrem schlecht. Vor allem in dem kleinen Wäldchen, trotz wenig Laub an den Bäumen, bei knappem Halbmond unter einem wolkenbedeckten Himmel

Meine Kollegen hatten anhand des astronomischen Kalenders festgestellt, dass die Sonne an einem bestimmten Tag Mitte Januar 2017 nahezu zur exakt gleichen Zeit untergehen würde, wie am Tag der Tat – mit einer Abweichung von lediglich ein bis zwei Minuten. Am Fundort und in dessen näheren Bereich hatte man sich am 12. Januar, einem ebenfalls regnerischen Tag, persönlich von den Lichtverhältnissen überzeugt. Ab 17:15 Uhr konnte man mit bloßem Auge nichts mehr sehen. Vor allem nicht an der direkten Fundstelle. Ein zielgerichtetes Handeln ohne externe Lichtquelle war als unmöglich erschienen.

Ausgehend von einer unterstellten Beziehungstat stellte sich schlüssiger Weise die Frage nach einem möglichen Tatwerkzeug. Die Kollegen des

Analyseteams vermuteten in ihrer These keine geplante und vorbereitete Tat. Somit musste der Gegenstand, der von der Rechtsmedizin als eine Art Eisenstange bezeichnet wurde, im alltäglichen Gebrauch zur Verfügung stehen.

Die Gerichtsmediziner hatten anhand der Verletzungsmuster ihren gutachterlichen Standpunkt hinsichtlich der Eisenstange noch präzisiert und das unbekannte Werkzeug an zumindest einem Ende als vermutlich gebogen beschrieben.

Obwohl die Soko sicher davon ausgehen konnte, dass das Opfer zur Tatzeit zu Fuß unterwegs war, hatte man als Standardmaßnahme bereits früh dessen Auto samt Kofferrauminhalt und Bordwerkzeug kriminaltechnisch untersuchen lassen. Außer einem Laubblatt im Fußraum war nichts Bemerkenswertes festgestellt worden.

Unter Annahme einer womöglich späteren Tatzeit durch das Analyseteam wurde nun der Radmutternschlüssel mit seinem gebogenen Kopf zusätzlich beim Landeskriminalamt auf relevante Spuren untersucht. Hätte man dabei beispielsweise Blut des Opfers gefunden, wäre die Hypothese »Beziehungstat« weiter in den Vordergrund gerückt.

Nach eingehender Überprüfung, und per Eilmeldung aus Stuttgart mitgeteilt, konnte der Radschlüssel als Tatwerkzeug zweifelsfrei ausgeschlossen werden.

Das Laubblatt, das im Geländewagen des Opfers im Fußraum aufgefunden worden war, hatte – wie viele Dinge in jenen Tagen – ebenfalls die Reise zum Kriminaltechnischen Institut nach Stuttgart angetreten. Es sollte überprüft werden, um was für ein Blattmaterial es sich handelte und ob es möglicherweise aus dem kleinen Wäldchen stammen könnte.

Bei der KTI-Fachgruppe »Biologie« hatte sich die morphologische Zuordnung zunächst als schwierig erwiesen. Das Blatt gehörte offensichtlich nicht zu den am Fundort wachsenden Buchen, Eschen oder Ahornbäumen, sondern eher zu einer eingepflanzten und nicht in Mitteleuropa beheimateten Art.

Die Überprüfung mit Vergleichs-Blattmaterial vom Leichenfundort zeigte keine Übereinstimmung
Das Laubblatt war somit unbedeutend.

Der 17. Januar 2017, ein sehr kalter Dienstag, war Tag Nummer 72 nach dem Mord an der Joggerin. Zu diesem Zeitpunkt bearbeitete die Sonderkommission 1.800 Spuren und Hinweise.

In den Abendstunden klingelte bei Thomas das Telefon. Der Leiter des Kriminaltechnischen Instituts kündigte ein E-Mail aus Stuttgart an. Die nüchterne Nachricht erreichte wenige Minuten später die Soko Erle.

***

Drittes Kapitel:

DIE WENDE

1

Der Inn ist 517 Kilometer lang und führt durch die Schweiz, Deutschland und Österreich. Bei normalem Wasserstand ist er, mit regionalen Unterschieden, zwischen zwei und fünf Meter tief. Seine Breite in Tirols Stadtgemeinde Kufstein variiert. Gut sechzig Meter flussaufwärts von der Stelle, an der am Morgen des 12. Januar 2014 die Leiche der französischen Austauschstudentin an der Inn-Promenade gefunden wurde, ist er etwa 100 Meter breit.

Die Eisenstange lag in ungefähr vier Meter Tiefe im seichten Flussgrund, zwanzig Meter vom Ufer entfernt.

Man mag vielleicht sagen, dass es selbstverständlich gewesen sei, den Fluss nach dem Tatwerkzeug abzusuchen. Tatsächlich aber hatte man keine Vorstellung, wie dieses Tatmittel aussehen sollte. Man wusste auch nicht, ob der unbekannte Täter es weggeworfen, versteckt, entsorgt oder mitgenommen hatte. Am wahrscheinlichsten schien, dass er es nach der grausamen Tat nicht unnötig lange bei sich herumtragen würde. Andererseits musste er einkalkulieren, dass das Werkzeug mit Spuren behaftet sein könnte, die zu ihm führen würden. Schließlich hatte er die Eisenstange benutzt, in den Händen gehalten, am Körper getragen.

Die Überlegungen der österreichischen Kollegen konzentrierten sich somit darauf, dass der Täter das Tötungswerkzeug zunächst vom direkten Tatort mitgenommen hatte, um es dann möglichst bald aus seiner Sicht zuverlässig zu entsorgen.

Was lag näher als der Inn?

Die herausragende Leistung der Taucher des Einsatzkommandos »Cobra West«, die zwei Tage nach dem Auffinden der Leiche in einer mehrstündigen Tauchaktion bei meist weniger als zwei Meter Sichtweite eine knapp sechzig Zentimeter lange Eisenstange vom Grund des Inn fischten, erfuhr durch die österreichischen Kriminaltechniker eine wegweisende Krönung. Es gelang ihnen, an der Stange Blut-Antragungen des Opfers nachzuweisen. Und das, obwohl das Teil gut zwei Tage im fließenden Wasser gelegen hatte.

Man hatte die Tatwaffe gefunden.

Fremde DNA-Spuren konnten an ihr nicht festgestellt werden, sehr wohl aber an einer Zigarettenkippe. Sie gehörte dem Opfer und war am Tatort aufgefunden worden. Man fand daran DNA des Opfers und auch fremdes Gen-Material. Eine unbekannte Person musste auf irgendeine Weise Kontakt mit der angerauchten Zigarette gehabt haben. Es war zwar kein vollständiges Erbgutmuster, das an der Kippe nachgewiesen werden konnte, aber allemal zu Vergleichszwecken geeignet. Überdies fanden sich die gleichen DNA-Merkmale am Körper des Opfers. Da sich die junge Frau in der Tatnacht ohne Begleitung auf den Weg gemacht hatte, stufte man die Spur als zwingend tatbedeutend ein. Sie musste vom Mörder stammen.

In den einschlägigen Datenbanken wurde keine Übereinstimmung mit erfassten Straftätern festgestellt. Weil dies auch nach langen, umfangreichen Ermittlungen der österreichischen Behörden noch der Fall war, schlummerte die unbekannte »Zigarettenstummel-Spur« drei Jahre vor sich hin.

Die Kollegen aus dem Nachbarland hatten sich schon Ende November 2016 gemeldet. Ohne konkreten Beleg sahen sie gewisse Parallelen zwischen der Endinger Tat, dem Mord an der Dreisam und ihrem seit langem ungeklärten Mord am Inn-Ufer.

Man tauschte alle wichtigen Informationen aus und suchte nach konkreten Überschneidungen.

Als wichtigsten Auftrag brachte man den direkten Vergleich der Endinger Spur »C.G.10.4« mit der Zigarettenstummel-Spur aus Kufstein auf den Weg.

2

Gedanken an das Landeskriminalamt Baden-Württemberg mit Sitz in der Landeshauptstadt Stuttgart versetzen mich noch immer für einige Momente zurück in die 70-Jahre des vergangenen Jahrhunderts. Damals, in den Anfängen meines Polizistendaseins und während der Hochkonjunktur der gefürchteten Roten Armee Fraktion (RAF) mit ihren tödlichen Terrorakten, streifte ich im Rahmen des Objektschutzes mit anderen jungen Mitstreitern sorglos, wie junge Männer nun mal sind, um den Trakt herum. Was wir gemacht hätten, wenn es tatsächlich einen Anschlag gegeben hätte, wusste vermutlich keiner von uns. Weder Ausstattung noch Ausbildung wären seinerzeit für eine effektive Abwehr geeignet gewesen.

Das Würfelgebäude mit der eher schmucklosen dunklen Fassade, aber den markanten orangefarbenen Fensterrahmen, hat sich in den vierzig Jahren seither nicht verändert. Sogar die schlanken, runden und mehrere Meter hohen Stelen an der Südseite, wo ein Fußweg zum Landesamt für Verfassungsschutz führt, stehen noch immer dort und lassen den Betrachter bis heute über den Sinn der aufgemalten kryptischen Zeichen im Ungewissen.

Das im Rahmen eines sogenannten »Spur-Spur-Vergleichs« zu untersuchende Material befand sich im ersten Stock in der Obhut der Molekularbiologin Dr. Tina W.

Unter insgesamt 270 Mitarbeitern des Kriminaltechnischen Instituts war sie im Rang einer Regierungsrätin innerhalb des Fachbereichs »Molekulargenetische Untersuchungen« zuständig für die Auswertung von DNA-Sekretspuren.

»Spur-Spur-Vergleich« hieß also: Abgleich der Teilbefunde aus der Endinger Spur »C.G.10.4« mit dem männlichen Fremdanteil an der Kufsteiner Zigarettenkippe.

Aus den Spurenbefunden hatte die Wissenschaftlerin im Endinger Fall schon zu einem früheren Zeitpunkt männliche Erbfragmente ableiten und DYS-Merkmale bestimmen können.

Von ihrer österreichischen Kollegin, mit der sie fallbezogen engen Kontakt hatte, war ebenfalls ein männlicher Teilbefund mit DYS-Merkmalen herausgearbeitet und definiert worden.

Die Expertinnen tauschten in einem gegenseitigen Abgleich die jeweiligen Fremdanteile und die zuvor bestimmten DYS-Merkmale aus und überprüften sie auf Übereinstimmung. Die beiden DNA-Sachverständigen kamen in ihrer Gesamtschau zum exakt gleichen Ergebnis.

Frau Dr. Tina W. setzte sich an ihren Computer und schrieb an die Soko Erle.

Thomas las die E-Mail aus Stuttgart mehrmals Wort für Wort durch. Sie war in wissenschaftlicher Sprache verfasst, für einen Laien nicht unbedingt beim ersten Lesen umfassend verständlich. Beim zweiten auch noch nicht – vielleicht beim dritten. Thomas war zwar kein Fachmann, aber beileibe auch kein Laie. Zwei Worte innerhalb der Zeilen stachen ihm sofort ins Auge und gewannen mit jedem Mal, da er die E-Mail las, an Bedeutung.

Den Anderen erging es gleichermaßen. Auch sie lasen die trocken abgefasste Mitteilung im Computer-Postfach aufmerksam und mit höchstem Interesse durch. Immer wieder. Und auch ihr Blick wurde von den beiden Worten in der Mail wie magisch angezogen:

»... *stimmen überein.*«

3

Bei den dogmatischen Befürwortern der These »Beziehungstat« löste die Nachricht über den Tatzusammenhang mit dem Mord am Inn einen spontanen Reflex aus. Gab es von der Spur Nr. 2 ausgehend einen Bezug zu Kufstein?

Ein völlig paradoxer Reflex, denn nun war ja erwiesen, dass die Spur am Körper von Carolin G. zu dem unbekannten Täter in Österreich gehörte. Und da sie nicht zum Ehemann der getöteten Joggerin passte, erübrigte sich die Frage – er konnte nicht der Täter sein. Trotz der Spurenlage an der Opferkleidung. Was manche Befürworter aber immer noch nicht vom Befürworten abhielt.

Mit dem Ausschluss des Ehemanns als Tatverdächtiger musste es nun doch irgendeine Interpretation für diese belastenden Spuren geben. Aber sie blieb zunächst aus.

Einen allgemeinen Erklärungsansatz für ein derartiges Spurenbild lieferten Molekularbiologen später unter dem Hinweis, dass dieser wissenschaftlich nicht in letzter Konsequenz erwiesen sei: Im Kontakt mit Ihrer Umwelt, so die Experten, hinterließen manche Menschen deutlich häufiger ihre DNA in Form von winzigen Hautschuppen oder minimalsten Schweißausdünstungen als andere. Diese Erklärungsvariante könne jedoch deshalb nicht wissenschaftlich belegt werden, weil die Menge von Hautschuppen und Schweiß, die von Menschen abgesondert werden, von der jeweils augenblicklichen körperlichen Verfassung abhängig ist. Ein »guter Spurenleger« ist man demnach nicht jeden Tag, sondern es hängt von verschiedenen Faktoren ab. Zum Beispiel von der Ernährung, der Umgebung, von Umwelt- und Wettereinflüssen, der Bekleidung oder ganz allgemein vom körperlichen Zustand.

Trotz der an sich schlüssigen Interpretation entlockte die außergewöhnliche Spurensituation einem Biologen des Kriminaltechnischen Instituts eine knappe Äußerung, die letztlich das Vorgehen des Analyseteams und dessen Folgen ins rechte Licht rückte:

»So eine Konstellation hab ich in dreißig Berufsjahren noch nicht erlebt.«

Für die Soko war jedenfalls klar: Man suchte einen Unbekannten, der in ähnlicher Weise drei Jahre zuvor eine junge Frau getötet hatte. Vermutlich hatte er keine Vorbeziehung zum Opfer.
Aber vielleicht eine nach Österreich.

Der Hinweis kam von einer Frau.
Er kam am selben Tag, an dem wir folgende Pressemitteilung veröffentlichten:

»Möglicher Tatzusammenhang mit Tötungsdelikt in Österreich vor drei Jahren
Nach aktuellem Stand gehen die Ermittler der Soko Erle davon aus, dass das Tötungsdelikt an der 27-jährigen Joggerin aus Endingen am 6. November 2016 in Tatzusammenhang mit dem Tötungsdelikt an einer 20-jährigen Studentin in der Nacht zum Sonntag, 12. Januar 2014, im österreichischen Kufstein/Tirol steht.
Die junge Frau, eine französische Austausch-Studentin aus Lyon, war damals alleine gegen Mitternacht an der Inn-Ufer-Promenade zu Fuß unterwegs zu zwei Freundinnen, als sie von einem Unbekannten angegriffen und mit einer Eisenstange erschlagen wurde. Auch sie wurde Opfer eines Sexualdeliktes. Trotz intensiver Ermittlungsarbeit gelang es den österreichischen Fahndern bislang nicht, einen Tatverdächtigen zu ermitteln.
Nun ergaben kriminaltechnische Abgleiche von täterbezogenen Spuren aus den beiden bisher ungeklärten Fällen in Endingen und Kufstein eine derartige Übereinstimmung, dass sowohl die deutschen als auch die österreichischen Ermittlungsbehörden davon ausgehen, dass beide Taten mit hoher Wahrscheinlichkeit vom gleichen Täter begangen wurden.

Durch diese neuen Erkenntnisse bieten sich für die Ermittler aus beiden Ländern Ermittlungsansätze, die vor allem darauf abzielen, welchen Bezug der unbekannte Täter zu den beiden Tatorten Endingen und Kufstein haben könnte.

Bei der Tat in Österreich vor drei Jahren benutzte der Täter als Tatwaffe eine Eisenstange, die bei hydraulischen Hebesystemen zum Einsatz kommt, zum Beispiel bei hydraulischen Hubwagen oder zum Abkippen von Lkw-Führerkabinen.

Auch das 27-jährige Opfer in Endingen wurde mit einem Gegenstand – vermutlich einer Eisenstange – erschlagen.

Alle weiteren Maßnahmen erfolgen nun in enger Zusammenarbeit zwischen den deutschen und den österreichischen Behörden.

Stand: 26. Januar 2017, 10:00 Uhr«

Im Eiltempo wurde die Pressemeldung von den Medien verbreitet.

Die Zeugin meldete sich am späten Nachmittag und nannte uns den Namen eines Mannes, der Verbindungen nach Österreich habe und außerdem dem Phantombild sehr ähnlich sehe.

Dem Phantombild?

Der Kollege der Hinweisaufnahme zögerte einen Augenblick. Dann ahnte er, worum es ging und fragte nach. Und erhielt die Bestätigung.

»Das Phantombild aus Österreich. Ich hab' auf Youtube die XY-Sendung von damals angeschaut. Der Mann mit dem gelben Pullover oder Shirt. Der sieht genauso aus.«

Die Tiroler Kollegen hatten anhand des Hinweises einer Zeugin ein Phantombild anfertigen lassen. Ihr war in der Tatnacht im Januar 2014 kurz nach Mitternacht an der Inn-Promenade ein verdächtiger Mann aufgefallen.

Wir wussten von der Existenz dieses Phantombildes. Wir wussten aber auch, dass die österreichischen Ermittler in der Nachbetrachtung nicht sonderlich glücklich waren über ihre damalige Entscheidung, das Bild zu veröffentlichen. Die abgebildete Person wies zu wenige markante Merkmale auf, was zu einer Flut von unbrauchbaren Hinweisen führte, die unnötig Ressourcen banden. Das Gesicht des abgebildeten Mannes konnte sehr vielen Personen zugeschrieben werden und veranlasste zahlreiche Menschen, bei der Tiroler Polizei anzurufen. Nicht ein einziger solcher Hinweis war in jener Zeit erfolgversprechend gewesen.

Interessant an der Mitteilung der deutschen Zeugin war nicht nur der von ihr angesprochene Bezug nach Österreich. Vielmehr stutzten meine Kollegen beim Namen des Mannes, der dem Phantombild so sehr ähneln sollte. Sie kannten ihn. Es war der in Wien geborene Mann, der sich ein paar Tage vor dem Kaiserstuhl-Mord in einer Endinger Einliegerwohnung eingemietet hatte und auf den ein zunächst anonymer Anruf eingegangen war. Zwischenzeitlich war es bereits der dritte Hinweis auf ihn. Den Mann mittleren Alters hatten wir bereits im November überprüft und im Auge behalten. Er hatte kein Alibi für den Tatnachmittag, und er hatte die freiwillige Speichelprobe verweigert. Von der Soko war er in der Gesamtbewertung dennoch als wenig tatverdächtig eingestuft worden. Das änderte sich auch nach dem erneuten Hinweis auf ihn kaum. Aber man nahm sich der unerledigten Spur wieder intensiver an.

Das Problem, das die Tiroler Ermittler mit dem doch recht allgemein ausgestalteten Phantombild hatten, begegnete nun auch den deutschen. Eine Ähnlichkeit mit dem Österreicher konnte man erkennen, wenn man wollte. Wenn man es nicht wollte, sahen sich die beiden Personen überhaupt nicht ähnlich.

Vor der Wand im Soko-Raum, an dem mittlerweile auch das Phantombild hing, wollte ich mich persönlich davon überzeugen. Es war in einfacher Darstellungstechnik gehalten, und die Gesichtszeichnung war auf wenige Informationen reduziert. Das Bild zeigte einen Mann vermutlich mittleren Alters. Er trug ein nasenbreites Schnauzbärtchen und eine Brille. Die dahinterliegenden Augen erschienen auf dem Bild leicht zusammengekniffen. Eine dunkle Kopfbedeckung, über die Ohren gezogen und bis zu den Augenbrauen hinunterreichend, ließ alle darüber liegenden Merkmale im Verborgenen. Mit viel Fantasie und gutem Willen konnte ich tatsächlich eine Ähnlichkeit mit dem Österreicher erkennen, dessen Facebook-Profilbild ebenfalls an der Wand hing. Als ich meine Fantasie etwas zügelte und den guten Willen gegen leichtes Misstrauen tauschte, sah ich auf den Bildern zwei völlig verschiedene Männer.

Während ich meinen Blick zwischen den Bildern an der Wand hin und her wandern ließ, stellte sich Tine neben mich. Sie hatte im Einsatzabschnitt »Digitale Spuren« den Auftrag, das Facebook-Profil des verdächtigen Österreichers zu sichten und auszuwerten.

»Wenn du mich fragst«, begann sie, ohne dass ich sie gefragt hätte, »ich erkenne da nicht die Bohne einer Ähnlichkeit.«

Ich verglich noch einmal. »Ja, schwierig. Das Phantombild gibt nicht viel her.«

»Das Phantombild nicht, aber etwas anderes.« Sie wandte sich zurück zu ihrem Arbeitsplatz. »Komm mit, ich zeig' dir was.«

Tine setzte sich vor ihren Computer und tippte auf der Tastatur. Neben ihr gab es keinen freien Stuhl, weshalb ich vor dem Tisch in die Knie ging, um auf den Bildschirm sehen zu können.

»Das ist sein Account«, sagte die Ermittlerin, »schau dir mal die Bilder an.«

Ich rückte etwas näher. Das Hintergrundbild zeigte den Österreicher mit zwei weißen Hasen und einem Selfie.

Auf dem nächsten Bild fand sich eine Todesanzeige.

»Sein Vater«, erklärte Tine, »das war ein paar Tage vor der Tat. Deshalb sei er so durcheinander gewesen an dem Tag, als er der Zeugin auffiel. Hat er uns gesagt.«

Dann das Bild einer wunderschönen Bengalkatze und mein fragender Blick an Tine.

»Das hat er am Abend des Mordes geteilt.« Sie zuckte mit den Schultern.

Die weiteren Bilder zeigten ein Eichhörnchen, einen Sonnenuntergang, weitere weiße Hasen mit schwarzen Ohren, den Österreicher selbst als Hase geschminkt, den Österreicher mit weißer Gesichtsmaske, ein Hallenbad, mehrere Wasserfälle, eine Neujahrspostkarte, zwei junge Mädchen, einen Google-Map-Spot im Schwarzwald, die französische Nationalflagge, einen Rennwagen, ein Landschaftsfoto, zwei aus einem Tümpel herausragende Fäuste mit hochgereckten Daumen, einen Fluss, einen surrealen Berg und ein Schaf mit einem Hunde-Maulkorb.

»Na, was meinst du zu den Bildern?«

»Ziemlich abgefahren«, antwortete ich.

»Ist dir nichts aufgefallen?«

Ich überlegte.

»Das Landschaftsbild«, half Tine nach. »Moment …« Sie drückte ein paar Tasten und dann erschien das Bild großflächig im Breitformat auf dem Bildschirm. »Ist ein Panorama-Bild«, erklärte sie, »interessant, oder? Ich hol' mal zwei Kaffee.«

Ich betrachtete das Bild, und erst jetzt klickte es bei mir. Die Aufnahme war von einem Rebberg aus gemacht. Weil es als Panorama-Aufnahme gefertigt war, stimmten die Proportionen nicht. Das Foto beherrschend, waren ein paar nebeneinanderliegende Rebstücke zu sehen. In der Ferne eine gemäßigte Berglandschaft. Im Vordergrund mehrere Rebzeilen, flankiert von einem befestigten Weg zur Rechten und einem grasüberwucherten Feldweg zur Linken.

Tine kam zurück. »Zucker und Milch?«

Meine Antwort passte nicht ganz. »Das ist Carolins Panorama-Bild! Ich fass' es nicht! Wie kommt das Bild auf diesen Account?«

Wir konnten mit letzter Gewissheit nicht ermitteln, von wo aus das Panorama-Bild des Österreichers tatsächlich aufgenommen worden war. Mit ziemlicher Sicherheit stammte es vom Kaiserstuhl. Darin waren wir uns einig. Aber die exakte Stelle, von der aus der Kameraschwenk erfolgt war, konnten wir nicht bestimmen. Das Landschaftsbild enthielt die gleichen Motive wie das von Carolin gefertigte Foto. Trotz der verblüffenden Ähnlichkeit war allerdings nach kurzer Analyse rasch klar, dass es sich um zwei verschiedene Aufnahmen handelte.

Dennoch war der Mann wegen der merkwürdigen Gesamtumstände in den Beschuldigten-Status eingestuft worden und wurde exakt damit konfrontiert. Im Beisein seines Rechtsanwalts blieb er bei seinen Aussagen, die er bereits im November als Zeuge gemacht hatte. Er bestritt, mit dem Mord an der Joggerin etwas zu tun zu haben. Ein Alibi hatte er noch immer nicht.

Die Erhebung seiner Speichelprobe, die er bisher auf freiwilliger Basis abgelehnt hatte, wurde richterlich angeordnet. Von seinem Beistand beraten, ließ er den Mundhöhlenabstrich ohne Zwangsmaßnahme durchführen.

Der Vergleich seiner DNA mit der Spur »C.G.10.4«, die identisch war mit der Täterspur aus Kufstein, wurde in Auftrag gegeben.

4

Unsere Mitteilung an die Öffentlichkeit, dass der Mörder von Endingen vermutlich auch eine Frau in Kufstein getötet hat, löste eine neue Welle von Hinweisen aus.

Wir erhielten zahlreiche Mitteilungen zu Personen, die entweder als Deutsche einen Bezug zu Österreich hatten oder im umgekehrten Fall sich als Österreicher in Deutschland aufhielten. Es war beachtlich, wie oft es eine solche Konstellation gab. Sehr viele Hinweise galten Fahrzeugen mit österreichischen Zulassungen. Da man üblicherweise nicht darauf achtet, war es erstaunlich zu erfahren, wie viele österreichische Autos offenbar am Kaiserstuhl unterwegs sind.

Viele Bürger nannten uns deutsche Speditionen, deren Lkw möglicherweise zu Fahrten nach Österreich eingesetzt würden. Andere wiederum wiesen auf österreichische Firmen hin, die Touren nach Baden-Württemberg, Südbaden oder gar in die Kaiserstuhl-Region fuhren.

Obwohl wir das österreichische Phantombild aus guten Gründen nicht veröffentlicht hatten, bezogen sich eine Menge der Hinweise genau darauf. Die Menschen nutzten das Internet, fanden die Berichterstattungen über den Kufsteiner Mord und stießen unweigerlich auf das damals publik gemachte Phantombild. Das *World Wide Web* vergisst nichts. Die Zeichnung ließ wegen der recht allgemein gehaltenen Abbildung des unbekannten Tatverdächtigen jeglichen Spielraum zu, um sie auch nur entfernt ähnlich aussehenden Personen zuzuschreiben. Und diese Ähnlichkeiten unterlagen völlig unterschiedlichen, subjektiven Betrachtungsweisen. Dadurch schnellte die Zahl der Hinweise abrupt in die Höhe und bescherte den deutschen Ermittlern die gleiche Erfahrung, wie sie ihre österreichischen Kollegen Jahre zuvor schon gemacht hatten.

Dennoch, jeder Hinweis wurde ernstgenommen, als Spur angelegt und bewertet. Auch wenn er, wie in einem Beispiel, nur aus der knappen Mitteilung bestand: »Ende November oder Anfang Dezember ist vor mir ein Mann gelaufen, der hat zu siebzig Prozent so ausgesehen wie der auf dem Phantombild.«

Unsere Pressemeldung war vormittags um 10 Uhr rausgegangen. Sämtliche Presseorgane mit Online-Auftritten hatten sie – dem medialen Konkurrenzkampf und dem Bestreben entsprechend, sie vor allen anderen zu veröffentlichen – zeitnah auf ihren Portalen platziert.

Somit ging am 26. Januar 2017 und in der nahen Folge eine wahre Flut von Mitteilungen aus der Bevölkerung ein.

Ein Fahrzeug mit Kufsteiner Zulassung wurde als dunkler, großer Lkw beschrieben. Der sei im Spätsommer des Jahres 2016 mehrfach an Wochenenden, während des Lkw-Fahrverbotes, in Endingen abgestellt gewesen. Der Hinweisgeber war sich wegen des Kennzeichens ganz sicher, da er selbst schon in Kufstein seinen Urlaub verbracht habe. Eine Person könne er jedoch mit dem Fahrzeug nicht in Verbindung bringen.

Auf dem Parkplatz einer benachbarten Winzergenossenschaft nahe Endingen sollen regelmäßig Tanklastzüge mit österreichischen Kennzeichen stehen. Auch an Wochenenden.

Ein österreichisches Transportunternehmen, so ein weiterer Hinweis, buche bei einer branchenbekannten Agentur regelmäßig Lkw-Stellplätze für Zugverladungen zwischen Italien und Deutschland. Das Unternehmen sei direkt bei Kufstein angesiedelt und habe in der Vergangenheit auch schon Plätze für Verladungen nach Freiburg disponiert.

Moment: Hatte die Person, die auf einen dunklen, großen Lkw mit österreichischem Kennzeichen hingewiesen hatte, nicht erwähnt, dass sie selbst schon in Kufstein im Urlaub gewesen war? Machte das auch sie verdächtig?

Wir wussten, dass Kufstein seit jeher ein beliebtes Ziel deutscher Urlauber ist. Wir ahnten allerdings nicht, wie viele Menschen aus unserer Region dort ein paar schöne Tage verbringen. Durch die Zeugenhinweise erfuhren wir es von einigen. Die Dunkelziffer dürfte weitaus höher sein.

Interessante Verbindungen zwischen den beiden Ländern Österreich und Deutschland, so eine andere Info über unser Hinweistelefon, gebe es über das *Erasmus-Programm*, ein Förderprogramm der Europäischen Union zu gegenseitigen Auslandsaufenthalten von Studierenden und Uni-Mitarbeitern. Die junge Französin, die umgebracht wurde, sei doch als Austauschstudentin in Kufstein gewesen …

Ein 57-jähriger Mann aus Endingen, der üblicherweise immer durch extrovertiertes Auftreten auf sich aufmerksam gemacht habe, sei am Tage nach dem Mord merkwürdig zurückhaltend gewesen. Auch habe er an jenem Tag im Gesicht ein frisches Pflaster und kleinere Verletzungen gehabt. Damals hätte man das nicht gemeldet. Aber jetzt habe man die Ähnlichkeit mit dem Phantombild festgestellt. Außerdem sei der Mann auch schon in Kufstein gewesen. Das wisse man sicher.

Mit einer Übereinstimmung von fünfundachtzig Prozent beschrieb eine andere Zeugin einen ihr unbekannten Mann, der eine Woche nach dem Mord mit einem älteren Damenfahrrad am Brunnen in Endingen und kurz darauf auch am Erleweiher an ihr vorbeigefahren sei. Der Mann habe eine hellgraue Hose, eine braune Jacke und eine schwarze Mütze getragen und sich plötzlich auffällig weggedreht.

Mit einer Entschuldigung begann die schriftliche Mitteilung eines weiteren Hinweisgebers, der nach eigenem Bekunden lange mit sich gerungen hatte, ob er sich melden solle. Seine These schaffte auf Grundlage der Übereinstimmung der ersten drei Buchstaben eine Verbindung zwischen dem Kaiserstuhlort Endingen und dem Kufsteiner Stadtteil Endach, die den unbekannten Täter inspiriert haben könnte. Basierend auf dieser Überlegung sei ihm aufgefallen, dass der Tatort in Kufstein unweit des Stadtteils Endach liege. Dort gäbe es auch ein Logistik-Unternehmen. Ein Mitarbeiter habe große Ähnlichkeit mit dem Phantombild. Und nicht nur das. Dieser Mann, dessen vollständigen Namen uns der Mitteiler nannte, sei innerhalb des Unternehmens für Deutschland zuständig und pendle zwischen den beiden Ländern hin und her.

Der Zeuge hätte sich genauso wenig für seinen Hinweis entschuldigen müssen, wie die Frau, die in einer spirituellen Mediumssitzung eine Eingebung bekommen habe.
Der Schlüssel zur Klärung des Falles liege im Bereich des Endinger Minigolfplatzes, teilte sie uns mit. Dort sei der Täter gewesen. Er arbeite auf Rummelplätzen und es gäbe einen Zusammenhang mit einem Riesenrad, den sie aber nicht näher erklären könne. Der Mann habe an der linken Hand eine Tätowierung.
Bei diesem Hinweis gab es – man mochte fast sagen ausnahmsweise – keine Ähnlichkeit mit dem Phantombild. Der Unbekannte wurde nämlich als dunkelhäutig und von arabischem Aussehen beschrieben.

Ebenfalls keine Ähnlichkeit, dafür aber einen konkreten Bezug nach Deutschland, gab es bei einem 63-jährigen Tiroler, der im November 2016 mit seinem Fahrrad in Österreich aufgebrochen war, um seine

Freundin im Schwarzwald zu besuchen. Der Mann mit dem alten Rad fiel in einer kleinen Stadt im Schwarzwald-Baar-Kreis offenbar als Wohnsitzloser auf. Als die Verbindung der Endinger Tat mit Kufstein ruchbar gemacht wurde, kam der Hinweis an die Soko.

Der Mann wurde im Stadtgebiet aufgespürt und von unseren Kollegen der Kripo Tuttlingen überprüft.

Eine abstruse Geschichte trat zutage.

Die Freundin, die er im Schwarzwald besuchen wollte, habe er vor fünfundfünfzig Jahren kennengelernt. Er sei damals acht Jahre alt gewesen, seine Freundin achtundzwanzig. Allerdings habe er sie in seinem Leben bislang nur ein einziges Mal gesehen, eben an jenem Tag vor einem halben Jahrhundert. Er nannte uns ihren vollständigen Namen und erklärte recht überzeugend, dass er mit der zwanzig Jahre älteren Frau seinerzeit eine »mentale Kommunikation« aufgebaut habe, die, mit Unterbrechungen, über die Jahrzehnte hinweg bis in die Gegenwart andauere. Über diese geistige Verbindung habe er auch erfahren, dass sie inzwischen im Schwarzwald lebe. Er wisse nicht, wo genau sie wohne und auch nicht, wie sie aussehe. Aber die Suche nach ihr wäre sein ganzer Lebensinhalt.

Die Ermittlungen ergaben, dass der höflich und bescheiden auftretende Mann seit vielen Jahren mittellos in einem alten, geerbten Haus in Tirol wohnte. Er galt als beliebter Einzelgänger, stets freundlich und zurückhaltend, niemandem etwas Böses wollend. Da er keine staatliche Unterstützung bezog, bestritt er seinen Lebensunterhalt durch Spenden und lebte von den Dingen, die die Menschen ihm vor die Tür legten. Kleider, Essen, bisweilen etwas Geld. Als man Ende November 2016 bemerkt hatte, dass die Sachen vor seiner Tür seit Tagen unberührt blieben, sah man im Haus nach. Es war leer.

Der Eremit blieb tagelang verschwunden, mit ihm sein Fahrrad. Von Amts wegen wurde er Anfang Dezember von den österreichischen Behörden als vermisst gemeldet.

Im Rahmen seiner Forschungstätigkeit im Bereich der Transkommunikation nannte uns ein Zeuge den Namen des mutmaßlichen Täters.

Unter Transkommunikation versteht man alle Methoden der Kontaktaufnahme zu anderen Bewusstseinsbereichen. Früher verwendete man Tonbandgeräte zu einer solchen Kontaktherstellung. Heutzutage gibt es modernere Möglichkeiten.

Der Zeuge beschrieb uns sein aktuelles Vorgehen. Wir folgten gespannt seiner Schilderung.

In einer ruhigen Umgebung habe er sein Tonaufzeichnungsgerät vorbereitet und dann seine Frage in das betriebsbereite Mikrofon gesprochen.

»Wer hat die Joggerin am Kaiserstuhl umgebracht?«

Nach der Frage habe er das Gerät noch eine Weile auf Aufnahmebetrieb belassen. Er selbst sei dabei ganz still gewesen. Danach habe er die Aufzeichnung gestoppt und an den Anfang zurückgespult, um sich das Aufgenommene wiedergeben zu lassen.

Zunächst habe er, wie zu erwarten, seine ins Mikro gesprochene Frage gehört. Dann sei es kurz ruhig gewesen. Im Anschluss daran jedoch, dort, wo er vorher nichts als Stille aufgenommen und auch selbst nichts gehört oder gesprochen hatte, habe er eine Stimme aus einem unbekannten Raum vernommen.

Sie habe deutlich den Vor- und den Zunamen eines Mannes genannt.

Eine weitere Mitteilung bezog sich auf einen alleinstehenden, 60-jährigen bayrischen Lkw-Fahrer, der seit einiger Zeit in einem alten Wohnmobil auf einem Parkplatz in einer Stadt im Landkreis Donau-Ries hausen würde.

Fünf Tage bevor wir den Tatzusammenhang mit Kufstein bekanntgaben, meldeten Passanten am späten Abend den Brand eines Wohnmobils. Die Feuerwehr eilte rasch zu dem Parkplatz und hatte das brennende Fahrzeug bald gelöscht. In dem teils ausgebrannten alten Wohnmobil wurde eine männliche Leiche aufgefunden. Die Brandursache blieb unklar. Der Tote konnte als der 60-jährige bayrische Fernfahrer identifiziert werden, dem der Hinweis galt. Ob eine Ähnlichkeit mit dem Phantombild bestand, konnte infolge der Feuereinwirkung nicht mehr festgestellt werden.

Aus den Reihen einer *WhatsApp*-Gruppe, bestehend aus Asylbewerbern und ehrenamtlichen Betreuern, wurde uns ein afghanischer Flüchtling genannt, der angeblich zwei Frauen vergewaltigt haben soll. Seltsamerweise sei er aus unbekannten Gründen seit Anfang November 2016 plötzlich verschwunden. Man vermute, dass er nach England oder Griechenland geflüchtet sei.

Bei unseren Nachforschungen stießen wir auf eine weitere Behauptung. Der junge Afghane habe eine der beiden Frauen, die er vergewaltigt habe, getötet. Unsere Befragungen im Umfeld der *WhatsApp*-Gruppe förderten zahlreiche Widersprüche zutage. Außer dem plötzlichen Verschwinden konnte uns niemand schlüssig erklären, worauf der Verdacht beruhte. Immerhin hatte eine ehemalige Freundin den afghanischen Flüchtling im Sommer 2016 bei der Polizei angezeigt. Ihren Angaben zufolge hatte er sie bei einem Streit geschlagen, bis zur Bewusstlosigkeit gewürgt und mit dem Tode bedroht.

Wir maßen der Spur eine gewisse Bedeutung bei. Sie führte nach Griechenland. Und zu der Tatsache, dass der junge Afghane Deutschland am 10. November 2016 unter Mitnahme aller persönlichen Sachen verlassen hatte, plötzlich und ohne sein Umfeld darüber zu informieren.

Das war der Tag, an dem Carolin G. tot aufgefunden wurde.

Eine ähnliche Priorisierung erfuhr der Hinweis auf einen Vergewaltiger, in dessen Auto etwa vierzehn Tage nach dem Endinger Mord eine etwa fünfzig Zentimeter lange Eisenstange gelegen haben soll. Die Eisenstange habe seitlich Löcher gehabt, wie die Tatwaffe auf dem Bild der Fernsehfahndung. Außerdem sei er mit Sicherheit der Mann auf dem Phantombild und besitze auch exakt so ein leuchtend gelbes T-Shirt wie auf der gezeigten Zeichnung.

Der Tipp kam von einer Anwaltsgehilfin aus einem mittelfränkischen Ort und galt einem 49-jährigen Fernfahrer, den sie Mitte

November 2016 über das Internet kennengelernt habe. Er sei im Bereich Messebau und Innenausbau tätig und dadurch regelmäßig in Deutschland, Österreich und der Schweiz unterwegs. Die Stange habe sie bald nach ihrem Kennenlernen einmal zufällig auf der Ladefläche seines Transporters gesehen.

Der Mann habe sie öfters zuhause besucht. Anfangs sei alles in Ordnung gewesen. Aber dann habe sie sich entschlossen, die Beziehung wieder zu beenden. Er sei sehr komisch gewesen. Beim letzten Kontakt Ende des Jahres 2016 habe er sie in ihrer Wohnung vergewaltigt. Seither habe sie ihn nie wieder gesehen oder gesprochen. Sie habe damals keine Anzeige erstattet. Aber nun habe sie ihn eindeutig auf dem Phantombild wiedererkannt.

Wir suchten den Mörder zweier junger Frauen und somit jemanden, der die Eisenstange mit der markanten Beschädigung auf der einen Seite und den zwei auffälligen Bohrungen am anderen Ende in der Hand gehalten hatte.

Ebendiese Person meldete sich bei der Soko Erle.

Es war ein ehemaliger Verkäufer einer Hamburger Firma, die Dichtungselemente aller Art vertrieb. Der Mann war sich sicher, genau diese Stange vor Jahren in der Hand gehabt und begutachtet zu haben.

Damals sei ein Kunde mit der Stange in die Firma gekommen und habe nach einer Dichtung verlangt. Auf die Frage, wozu das Teil denn genau benötigt werde, habe der Kunde etwas von Autotransport und irgendeiner hydraulischen Funktion erwähnt. Der Verkäufer habe Zweifel geäußert, ob die verlangten Dichtungsringe den gewünschten Zweck erfüllen würden. Der Kunde habe jedoch auf dem Auftrag bestanden. Da es sich um einen Barkauf gehandelt habe, gebe es allerdings keinerlei Unterlagen zu dem Posten.

Das alles sei etwa sechs oder sieben Jahre her. Der Kunde sei damals Mitte dreißig, höchstens Anfang vierzig, und von schmächtiger Gestalt gewesen. Normale Größe, auf jeden Fall ein Deutscher.

Die Eisenstange sei es sicher gewesen. An die aus seiner Sicht einmaligen Merkmale könne er sich sehr gut erinnern. Deshalb habe er sich auch gemeldet. Nie sonst habe jemand so ein Werkzeug in der Firma vorbeigebracht. Es gäbe keinen Zweifel.

Unsere Aufmerksamkeit nahm auch ein anderer Eisenstangen-Hinweis in Anspruch.

In einer Kaiserstuhl-Randgemeinde fiel einer Passantin Anfang Januar auf dem Weg zum Bahnhof ein Eisenrohr auf, das neben dem Gehweg in der Nähe einer Apotheke lag. Sie ging diesen Weg täglich und sah die Metallstange mehrere Tage unbeachtet dort liegen. Nach einer Woche war die Stange immer noch da, allerdings lag sie nun unter einer Bank. Jemand musste sie »umgelagert« haben.

Die Frau nahm die Stange an sich und gab sie beim Rathaus ihrer Gemeinde ab.

Dort hatte man keine Verwendung für das gut dreißig Zentimeter lange Teil, das an verschiedenen Stellen Bohrungen aufwies. Man gab es als Fundsache ohne Wert zur Entsorgung an den Bauhof. Die Stange landete im Schrottcontainer.

Als eine Mitarbeiterin des Rathauses die aktuelle Entwicklung im Mordfall Endingen mit der Verbindung nach Kufstein zur Kenntnis nahm, fiel ihr die aufgefundene Eisenstange wieder ein. Sie verständigte sofort den für ihre Gemeinde zuständigen Polizeiposten.

Soweit die kurze und nur episodenhaft angedeutete Exkursion ins bunte Reich der eingegangenen Hinweise, nachdem die Verbindung zwischen Kufstein und Endingen bekannt geworden war.

Weit im dreistelligen Bereich bewegten sich die Mitteilungen zum österreichischen Phantombild. Teils wurden uns Personen namentlich genannt, teils handelte es sich um unbekannte Männer, die dem Bild ähneln sollten. Meist enthielten die Hinweise keine näheren Verdachtserklärungen, sondern blieben auf die bloße Ähnlichkeit reduziert. Wenn dann noch die abgegebenen Beschreibungen kaum etwas hergaben, konnten wir nicht viel ausrichten.

Mit Personenbeschreibungen ist das ohnehin so eine Sache. Respekt vor all jenen, die einen Menschen vom äußeren Erscheinungsbild her so gut beschreiben können, dass es dem tatsächlichen Aussehen sehr nahe kommt.

Ich erinnere mich an ein Seminar vor Jahren im Rahmen der Fortbildung an der Hochschule für Polizei zum Thema Wahrnehmung. Innerhalb einer Arbeitsgruppe, wir waren zwölf Teilnehmer, beschäftigten wir uns unter kriminologischen und psychologischen Aspekten mit der Entstehung und den Inhalten von Zeugenaussagen.

Dazu kündigte uns der Seminarleiter, ein anerkannter Psychologe, ein kleines Experiment an, bei dem wir die Testpersonen sein sollten.

»Meine Mitarbeiterin«, erklärte er, während er einen Stuhl vor sein Pult stellte, »wird jetzt gleich eine Person hereinführen. Sie werden diese Person nicht kennen. Sie ist nicht von der Hochschule und nicht bei der Polizei. Die Person wird um diesen Stuhl herumgehen und den Raum wieder verlassen. Es wird nur wenige Sekunden dauern. Anschließend werde ich Ihnen eine Aufgabe stellen.«

Auf den Tischen vor uns lag jeweils ein Blatt Papier und etwas zu schreiben. Wir sollten unsere Notizen aber erst machen, nachdem der Seminarleiter uns die Aufgabe gestellt hatte. Also nicht, während die Person noch zu sehen war.

Das wird eine leichte Übung, dachte ich mir, und konzentrierte mich auf die Tür.

»Alle bereit?«, fragte der Dozent, und nach allgemein zustimmendem Nicken rief er zur Tür gewandt: »Sie können jetzt hereinkommen!«

Tatsächlich hatte ich den Mann noch nie gesehen. Ich versuchte ihn möglichst umfassend zu scannen, wissend, dass nicht viel Zeit dafür bestand.

Während er forschen Schrittes auf den Stuhl zuging, hatte ich die wesentlichen Merkmale gedanklich bereits erfasst. Er war deutlich über eins achtzig groß, aber kleiner als der Torwart unserer Polizeiauswahl. Der war gut eins neunzig, das wusste ich. Also schätzte ich den Unbekannten auf knapp 1,90 Meter. Schlanke Gestalt. Alter? Grundsätzlich schwierig, weil man nie weiß, ob man nicht die falschen Referenzpersonen auswählt, von denen man oft selbst nicht weiß, wie alt sie sind. Ich nahm wieder den Torwart als Vergleich. Der war damals ... hmh ... der war Anfang dreißig oder so. Der hier war deutlich älter. Ende dreißig, Anfang vierzig. Kein Bart, keine Brille, dunkle Haare. Leicht gewellt. Mittelscheitel, aber nicht akkurat. Jetzt ging er um den Stuhl. Humpelte er leicht? Hatte so ausgesehen. Jeanshose. Helle Jeanshose. Blaues Hemd, langärmlig mit Knöpfen. Das Hemd war ihm zu klein, schien es. An den Ärmeln. Eine Armbanduhr war zu erkennen. Ein Ring. Was hat er grad gesagt? Er hatte gesprochen. Aber ich hatte ihn nicht verstanden. War das französisch? Nein, eher russisch. Oder rumänisch, oder? Irgendwas mit hartem Klang. Osteuropäisch. Er steuerte auf die offengebliebene Tür zu. Ja, er humpelte. Eindeutig. Da stimmte etwas nicht mit seinem rechten Bein. Oder mit dem linken? Ließ sich schwer sagen. Ich meinte rechts.

Weg war er, und die Tür wurde geschlossen.

Alle Blicke, die wir eben noch auf den unbekannten Mann fixiert hatten, richteten sich nun auf den Seminarleiter. Angesichts des Themas, das sich um Wahrnehmung und Zeugenbeschreibungen drehte, würde die Aufgabe, die er uns gleich stellen würde, keine Überraschung sein.

Umso verblüffter saßen wir schreibbereit vor unserem Blatt Papier, als wir unseren Auftrag vernahmen.

»Beschreiben Sie möglichst genau meine Mitarbeiterin, die den ein Meter neunundsiebzig großen und zweiunddreißig Jahre alten Franzosen hereingeführt hat! Sie dürfen jetzt Ihre Notizen zu Papier bringen.«

›Was für eine Mitarbeiterin?‹, schoss es mir durch den Kopf, und genau diese Frage murmelte auch mein Nachbar ratlos vor sich hin. Da war eine Frau an der Tür gewesen, ja, stimmt. Die hatte dort gewartet. Aber ich hatte nicht auf sie geachtet. War das überhaupt eine Frau? Kurze Haare, meine ich. Aber sonst? Ja, doch, das war auf jeden Fall eine Frau. »Mitarbeiterin« hatte der Dozent ja gesagt. Ich hatte die Frau gesehen. Beim Öffnen der Tür und auch, als der Mann wieder ging. Aber meine Notizen auf dem Blatt fielen ebenso spärlich aus, wie die meiner Kollegen. Zu wenig fiel mir ein. Ich ertappte mich beim Spekulieren und strich meine Stichworte zu Aussehen und Kleidung rasch wieder durch.

Der Seminarleiter sammelte die Blätter ein und rief seine Mitarbeiterin herein. Sie setzte sich auf den Stuhl vor dem Pult. Wir schauten dorthin und staunten nicht schlecht.

Zu seiner sichtlichen Freude und unserem verlegenen Schmunzeln las er die zwölf Beschreibungen seines Mitarbeiters vor. Ja, seines Mitarbeiters! Immerhin hatte über die Hälfte von uns erkannt, dass es tatsächlich ein Mann war. Einer Teilnehmerin war sogar aufgefallen, dass er für einen kurzen Augenblick ein Klappmesser aus der Hosentasche zog, während er in der offenen Türe auf den Franzosen wartete. Davon hatte ich rein gar nichts mitbekommen.

Mit dem Vorlesen war unser Dozent schnell fertig. Viel stand nicht auf unseren Zetteln. Das Meiste davon war zudem falsch oder ungenau. Oder durchgestrichen. Als Zeugenbeschreibung jedenfalls größtenteils unbrauchbar. Und alle zwölf waren wir Polizisten!

Wir hatten die Lektion zum Thema Wahrnehmung verstanden.

Zeuge zu sein ist ganz schön schwierig. Vor allem, wenn man nach Personenbeschreibungen gefragt wird.

Ein großer Vorteil bei der Abklärung all unserer Spuren war die Möglichkeit, die DNA der bekannten verdächtigten Personen mit den Merkmalen unserer Tatortspuren zu vergleichen. Die Spur am Kufsteiner Zigarettenstummel und die Endinger Spur »C.G.10.4« stimmten überein und waren beide dem Täter zuzuordnen.

In nahezu allen Fällen waren die Überprüften mit der Abgabe einer freiwilligen Speichelprobe einverstanden. Dank des dadurch möglichen Abgleichs konnten wir die uns genannten Personen als Täter ausschließen.

Dies galt zum Beispiel, um noch einmal auf die kleine Exkursion in die gewaltige Spurensammlung zurückzukommen, für den als sehr kommunikationsfreudig beschriebenen Mann mit dem frischen Pflaster und den Verletzungen im Gesicht, der durch seine merkwürdige Zurückhaltung am Tage nach dem Mord und durch seine Ähnlichkeit mit dem Phantombild aufgefallen war.

Ebenso galt es für den Mitarbeiter des Logistik-Unternehmens aus dem Ort mit den drei gleichen Anfangsbuchstaben wie Endingen und für den freundlichen, mittellosen Tiroler, der mit seinem Rad aufgebrochen war, um seine seit 50 Jahren verschollene und wohl imaginäre Freundin aufzuspüren, und der dabei selbst als vermisst gemeldet worden war.

Von dem bayerischen Lkw-Fahrer, der in seinem brennenden Wohnmobil ums Leben kam, ließen wir nachträglich eine DNA-Probe erheben. Es gab keine Übereinstimmung.

Den Namen, der dem Hinweisgeber durch transkommunikative Kontaktaufnahme aus einem fremden Bewusstseinsbereich offenbart wurde, konnten wir keiner existenten Person zuordnen.

Der junge Afghane, der angeblich zwei Frauen vergewaltigt und eine davon getötet haben sollte, hielt sich tatsächlich in Griechenland auf. Allerdings war er für uns nicht greifbar.

Vergeblich hatte man an seinem letzten Aufenthaltsort in Deutschland nach verlässlichen Gegenständen gesucht, die seine DNA tragen könnten. Er hatte bei seinem plötzlichen Verschwinden nichts hinterlassen, was als valider Spurenträger herangezogen werden konnte.

Meine Kollegen waren allerdings pfiffig: Im Zuge ihrer Ermittlungen war bekannt geworden, dass sich der Vater des jungen Flüchtlings in

Deutschland aufhalten soll. Sie machten ihn in einer Asylunterkunft in Nordrhein-Westfalen ausfindig. Da sich die DYS-Merkmale des Erbgutes in gerader männlicher Linie weitervererben, war auch die DNA des Vaters für einen Ausschlussvergleich geeignet.

Der Vater war einverstanden. Das Ergebnis war negativ, keine Übereinstimmung.

Weshalb sein Sohn Hals über Kopf Deutschland verlassen hatte, wusste er nicht. Uns interessierte es in diesem Fall auch nicht mehr sonderlich.

Nicht ganz so glimpflich kam der Lkw-Fahrer mit dem gelben T-Shirt und der Eisenstange im Kofferraum davon, der über eine Online-Kontaktplattform eine Anwaltsgehilfin kennengelernt hatte.

Wegen des Verdachts, seine Internetbekanntschaft Ende Dezember 2016 in ihrer Wohnung vergewaltigt zu haben, wurde er Anfang Februar 2017 in einem kleinen fränkischen Städtchen festgenommen. Er bestätigte die Internetbekanntschaft, bestritt jedoch jegliche Sexualhandlungen gegen den Willen der Frau.

Der DNA-Abgleich mit unseren Spuren entband ihn zweifelsfrei vom möglichen Vorwurf des Mordes. Es gab keine erkennbaren Verbindungen nach Endingen oder Kufstein. Die Eisenstange gehörte zu seiner Werkzeugausstattung für seine Tätigkeit im Messebau. Sie war unauffällig. Eine Ähnlichkeit mit dem Phantombild konnten meine Kollegen nicht erkennen.

Was letztlich blieb, waren das gelbe T-Shirt und ein Strafverfahren wegen mutmaßlicher Vergewaltigung.

Und eine erledigte Spur.

Die in einer Kaiserstuhlgemeinde von einer Passantin aufgefundene Eisenstange wurde auf Veranlassung des örtlichen Polizeipostens aus dem Schrottcontainer des Bauhofes gefischt und an die Soko übergeben.

Die kriminaltechnische Begutachtung ergab, dass die Beschaffenheit der Stange nicht mit dem Verletzungsmuster des Opfers korrespondierte. An der Metallstange fanden sich keinerlei Spuren, die mit der Tat in Verbindung gebracht werden konnten.

Sie schied als Tatmittel aus und wanderte zurück in den Schrottcontainer.

Natürlich konnten nicht alle Spuren, die auf Personen hinwiesen, durch einen DNA-Abgleich zum Abschluss gebracht werden.

Den unbekannten Mann mit Damenfahrrad am Endinger Stadtbrunnen, der zu 85 Prozent dem Phantombild ähneln sollte, konnten wir genauso wenig ermitteln, wie den mit 70 Prozent Ähnlichkeit. Genauso wenig gelang uns die Identifizierung des tätowierten Rummelplatz-Arbeiters aus der spirituellen Mediumssitzung oder die Ermittlung des unbekannten Kunden mit der Eisenstange in der Hamburger Firma für Dichtungselemente.

Zahlreiche Hinweise auf unbekannte Personen in Verbindung mit dem österreichischen Phantombild, oft mit wenigen Merkmalen umschrieben, nahmen meine Kollegen dankbar entgegen. Die Hoffnung, die entscheidende Spur könnte darunter sein, war unerschütterlich.

Wir wussten um die Verbindung zwischen den beiden schrecklichen Verbrechen. Vor dieser Erkenntnis hatten wir ohne konkreten Ansatzpunkt im Dunkeln herumgestochert, genau wie zuvor unsere österreichischen Kollegen. Der erwiesene Tatzusammenhang zwischen Endingen und Kufstein brachte nun Licht und stellte uns vor die Tür, hinter der sich die Lösung verbarg. Wir brauchten nur noch den passenden Schlüssel.

Der Optimismus meiner Kollegen trieb die Soko voran. Die Kunde von der Übereinstimmung der Tätermerkmale hatte neuen Schwung in die Truppe gebracht. Die ganz Euphorischen sahen beide Taten gar kurz vor der Aufklärung.

Aber die Tage gingen dahin.

5

Kannten sich die französische Studentin und die Endinger Joggerin? Oder gab es eine andere Verbindung irgendeiner Art, die auf den Täter hinweisen könnte?

Da die Ermittler davon ausgehen konnten, dass beide Morde durch den gleichen Täter begangen wurden, mussten diese zwei Fragen zwingend geklärt werden.

Der Weg bis zu ihrer Beantwortung war wegen der umfangreichen Überprüfungen in Deutschland, Österreich und Frankreich relativ lang. Die Antwort hingegen war kurz:

Nein. Nein, zu beiden Fragen.

Mitte Februar 2017 war die Zahl der Hinweise und Spuren auf 2.600 angewachsen.

Für den entscheidenden Hinweis, auf den alle sehnsüchtig warteten, war inzwischen eine Belohnung von knapp 30.000 Euro ausgesetzt. Diese Summe setzte sich aus der behördlichen Auslobung und zu einem großen Teil aus privat in Aussicht gestellten Beträgen zusammen. Die rechtliche Absicherung des Belohnungsverfahrens erfolgte durch die Staatsanwaltschaft.

Der hohe Anteil der von privaten Stellen offerierten Belohnung verdeutlichte den inständigen Wunsch aller Menschen nach Aufklärung des Verbrechens. Vermutlich gab es nur eine einzige Person, die diesen Wunsch nicht hatte – den Mörder.

Indessen traf ein weiteres Ergebnis eines DNA-Abgleichs bei uns ein. Es betraf den Österreicher, der in Endingen die Ferienwohnung angemietet hatte und auf dessen *Facebook*-Account wir das Panorama-Bild gefunden hatten, das der Landschafts-Aufnahme von Carolin G. so sehr glich. Obwohl im Laufe der vielen Wochen mehrere voneinander unabhängige Hinweise auf den Mann eingegangen waren, hatte ihn niemand innerhalb der Soko ernsthaft für den Täter gehalten.

Die scheinbare Übereinstimmung der beiden Panorama-Aufnahmen hatte zwar kurzfristig für Aufsehen gesorgt. Bald aber war klar, dass die Ähnlichkeit der Bilder reiner Zufall war. Nun kam die Bestätigung aus Stuttgart. Die DNA stimmte mit den Tatspuren nicht überein. Der Österreicher kam als Tatverdächtiger nicht in Frage.

Die Spur wurde abgeschlossen.

Die früh angedachte, aber mangels Belegbarkeit im Hintergrund gehaltene Hypothese »Lkw-Fahrer« unter dem Oberbegriff »Fremder Zufallstäter« hatte zu allen anderen denkbaren Varianten aufgeschlossen und erhielt inzwischen hohe Beachtung.

Beide Taten wurden in der dunklen Jahreszeit an Wochenenden begangen, an denen jeweils Lkw-Fahrverbote herrschten. Beide Tatorte befanden sich in der Nähe einer Autobahn. Wegen der Entfernung zwischen Endingen und Kufstein war von einem überregional beweglichen Täter auszugehen. Das in Österreich verwendete Tatmittel wurde als Werkzeug beschrieben, das in seinem bestimmungsgemäßen Gebrauch im Schwerlastverkehr zum Einsatz kommen könnte.

Wir suchten einen Fernfahrer.

Neben der Verfolgung aller weiteren Spuren rückten nun zwei Komplexe in den Vordergrund der Ermittlungen.

Die Auswertung der Lkw-Maut-Daten und die Herkunft der Metallhubstange.

6

Seit dem Jahr 2004 muss für Kraftfahrzeuge mit einem zulässigen Gesamtgewicht von mehr als 3,5 Tonnen für die Benutzung des hochrangigen Straßennetzes eine Gebühr, die sogenannte Lkw-Maut, entrichtet werden. Dies geschieht über eine im Fahrzeug mitgeführte *GO-Box*. Diese ist an ein bestimmtes Zulassungskennzeichen gebunden und darf nicht in anderen Fahrzeugen mitgeführt werden. Bei ordnungsgemäßer Handhabung der Gebührenvorschriften können somit über die *GO-Box*-Daten Rückschlüsse auf das Bewegungsbild des jeweiligen Lkw gezogen werden. Falls der Gesetzgeber dies zulässt.

Nach dem Mord an der Studentin in Kufstein hatten die österreichischen Kollegen vorsorglich die entsprechenden Maut-Daten gesichert. Dort war dies erlaubt. Seinerzeit gab es allerdings keine konkreten Hinweise darauf, dass tatsächlich ein Fernfahrer die Tat begangen haben könnte. Die im Inn aufgefundene Stange musste nicht zwingend einer Verwendung im Schwerlastverkehr zugeordnet werden. Es gab durchaus auch andere denkbare Gebrauchsmöglichkeiten im Zusammenhang mit hydraulischen Arbeitsgängen, die nichts mit Lastkraftwagen zu tun hatten. Überdies wiesen deutliche Gebrauchsspuren und Beschädigungen an der Stange darauf hin, dass sie offenbar schon länger nicht mehr ihrem eigentlichen Bestimmungszweck diente – egal, wie dieser ursprünglich ausgesehen haben mochte. So war für die Tiroler Ermittler auch durchaus denkbar, dass der Täter die Eisenstange entweder in Tatortnähe oder bei anderer Gelegenheit gefunden haben konnte und nicht zwangsläufig der Berufsgruppe »Fernfahrer« zuzuschreiben war. Deshalb hatten sie das umfangreiche Datenmaterial auch noch nicht ausgewertet. Schließlich handelte es sich um nicht weniger als rund 43.000 Datensätze für den relevanten Zeitraum und für das fragliche Autobahngebiet rund um Kufstein.

Nun allerdings hatte sich die Ausgangssituation geändert. Mit Kenntnis des Zusammenhangs der beiden Morde waren die Datensätze von höchster Bedeutung. Mit ihnen ließ sich feststellen, welche Fahrzeuge sich zum Tatzeitpunkt der Tat im Bereich Kufstein aufgehalten hatten.

Meine Kollegen prüften gemeinsam mit beiden Staatsanwaltschaften die Rechtslage:

In Österreich dürfen die erfassten Mautdaten nicht nur für Abrechnungszwecke, sondern in Strafverfahren auch zu Beweiszwecken verwertet werden.

In Deutschland hingegen verhindern dies die Bestimmungen des Datenschutzes. Eine sogenannte Zweckumwidmung ist rechtlich nicht möglich. Mautdaten müssen unverzüglich nach Entrichtung der Mautgebühr gelöscht werden. Man darf sie per Gesetz nicht beschlagnahmen. Soweit die allgemein rechtliche Seite.

In beiden Fällen hatten wir nun die verlockende Situation, dass es österreichische *GO-Box*-Daten gab, die auch für ein deutsches Ermittlungsverfahren interessant waren.

Die Vorgehensweise wurde zwischen den Ermittlern beider Länder und den jeweiligen Staatsanwaltschaften abgestimmt. Dringlichkeit, personelle Möglichkeiten und logistische Ressourcen waren zu berücksichtigen. In Emmendingen gab es aktuell eine vielköpfige und handlungsfähige Sonderkommission. Anders jedoch in Österreich: Die Tiroler Kollegen, deren Fall über drei Jahre zurücklag, hatten die Ermittlungen schon seit geraumer Zeit ruhen lassen müssen. Aktuell gab es dort zwar eine kleine Gruppe von Ermittlern für den dortigen Fall, jedoch keine ausgewiesene Sonderkommission.

Deutschland und Österreich trafen eine Vereinbarung. Die 43.000 österreichischen Datensätze wanderten symbolisch über die Grenze. Die bloße Sichtung und Auswertung dieser Daten, ohne jegliche operative Maßnahmen, durfte erfolgen. Angesichts des Umfangs der Daten ein immens großer Aufwand.

Die Daten waren in Verbindung mit dem Kufsteiner Mord gesichert worden. Also bezog sich die Auswertung ebenfalls auf diese Tat, begangen am Sonntag, 12. Januar 2014. Der Erfassungszeitraum wurde auf eine bestimmte Spanne vor und nach dem Mord festgelegt. Im Wesentlichen drehte es sich um das Wochenende und betraf in beiden Richtungen die Inntal-Autobahn zwischen dem Grenzübergang Kiefersfelden und der österreichischen Anschlussstelle Wörgl-West. Relevant waren alle Lkw mit einem Gesamtgewicht von über 3,5 Tonnen.

Insgesamt waren das 8.504 Fahrzeuge aus sage und schreibe 43 verschiedenen Ländern.

Zwei Kollegen der Soko Erle kümmerten sich fortan um die aufwendige Auswertung.

Einer von ihnen war Bernd, ein erfahrener Ermittler der Kripo Lörrach, der zunächst in der Soko Dreisam gewirkt hatte und nach der Klärung des Freiburger Verbrechens Anfang Januar zur Soko Erle gewechselt war. Da er über Jahre hinweg bei Ermittlungen zu Einbruchsserien ein besonderes Auge auf das Erkennen von Tatzusammenhängen geworfen hatte, kannte er sich mit der Auswertung von Verbindungsdaten bestens aus.

Sein Spurenpartner war Tillo, ein junger Kommissar, der zeitgleich mit Bernd zur Soko Erle gestoßen war und sich bei Gottfried angeboten hatte, den gigantischen Mautdatensatz zu sichten.

In mühsamer Kleinarbeit, mit höchster Motivation und endloser Geduld nahm er alle 8504 Lastkraftwagen ins Visier. Unterdessen kümmerte sich Bernd um jene Fahrzeuge, die in irgendeiner Weise auffällig geworden waren, zum Beispiel durch Verkehrsverstöße, und dadurch registriert waren.

Innerhalb des eingegrenzten Erfassungsbereichs gab es fünf Mautstellen.

Ausgeschlossen wurden zunächst all jene Fahrzeuge, die zügig nacheinander diese fünf Stellen passiert hatten. Bei ihnen war davon auszugehen, dass sie ohne Halt durch das fragliche Gebiet um Kufstein gefahren waren.

Von Interesse waren sodann die Fahrzeuge, bei denen es offensichtlich eine Fahrtunterbrechung gegeben hatte. Sie wurden genauer angeschaut. An welcher Anschlussstelle waren sie ausgefahren, und wann hatten sie ihre Fahrt fortgesetzt?

Letztlich konnten 285 Fahrzeuge herausgefiltert werden, die entweder in Kufstein-Süd oder Kufstein-Nord ausgefahren waren und ihre Fahrt nach dem Zeitpunkt der Tat fortgesetzt hatten.

Unter ihnen befand sich ein Lkw mit italienischem Kennzeichen, der offenbar einen Aufenthalt in Kufstein hatte und knapp zwei Stunden nach der mitternächtlichen Tat die Grenze bei Kiefersfelden passiert hatte. Es handelte sich um ein Fahrzeug der Marke *Volvo*.

Parallel zur Sichtung und Filterung der Mautdaten rückte das österreichische Tatwerkzeug ins Rampenlicht der Ermittlungen.

Während die Mautdatensätze noch eher virtuell die Grenze nach Deutschland überschritten hatten, trat die Eisenstange wahrhaftig den Weg nach Emmendingen an. Per Kurier wurde sie den deutschen Ermittlern zugeführt und lag nun, befreit von der schützenden Verpackung, auf einem Tisch in der Villa Sonntag.

58 Zentimeter lang, etwas mehr als eineinhalb Kilogramm schwer, metallic-grau, rund, mit einem Durchmesser von 23 Millimetern, hatte sie an einem Ende eine schadhafte Verformung und an dem anderen zwei nebeneinanderliegende Bohrungen, über deren Funktionszweck spekuliert werden konnte.

Weltweit gibt es schier unzählige Hersteller von Nutzfahrzeugen. Theoretisch konnte die Stange nicht nur zu einem Lkw, sondern auch zu Transportern, Bussen, Aufbauten oder zur breiten Kategorie von Sonderfahrzeugen gehören.

Die Kollegen konzentrierten sich jedoch zunächst auf die Sparte Lastkraftwagen und wandten sich zielstrebig an alle ihnen in Deutschland bekannten Hauptvertretungen der verschiedenen Hersteller. Die Frage lautete in allen Fällen:

Kann diese Eisenstange, die möglicherweise als Hubstange im Schwerlastverkehr zum Einsatz kommt, einem bestimmten Lkw-Fabrikat zugeordnet werden?

Die Suche nach der Stecknadel im Heuhaufen begann. Genauer gesagt: Es begann die Suche nach der Herkunft der uns vorliegenden Eisenstange im riesigen Bestand aller Lkw auf Deutschlands und Österreichs Straßen.

Laut Kraftfahrt-Bundesamt belief sich die Anzahl der Lastkraftwagen in Deutschland im Jahr 2016 auf über 2,8 Millionen Fahrzeuge. In Österreich waren einer offiziellen Statistik zufolge im Jahre 2014 knapp 420.000 Lkw unterwegs.

Keine Zahlen, die unsere Kollegen abschrecken konnten.

Sie fanden auch heraus, dass der italienische Lkw der Marke *Volvo*, der etwa zwei Stunden nach dem Mord in Kufstein die Grenze nach Deutschland passiert hatte, in Bayern in eine Verkehrskontrolle geraten war.

Am Steuer saß ein rumänischer Fernfahrer.

7

Die Mautdatensichtung und der höchst ambitionierte Versuch, die Eisenstange einem Besitzer zuzuordnen, waren zwar wichtig, doch auch alle anderen Spuren und Ermittlungsansätze durften nicht vernachlässigt werden. Bildlich gesprochen sprangen die Kollegen der Soko auf nahezu jeden Zug auf. Und sie fuhren mehrgleisig.

Neben den zahlreichen Standardmaßnahmen, wie der Tatortarbeit, den Umfeld-Ermittlungen, der Auswertung digitaler Spuren oder der Recherche in behördlichen Datenbanken war auch die persönliche Ideenschmiede gefragt. Noch so abwegig anmutende Gedankengänge und Vorschläge aus den eigenen Reihen wurden ernsthaft diskutiert. Wo es auch nur geringste Ansatzpunkte gab, von denen man sich ein Weiterkommen versprach, wurde die Anregung in die umfangreiche und unbegrenzte Maßnahmen-Liste aufgenommen.

Sämtliche Jagdpächter der fraglichen Region wurden ermittelt und nach Standorten von Wildkameras befragt, auf denen unter Umständen zufälligerweise irgendetwas Bedeutsames zu sehen sein könnte.

Über die Landratsämter und die städtischen Behörden im Umkreis des Kaiserstuhls erhob man Informationen über Geschwindigkeitsmessstellen am fraglichen Wochenende.

Man kontrollierte an Sonntagen nach dem Mord alle Personen und Fahrzeuge, die sich im Bereich der Laufstrecke des Opfers bewegten.

Sämtliche in der Region bekanntgewordenen Vorfälle mit sexuellem Hintergrund, seien sie auch als eher nicht schwerwiegend eingestuft worden, wurden recherchiert und neu geprüft.

Alle noch offenen Spuren und Hinweise der benachbarten Soko Dreisam wurden nach der Ermittlung, Festnahme und Überführung des Freiburger Täters von der Soko Erle zur Überprüfung im Endinger Fall übernommen.

Einen ungeheuren Aufwand betrieb die Soko mit Personenspürhunden. Die besonders ausgebildeten Vierbeiner der Polizei aus Sachsen und Baden-Württemberg sowie die Suchhunde eines privaten *Mantrailing*-Teams aus Nordrhein-Westfalen unternahmen schier unzählige Versuche, anhand von Geruchsproben aus Kufstein und Endingen auf die Spur des Täters zu stoßen.

Kollegen der örtlichen Polizei zeigten sich uniformiert auf dem Samstagsmarkt den Endinger Bürgern und boten Gespräche an. Davon wurde reichlich Gebrauch gemacht. Die Menschen hatten das Bedürfnis, auch mit Polizisten über die schreckliche Tat zu sprechen. Staatsvertreter und Bürger, wenn man es so pathetisch ausdrücken möchte, rückten in dieser außergewöhnlichen Situation eng aneinander.

Taucher der Wasserschutzpolizei suchten in mehrstündigen Aktionen zehn kleinere Angelweiher ab, sieben davon unweit des Leichenfundortes, drei andere in der weiteren Umgebung. Eine Metall-Bügelsäge und ein Hammer, beides mittig im trüben Teichwasser in etwa einem Meter Tiefe aufgefunden, konnten als Tatwerkzeuge ausgeschlossen werden.

Über die jeweiligen fünfzehnstelligen Seriennummern der Endgeräte wurden all jene Handys ermittelt, die aufgrund von Diebstahl oder anderweitigem Verlust in der Sachfahndungsdatei einlagen und gleichzeitig im bedeutsamen Zeitraum in der Funkzelle des Tatortbereichs eingeloggt waren. Das waren erstaunlich viele. Leider ist aber ein Funkzellenbereich kein exakt feststehender und scharf begrenzter Raum, sondern die Übergänge zu anderen Funkzellen sind fließend und können sich auch überlappen. Sie sind zudem dynamisch in ihrer Ausdehnung. Die Funkzelle des Endinger Fundortes zum Beispiel reichte bis ins Wohngebiet und war nicht nur auf das kleine Wäldchen zu reduzieren.

An allen Tankstellen in Endingen, Bahlingen, Riegel und der Autobahn im näheren Umfeld wurden die Belege zu Lkw-Betankungen für den fraglichen Zeitraum, einschließlich Montag, gesichert und für eine Auswertung bereitgehalten.

Über die Berufsgenossenschaften und die Rentenversicherung gelangten wir an alle gemeldeten Speditionsunternehmen im Landkreis Emmendingen und an die darüber versicherten Personen. Formell war dies richtigerweise nur über einen Gerichtsbeschluss möglich.

Die Mitarbeiterlisten von ortsansässigen Speditionen und Logistikbetrieben sowie von fremden Anlieferfirmen konnten auf freiwilliger Basis erhoben werden.

Zulassungs- und Führerscheinstelle des Landratsamtes stellten uns eine Auflistung der im örtlichen Bereich zugelassenen Lkw und aller Besitzer eines Lkw-Führerscheins zur Verfügung.

An mehreren Sonntagen sprachen wir Lkw-Fahrer auf Abstellplätzen in der Region an. Sie alle kamen für uns als Zeugen in Frage. Meine Kollegen händigten Flugblätter in insgesamt elf verschiedenen Sprachen aus.

Ohne Erfolg, wie zahlreiche weitere, hier nicht erwähnte Maßnahmen, blieb der Versuch, über die Pächter von Autohöfen und Tank- und Rastanlagen herauszufinden, welche Fernfahrer am besagten Wochenende im November 2016 auf deren Gelände übernachtet hatten. Da keine Registrierung der Lkw erfolgte und die Bezahlung grundsätzlich in bar getätigt wurde, blieb dieser Ansatz praktisch im Keime stecken.

Gesichert wurden die Aufnahmen der Videoüberwachungskameras in Tankstellen, sowohl vom Kassenraum als auch vom Außenbereich.

Diese Maßnahme sollte noch von gänsehautbereitender Bedeutung sein.

8

Mitte Februar erreichte uns der Hinweis auf einen österreichischen Hotelmitarbeiter, der große Ähnlichkeit mit dem Phantombild des Kufsteiner Falles habe. Das brachte aufgrund der zahlreichen ähnlich lautenden Mitteilungen zunächst niemanden aus der Fassung. Beachtenswert wurde es aber durch den Zusatz, der Mann sei im Januar 2014 in einem Hotel in der Nähe von Kufstein und im November 2016 in einem Hotel unweit von Endingen beschäftigt gewesen. Der Hinweisgeber wusste auch zu berichten, dass der Mann bisweilen aggressiv sei und auch schon seine Frau geschlagen habe. Außerdem fahre er ein silbernes Auto mit Heckklappe.

Tatsächlich suchten wir noch immer den silberfarbenen Passat mit der offenen Heckklappe, den andere Zeugen schon früh beschrieben hatten.

Ein Spurenteam machte sich unverzüglich ans Werk. Die ersten Ermittlungen ergaben, dass der Hotelmitarbeiter Anfang Januar nach einem handgreiflichen Streit mit seiner Frau Deutschland in Richtung Österreich verlassen hatte. Wir vernahmen die Ehefrau als Zeugin. Sie bestätigte seine Aggressivität und die Aufenthaltsorte zu den Zeiten, die uns der Hinweisgeber mitgeteilt hatte. Bei seinem Auto handle es sich auch tatsächlich um ein silbernes.

Wir machten den Mann ausfindig und kontaktierten ihn. Bereitwillig gab er Auskunft. Alibis konnte er weder für die Kufsteiner noch für die Endinger Tatzeit vorweisen. Er könne sich nicht mehr daran erinnern, wo genau er an jenen Tagen gewesen sei. Das sei zu lange her. Er bestätigte jeweils die beiden Arbeitsstellen in Österreich und Deutschland und die körperlichen Übergriffe gegen seine Frau. Freiwillig gab er eine Speichelprobe ab.

Der Vergleich mit unseren Tatspuren war negativ.

Sein silbernes Auto war kein Passat.

Bereits zu einem sehr frühen Zeitpunkt, unmittelbar nach dem Auffinden der toten Joggerin, hatte sich eine interessante Zeugin bei uns gemeldet.

Ihren Angaben zufolge fuhr sie mit ihrem Mann am Tatsonntag um kurz nach 17 Uhr mit dem Auto den Verbindungsweg von Endingen nach Bahlingen. Es war schon ziemlich dunkel. Sie kamen an das Wäldchen, das an Beginn und Ende jeweils durch eine kleine, immer offenstehende Schranke begrenzt war. Kurz vor Verlassen des kleinen Waldstücks fiel ihr ein Mann am Wegesrand auf. Er stand da, dunkel gekleidet, und es sah aus, als telefoniere er mit einem Handy. Als sie fast auf seiner Höhe waren, drehte er sich auffällig zur Seite weg. Sie fuhren langsam an ihm vorbei. Da ihr die Situation seltsam vorkam, sah die Zeugin im Seitenspiegel zurück. Jetzt hingen die Arme des Mannes am Körper nach unten. Er hatte offenbar nur so getan, als würde er telefonieren. Im Spiegel erkannte sie, dass der Unbekannte ihrem Auto hinterher sah, bis sie nach dem Wäldchen am Aussichtsplatz nach links abbogen.

Genau wie den silbergrauen Passat mit der offenen Hecktüre und den schwarzen Tiguan an der Parkbank hatten wir den unbekannten Mann im Tatort-Wäldchen auch ein halbes Jahr nach dem Mord noch nicht zuordnen können. Er konnte Zeuge oder Täter sein, wobei letztere Möglichkeit mit zunehmender Dauer immer wahrscheinlicher erschien. Sein merkwürdiges Verhalten sprach dafür. Die Uhrzeit – kurz nach 17 Uhr – passte allerdings nicht ganz in das Zeitschema der Soko. Man ging davon aus, dass die Tat gut eine Stunde früher geschehen sein musste. Wenn dieser Mann tatsächlich der Mörder war, stellte sich die Frage, was er mehr als eine Stunde später noch in der Nähe des Tatortes zu suchen hatte. Sollte die uralte, überlieferte Weisheit, wonach der Täter stets an den Tatort zurückkehre, tatsächlich auch in diesem Fall zutreffen?

Um dieser Frage näher auf den Grund gehen zu können, waren meine Kollegen mit der Zeugin persönlich in das Wäldchen gefahren, um sich den genauen Ort zeigen zu lassen, an dem der Mann gestanden hatte. Er befand sich präzise oberhalb der Stelle, wo sich das schlimme Verbrechen abgespielt hatte. Daran gab es keinen Zweifel. Luftlinie keine fünfzig Meter entfernt.

Die Frau hatte wohl tatsächlich den Mörder gesehen. Dafür sprach auch, dass wir alle übrigen zunächst unbekannten Personen, die zur maßgebenden Zeit auf dem Freiburger Weg unterwegs waren, identifiziert hatten.

Dank der glaubhaften und als höchst tatinteressant bewerteten Schilderungen der Frau hatten wir schon nach ihrer ersten Vernehmung unter ihrer Mitwirkung ein Phantombild angefertigt. Das war nicht einfach gewesen. Die Frau hatte das Gesicht des Unbekannten in der herbstlichen Abenddämmerung lediglich durch den Seitenrückspiegel des Autos gesehen. Weil meine Kollegen um die Brisanz eines öffentlich gemachten Phantombildes wussten, wurde sorgsam abgewägt, ob dieser Schritt getan werden sollte. Zumal die Zeugin, nach deren Beschreibung das Phantombild erstellt worden war, mit dem Ergebnis nicht so richtig zufrieden war.

Das Bild wurde zunächst zurückgehalten.

Eine Veröffentlichung im Januar, zu dem Zeitpunkt, als die Tatverbindung nach Kufstein gerade bekannt geworden war und das frühere österreichische Phantombild wieder durch die Gazetten und Köpfe der Menschen geisterte, war ebenfalls als nicht klug erschienen.

Ende März dann entschlossen sich meine Kollegen in Abstimmung mit der Staatsanwaltschaft zu einer nicht alltäglichen Maßnahme, zu einem bisweilen kontrovers diskutierten Versuch, die Qualität von Zeugenangaben zu verbessern.

Mit ihrem ausdrücklichen Einverständnis unterzog sich die Zeugin einer sogenannten Forensischen Hypnose, einer Methode, die als Ziel hat, im Zustand der Tiefenentspannung das Erinnerungsvermögen zu optimieren. Forensisch bedeutete in diesem Zusammenhang, dass die Erkenntnisse aus jener Maßnahme kriminologischen Zwecken dienlich und rechtlich nutzbar waren.

Die Methode wurde von einem neutralen (polizeiexternen), fachmännisch ausgebildeten Hypnotiseur angewandt. Er versetzte die Zeugin in einen freiwilligen, tranceartigen Wachzustand und unterhielt sich mit ihr über ihre Beobachtungen vom 6. November 2016 in dem Wäldchen.

Gerichtsverwertbar gemacht wurden ihre Angaben aber erst nach der Hypnose bei normalem Bewusstsein in einer regulär herkömmlichen Zeugenvernehmung durch einen Polizisten.

Tatsächlich führte die Aktion dazu, dass sich die Zeugin nach der Hypnose an Merkmale der unbekannten Person erinnern konnte, die sie uns bisher nicht mitgeteilt hatte. Dadurch konnte die Aussagekraft des Phantombildes erhöht werden. Nun war auch die Zeugin mit dem Ergebnis einverstanden.

Anfang April veröffentlichten wir das Bild mit dem Hinweis, dass wir einen etwa 50 bis 55 Jahre alten und circa 175 bis 180 cm großen Mann suchten, der am 6. November 2016 auf dem Verbindungsweg zwischen Endingen und Bahlingen gesehen worden war.

Wir erhielten etwa 400 Hinweise. Die Soko ging allen gewissenhaft nach. Viele dieser Hinweise führten zu namentlich genannten Personen. Alle wurden aufgesucht. Manche hatten Alibis, manche hatten keine. Manche hatten silberne Autos, manche schwarze.

Keiner der Hinweise führte zum Täter.

Die beiden Zeugen, die unabhängig voneinander den schwarzen Tiguan in der Nähe des Wäldchens gesehen hatten, waren ebenfalls mit der Durchführung einer forensischen Hypnose einverstanden.

Sie wurden einzeln in den Trancezustand versetzt und führten mit dem Hypnotiseur ein Gespräch über ihre damaligen Wahrnehmungen.

Anschließend wurden auch sie nach Wiedererlangung des vollständigen Bewusstseins von meinen Kollegen befragt.

Neue Erkenntnisse traten nicht zutage.

Den Hinweis, dass der Tiguan eine Freiburger Zulassung gehabt haben soll, das Kennzeichen also mit den beiden Buchstaben FR begonnen habe, hatte einer der beiden Zeugen schon vor der Hypnose gegeben.

Hierzu liefen parallel schon seit Wochen intensive Ermittlungen bei einer Vielzahl VW-Tiguan-Besitzern, die uns aber bisher nicht weitergebracht hatten.

9

Wenn von einer »Vielzahl« von Autos des Typs VW Tiguan gesprochen wird, dann ist die Rede von weit über 200 Fahrzeugen, wohlgemerkt alle von schwarzer Farbe und mit der Freiburger Zulassung FR. Die weitere Buchstaben- und Zahlenkombination des Kennzeichens war nicht bekannt. Auch nicht die Anzahl der Buchstaben und Ziffern.

Die Soko erstellte eine Liste aller in Frage kommenden Fahrzeughalter. Die Spurenteams klapperten nach und nach alle Benutzer ab. Dieser Spurenkomplex war überaus zeitintensiv und band über viele Wochen einen großen Teil an Personal. Der schwarze Tiguan, zur kritischen Tatzeit in unmittelbarer Nähe des Tatgeschehens geparkt, schien den Ermittlern jegliche Anstrengung wert.

Alle Fahrzeugbesitzer wurden persönlich aufgesucht, nach ihrem Alibi zur Tatzeit befragt und um Abgabe einer Speichelprobe gebeten. Die Alibi-Überprüfungen gestalteten sich teils schwierig, weil die Tat doch schon eine Weile zurücklag. Zudem konnte man nicht jedes Wattestäbchen zum DNA-Abgleich nach Stuttgart schicken, jedenfalls nicht sofort. Dieser Aufwand hätte die Kapazitäten des Kriminaltechnischen Instituts gesprengt. Dort wurde aufgrund des hohen Spurenaufkommens ohnehin schon am Anschlag gearbeitet. Und es gab beim KTI ja auch noch so etwas wie ein Tagesgeschäft, das für sich schon höchst anspruchsvoll war.

So musste die Soko-Leitung auch hier mit Priorisierungen arbeiten und den Wert der jeweiligen Spur nach den Umständen, dem Verhalten der Personen, der Qualität des Alibis und dem Gespür der Spurenteams einschätzen.

An dem schwarzen Tiguan mit dem Freiburger Kennzeichen bissen sich die Ermittler die Zähne aus.

Erst viel später sollten sie erfahren, dass die Sache einen Haken hatte.

10

Mein provisorisches Außenbüro beim Polizeiposten in Endingen hatte ich inzwischen wieder aufgegeben und mich immer mehr zurück in den Alltagsbetrieb der Pressestelle begeben. Zwar betreute ich den Fall noch immer in Verantwortung des Einsatzabschnitts Öffentlichkeitsarbeit, aber die Anzahl und vor allem der Umfang der Medienanfragen war nach der langen Zeit der erfolglosen Ermittlungen überschaubar geworden.

Die meisten überregionalen Medien widmeten ihre Schwerpunkte wieder aktuelleren Fällen. Von ihnen kamen in dieser Zeit nur noch sporadische Nachfragen, beschränkt auf die Frage, ob es im Fall der Soko Erle etwas Neues gäbe.

Nein. Es gab nichts Neues.

Anfang Mai 2017 verkündeten wir, dass die Soko auf fünfundzwanzig Köpfe reduziert werde, aber noch immer etwa fünfhundert Hinweise und Spuren in Bearbeitung seien, denen man weiter mit Hochdruck und in enger Zusammenarbeit mit den Kollegen des LKA Tirol nachgehe.

»Mit Hochdruck«. Eine Formulierung, die gerne von Ermittlungsbehörden verwendet wird. Von der Öffentlichkeit oft nicht mehr als eine Floskel wahrgenommen, soll sie den Menschen Beharrlichkeit und nicht nachlassende Tatkraft bei der Aufklärungsarbeit versichern.

Tatsächlich kann man sich fragen, ob ein über Monate hinweg an ein und derselben Sache arbeitendes Team mit stets gleichbleibend hohem Elan und Ehrgeiz agieren kann. Vor allem dann, wenn der heiß ersehnte Erfolg trotz allergrößter Anstrengungen ausbleibt.

Der Pegelmesser bei der Soko Erle mag in jener Zeit sicher nicht jeden Tag am oberen Leistungsanschlag vibriert haben. Aber Eifer und Anspruch, irgendwann ans lohnende Ziel zu gelangen, ließen zu keinem Zeitpunkt nach. Auch nicht zu jenem, als in der Bevölkerung langsam eine gewisse Resignation zu spüren und teilweise auch zu vernehmen war.

»Ich glaube nicht, dass ihr ihn noch findet ...«, war ein Satz, mit dem ich mich im privaten Bereich immer häufiger konfrontiert sah. Oft fiel der Satz auch im Umgang mit den Medien. Meist noch mit dem Zusatz »... nach so langer Zeit.«

Dieser offenkundigen Aussichtslosigkeit konnte ich mit zunehmender Dauer nur noch halbherzig begegnen, denn nach außen, fühlbar für die Menschen, tat sich nicht mehr viel. Mit Ausnahme der Personen, die von Überprüfungsmaßnahmen betroffen waren, nahmen die Bürger die noch immer andauernden Ermittlungen immer weniger wahr. Das war Monate zuvor noch völlig anders gewesen, als das mediale Interesse bundesweit und das Straßenbild Endingens durch polizeiliche Präsenz geprägt war. In jenen Tagen war die Taktung unserer Pressemitteilungen auch recht hoch. Nun aber gab es aktuell einfach nichts zu berichten. Und da eine Pressemitteilung möglichst eine Neuigkeit oder wenigstens eine Information oder einen Zeugenaufruf beinhalten sollte, beschränkte sich mein fallbezogener Job auf die mittlerweile wenigen Nachfragen von Journalisten.

Obwohl wir es bei dem Endinger Mord beileibe mit keinem alltäglichen Fall zu tun hatten, kehrte in die inzwischen routinemäßig ablaufende Soko-Arbeit mit ihren zahlreichen Überprüfungen ein gewisser Alltag ein.

So auch bei den Menschen, von denen viele schon gelernt hatten, mit der schlimmen Wahrheit dieses Verbrechens und dem Wissen um das Leid der Angehörigen zu leben. Es musste ja irgendwie weitergehen, auch im Alltag. Es ging auch weiter. Obwohl kein Tag verging, an dem das schreckliche Ereignis nicht allgegenwärtig war. Nicht nur wegen des anrührenden, unvergesslichen und sorgsam gehegten Kerzenmeers am Endinger Stadtbrunnen. Es musste weitergehen.

Aber es durfte nicht weitergehen mit der Befürchtung, und schon gar nicht mit der Resignation, dass der Mörder nicht gefasst werden könnte.

Zwar erkundigte ich mich noch immer täglich bei meinen Soko-Kollegen zum aktuellen Sachstand. Im Detail wusste ich jedoch nicht, welche Ermittlungen gerade liefen. Informiert war ich darüber, dass die österreichischen Mautdaten von den deutschen Ermittlern gesichtet wurden. Ebenfalls wusste ich, dass es nun von deutscher Seite den erneuten Versuch gab, Näheres über die Herkunft der Eisenstange in Erfahrung zu bringen. Rechtlich zu beachten war für beide Ermittlungsstränge, dass wir keine Nachforschungen im Ausland betreiben durften. Die Mautdatensätze waren im Zusammenhang mit dem Kufstein-Mord gesichert worden und durften für operative Maßnahmen zunächst nur von den österreichischen Behörden verwendet werden. Die Eisenstange war das Tatwerkzeug des Tiroler Falls und somit ebenfalls Gegenstand des Ermittlungsverfahrens unserer Nachbarn.

Daher häufte sich bei meinen Gesprächen mit Gottfried und den anderen Soko-Kollegen der Begriff »Rechtshilfeersuchen«, dem ich aber nicht viel abgewinnen konnte und wenig Beachtung schenkte. Ich wusste, dass Rechtshilfeersuchen in diesem Fall von den österreichischen Behörden auf den Weg gebracht werden mussten, da die Inhalte der Ermittlungsbegehren ihren Fall betrafen. Und ich lernte in den folgenden Wochen, dass ein weiterer Begriff mit diesem Instrument der internationalen Rechtswahrung eng einhergeht: Geduld.

Der Endinger Lokalredakteur war inzwischen der einzige, der beharrlich, praktisch nahezu täglich, nachfragte. Leider konnte ich ihm nichts Atemberaubendes berichten. Es war zwar bekannt, dass wir als Schwerpunkt unserer Ermittlungen einen Lkw-Fahrer suchten, wie genau diese Suche jedoch aussah, war für die Öffentlichkeit nicht bestimmt. Kein Geheimnis war, dass man mit Rechtshilfeersuchen im Ausland arbeiten musste und für Anfragen mithin die österreichischen Behörden zuständig waren. Auskünfte, schon gar nicht inhaltlicher Art, gab es freilich nicht. Ich selbst konnte zum Stand der Auslandsermittlungen nur den lapidaren Hinweis auf die Möglichkeiten von internationaler Rechtshilfe geben. Und dass dieses Verfahren erfahrungsgemäß eine längere Zeit in Anspruch nehmen konnte. Und dass zum aktuellen Stand hierzu nur die österreichischen Behörden Auskünfte erteilen konnten.

So beschränkte sich die journalistische Wissbegier bald nur noch auf die Frage, warum denn alles so lange dauern würde.

Nicht einmal darauf gab es eine Antwort.

11

Mit etwas Verspätung traf ich nach Feierabend auf dem Sportplatzgelände des Emmendinger Stadtteils Windenreute ein. Allerdings sollten dort keine sportlichen Aktivitäten stattfinden. Vielmehr hatten sich alle Mitglieder der Soko Erle, mit Ausnahme einzelner, die anderweitig verhindert waren, zum Grillen und auf ein Fläschchen Bier oder ein Gläschen Wein oder Alkoholfreies eingefunden. Torsten war in seiner Freizeit in diesem Sportverein engagiert und hatte das Gelände organisiert. Die meisten waren gekommen.

Ein Fest war es nicht, denn Gründe zum Feiern gab es an diesem 31. Mai 2017, es war ein Mittwoch, leider noch immer nicht.

Der Anlass war eher ernüchternd und konnte aus unserer Pressemitteilung, die ich für den nächsten Tag vorbereitet hatte, herausgelesen werden:

»Mit Ablauf des Monats Mai 2017 wurde die »Sonderkommission Erle« organisatorisch in eine gleichnamige Ermittlungsgruppe (EG) umgewandelt, wodurch die Anzahl der Ermittler weiter reduziert wurde. Nach zuletzt 20 Mitarbeitern in der Sonderkommission setzt die »Ermittlungsgruppe Erle« die Arbeit mit zehn Beamten fort, wobei sie jederzeit bei Bedarf personell aufgestockt werden kann.

Fortgeführt wird auch die enge und gute Zusammenarbeit mit den österreichischen Kollegen des LKA Tirol sowie der beiden Staatsanwaltschaften Innsbruck und Freiburg.

Aktuell sind von den insgesamt etwa 4300 Hinweisen und Spuren noch etwa 200 in Bearbeitung. Darin begründet sich auch die personelle Reduzierung des Ermittlungsteams, das jedoch weiter mit hoher Energie an der Aufklärung der beiden Gewaltverbrechen arbeitet.

Den Ermittlern ist es in den zurückliegenden Monaten zwar gelungen, einen konkreten Tatzusammenhang zwischen den beiden Tötungsdelikten in Kufstein und Endingen herzustellen – allerdings besteht derzeit kein dringender Tatverdacht gegen eine bestimmte Person.

Das Hinweistelefon bleibt mit Fortführung der Ermittlungsarbeit durch die »EG Erle« für Hinweise aus der Bevölkerung auch weiterhin besetzt.«

Im Klartext hieß das nichts anderes als: Die Soko wurde aufgelöst.

Unsere Zusammenkunft am Windenreuter Sportplatz an diesem Mittwoch war also tatsächlich keine Feier, sondern eine Art Abschlussveranstaltung. In den zurückliegenden Monaten hatten manche Kolleginnen und Kollegen zugunsten der Suche nach dem unbekannten Täter auf Geburtstagsfeiern oder andere private Feste verzichtet. So fanden sich nun genügend Spender von Getränken, Salaten und Grillgut, um ein letztes Mal fern der Soko-Räumlichkeiten der Villa Sonntag alles Geschehene in zwangloser Runde Revue passieren zu lassen.

Einige standen um den bereits in Betrieb genommenen Grill herum, an dem Torsten bewies, dass er nicht nur ein ausgezeichneter Digital-Auswerter war. Andere tummelten sich um die improvisierte Salattheke, zwei zweckentfremdete Biertische. Manche standen in kleinen Einzelgruppen zusammen. Ein Kollege hatte sein kleines Töchterchen dabei.

Nach einem allgemeinen »Hallo zusammen« in die Runde steuerte ich mit dem mir angebotenen Fläschchen Bier auf Gottfried zu. Er saß scheinbar gedankenversunken neben Chris auf einer ansonsten freien Bierbank.

»Noch frei bei euch?«

»Klar doch«, antwortete Gottfried und rutschte ein paar Zentimeter zur Seite.

»Ging nicht früher«, entschuldigte ich mich.

»Kein Problem. Es ist noch genug da.«

»Hast du die Pressemeldung schon draußen wegen der Auflösung?« fragte mich Chris.

»Morgen früh geht sie raus – abgestimmt mit der Staatsanwaltschaft. Ich hab' versucht, sie so zu formulieren, dass die Soko-Auflösung nichts damit zu tun hat, dass wir jetzt aufgeben.«

Gottfried schaute mich leicht missbilligend von der Seite an. »Tun wir ja auch nicht.« An seinem Widerspruch merkte ich, dass ich eine falsche Formulierung gewählt hatte.

»Wir geben nicht auf«, stellte er ruhig klar. »Aber wir haben die meisten Spuren abgehandelt und können keine zwanzig Leute mehr beschäftigen.«

Chris stand auf, um sich vom Grill etwas zu holen. Gottfried streckte mir die Unterseite seines Bierfläschchens zum Anprosten entgegen, und ich tippte sie mit meiner Flasche leicht an.

»Zum Wohl, auf …? Na ja … auf … zum Wohl«, sagten wir nur und widmeten den Trinkspruch keinem Anlass. Wir saßen eine Weile wortlos nebeneinander, bis ich die Frage stellte, die mich wegen der spürbar gedämpften Stimmung beschäftigte.

»Es ist aber schon ein, wie soll ich sagen, wehmütiges Gefühl, jetzt und hier und heute, oder?«

»Wie meinst du?«

»Na, das Ende der Soko«, ergänzte ich, »nach so langer Zeit und der ganze Aufwand und alles ohne Täter …«

Gottfried nickte leicht vor sich hin.

»Was heißt wehmütig … ja, vielleicht. Mag sein. Wir sind ja noch nicht ganz am Ende. Wir haben ja noch offene Spuren.«

Klammerte er sich an Strohhalme? Ich glaubte zu wissen, dass alle priorisierten Spuren ergebnislos abgehandelt waren. Diejenigen, die jetzt noch offen waren, konnten keine »heißen« Spuren sein. Das waren zurückgestellte, nicht erfolgversprechende Spuren. Nach Auflösung der Soko würden die verbliebenen paar Kollegen sie zum ordnungsgemäßen Abschluss der Ermittlungen noch erledigen.

Gottfried nahm ein Schlückchen von seinem Bier.

»Morgen geh'n wir noch zu einem Slowaken und zu einem Rumänen.« Er sprach in einem so belanglosen Tonfall, als würde er mitteilen, dass er morgen noch die Mülleimer rausstellen werde.

Den für mich völlig beiläufigen Satz nahm ich mit nur einem Ohr zur Kenntnis und schenkte ihm in diesem Moment nicht mehr Beachtung als den noch verbliebenen Spuren.

Chris kam zurück und setzte sich wieder dazu. Wir plauderten über alles Mögliche. Nicht mehr über den Fall.

Ich blieb etwa eine Stunde und machte mich dann auf den Heimweg. Es gab für mich privat noch einige Dinge zu erledigen. Ein größeres Fest in vier Tagen stand vor der Tür. Eine Feier, bei der ich die Hauptperson sein würde.

12

Die wahre Bedeutung von Gottfrieds Satz wurde mir erst zwei Tage später bewusst, als ich gleich zu Dienstbeginn einen Anruf von Dominik erhielt. Er gehörte zum kleinen Kreis der letzten zehn Kollegen, die sich noch um den ungeklärten Fall kümmerten.

Von Dominik erfuhr ich in kurzen Worten, dass man am Donnerstag, dem Tag nach der Soko-Auflösung und unserer Abschlussveranstaltung, von einem rumänischen Fernfahrer eine DNA-Probe genommen und zur unverzüglichen Untersuchung ans LKA geschickt habe.

Mit dem Ergebnis rechne man gegen Mittag.

Diese Information nahm ich noch sehr gelassen entgegen. Erhöhten Puls bekam ich erst, als Dominik mir ergänzend berichtete, dass der

Lkw-Fahrer zur Tatzeit in Endingen und im Januar 2014 zur Tatzeit in Kufstein war.

Er setzte noch eins drauf. »Rate mal, was er für ein Auto fährt …«

»Einen Lkw, nehm' ich an.«

»Privat, mein' ich.«

Ich blieb einen Moment still und spürte die Gänsehaut, die mich überkam.

»Einen schwarzen Tiguan«, sagten wir gleichzeitig.

***

Viertes Kapitel:

TREFFER

1

Dominik versicherte mir, mich sofort anzurufen, sobald das Ergebnis aus Stuttgart eingetroffen war.

Ich versuchte mich an das Gespräch mit Gottfried zwei Tage zuvor auf dem Sportplatz zu erinnern. Er hatte einen Slowaken und einen Rumänen erwähnt, aber ich war nicht darauf eingegangen. Jetzt war mir klar, dass er diesen rumänischen Lkw-Fahrer gemeint hatte. Aber wie hatte man herausgefunden, dass er im November 2016 in Endingen und im Januar 2014 in Kufstein war? Gab es womöglich Reaktionen auf österreichische Rechtshilfeersuchen, entgegen aller Erwartungen?

Eine andere aufregende Frage beschäftigte mich. Wie hoch war die Wahrscheinlichkeit, dass ein Lkw-Fahrer, der zu beiden Tatzeiten jeweils im Tatortbereich war und gar noch einen schwarzen Tiguan fuhr, *nicht* der Täter sein konnte?

Die Zeit des Wartens auf Dominiks vielleicht entscheidenden Anruf überbrückte ich mit der Klärung all dieser Fragen. Ich sprach mit Gottfried, mit Chris, mit Thomas und erfuhr Einzelheiten, die sich als Mosaiksteinchen, Indiz für Indiz, zu einem elektrisierenden Bild zusammenfügten. Ein Eldorado kriminalistischer Feinarbeit tat sich auf.

2

Zunächst erfuhr ich, dass der Rumäne nicht der einzige Lkw-Fahrer war, der sich in den tatinteressanten Zeiträumen in der Nähe beider Tatorte aufgehalten hatte.

Zwei Tage vor der Auflösung der Soko ging bei der Kriminalpolizeiinspektion in Rosenheim ein Hinweis auf einen slowakischen Lkw-Fahrer ein. Dieser sei im Güter- und Fernverkehr beim Subunternehmen einer deutschen Spedition beschäftigt. Durch eigene Recherchen, so der Hinweisgeber, sei bekanntgeworden, dass der Lkw mit dem Slowaken am Steuer am Tatzeit-Wochenende im November 2016 auf einem Autohof in der Nähe von Endingen abgestellt gewesen sei. Im Januar 2014 habe dieser Fahrer einen Lkw in Kiefersfelden, also ganz in der Nähe von Kufstein, übernommen. Der Mann sehe haargenau so aus, wie der auf dem deutschen Phantombild.

Diese Spur überschnitt sich mit den finalen Ermittlungen gegen den rumänischen Fernfahrer, deren Ursprung in den Tagen lag, als die deutschen Ermittler die österreichischen Mautdatensätze zurück über die Grenze schickten – angereichert mit den Ergebnissen der Auswertungen.

Und dann gab es dazu noch die atemberaubenden Erkenntnisse über das Tatwerkzeug, die Eisenstange aus dem Inn.

3

Unsere Nachbarkollegen hatten die Metallstange schon früh als eine sogenannte Kipperstange oder als einen Drehstift beschrieben, mit dem unter anderem die hydraulische Pumpe eines Lkw-Führerhauses bedient werden kann. Allerdings ließen die Beschädigungen an diesem Werkzeug vermuten, dass es für seinen bestimmungsgemäßen Einsatz nicht mehr geeignet war.

Mitte Februar 2017 lag die Stange auf einem Tisch in einem Soko-Nebenraum. Wenn man sie anschaute, glaubte man irgendwie die schauderhafte Aura ihrer Vergangenheit zu spüren, von der sie umgeben war. So leibhaftig als reales Mordwerkzeug vor Augen, ermutigte sie die Soko-Kollegen zu weiteren Nachforschungen.

Es sollte die Frage geklärt werden, ob es zum Beispiel standardmäßige Ausrüstungen für bestimmte Lkw-Fabrikate gab, zu denen eine solche Hubstange gehören könnte. Dazu erhoben unsere Ermittler die Namen der Hauptvertretungen aller gängigen europäischen Lkw-Hersteller und wandten sich an die jeweiligen deutschen Niederlassungen. Dies war ohne die Hürde über Rechtshilfeersuchen möglich. Die gleichsam banale wie fast geniale Idee war von Jochen gekommen, einem gewieften Spezialisten für alle Fragen zur digitalen Auswertung.

Da von den österreichischen Kollegen seinerzeit ein Foto des Kufsteiner Tatwerkzeugs zur Ermittlung dessen Herkunft veröffentlicht worden war, durften wir ein solches Bild auch den verantwortlichen Personen der Niederlassungen zeigen. Wir gingen gar einen Schritt weiter.

Das Spurenteam Bernd und Tillo zog mit der Originalstange und einer unglaublichen Portion Optimismus im Gepäck los und versuchte herauszufinden, woher das Teil stammen könnte.

Zunächst führte ihr Weg zu einer Volvo-Niederlassung in Südbaden. Anlass war der schwedische Lkw mit italienischem Kennzeichen, der bald nach der Kufsteiner Tat über die Grenze nach Deutschland gefahren und in Bayern wegen eines Verkehrsverstoßes aufgefallen war.

Bei Volvo erhielten sie die zweifelsfreie Auskunft, dass die Eisenstange auf keinen Fall zu ihren Lastkraftwagen gehören würde. Dies wurde auch vom Hauptwerk bestätigt. Allerdings bekamen die beiden Ermittler auch den Hinweis, dass die beiden markanten Bohrungen an der Stange sehr wohl auf eine Verwendung bei einem Lkw hindeuten würden.

Folglich war es naheliegend, alle Hersteller von Schwerlastwagen zu kontaktieren.

Die beiden wandten sich an die nächstgelegenen Vertriebsstützpunkte der geläufigen Lkw-Marken. Obwohl ihnen durchweg große

Hilfsbereitschaft begegnete, waren ihre Bemühungen nicht von dem gewünschten Erfolg gekrönt. Sie erhielten zwar die Bestätigung, dass es sich tatsächlich um eine Art Hebelstange zum Einsatz bei hydraulischen Pumpvorgängen handelte. Aber eine individuelle Zuordnung zu einem bestimmten Lkw-Hersteller ließ sich zunächst nicht bewirken.

Zum gleichen Ergebnis waren drei Jahre zuvor die österreichischen Ermittler gekommen. Weil zum damaligen Zeitpunkt fraglich war, ob die beschädigte Stange tatsächlich einem Lkw-Fahrer gehören könnte, hatte man weitere aufwendige Anstrengungen vorerst eingestellt und sich auf andere Spuren konzentriert.

Die deutschen Kollegen hingegen durften sich auf die nun priorisierte Fernfahrer-Hypothese stützen und setzten beharrlich ihre Bemühungen fort. Ihr Weg führte auch zu einer Niederlassung in Südbaden. Dort hatte der italienische Nutzfahrzeughersteller Iveco einen seiner über achtzig Vertriebsstützpunkte in Deutschland. Wie schon mehrfach geschehen, legte man das Werkzeug auch hier zur Ansicht vor.

»Ja, es ist durchaus möglich, dass diese Stange in unseren Lkw zum Einsatz kommt. Aber sicher lässt sich das nicht sagen.« Eine konkrete Zuweisung zu ihren Fahrzeugen konnten die Iveco-Mitarbeiter bei dieser ersten Kontaktaufnahme nicht vornehmen. Die bange Befürchtung, die Eisenstange könnte eben doch, wie wir bisher annehmen mussten, Teil einer unbestimmbaren Massenware sein, drohte Oberhand zu gewinnen.

Bernd und Tillo packten das Teil wieder ein, allerdings begleitet von dem Gefühl, dass noch nicht alle Möglichkeiten ausgeschöpft waren.

Da war es wieder. Dieses Gefühl, dieses Erahnen. Dieser Instinkt, diese Intuition. Dieses Gespür, das sich so leicht nicht erklären lässt.

Das Ermittlerteam gab sich mit der Darlegung der Niederlassungsmitarbeiter nicht zufrieden. Das hatte nichts mit Zweifeln oder Skepsis zu tun, sondern allein mit der Sorgfalt und dem Biss, diese Spur einhundertprozentig bearbeiten zu wollen. Daraus ergab sich die Frage, wer denn tatsächlich die verbindliche Auskunft geben könnte. Wenn die Hubstange wirklich bei einem bestimmten Hersteller verortet werden konnte, dann musste es innerhalb des Unternehmens eine Stelle geben, die eine verlässliche Einschätzung vornehmen konnte.

Der Weg führte mittels einer schriftlichen Anfrage ins Schwäbische zur Hauptvertretung von Iveco-Deutschland und dort zum direkten Kontakt mit dem Serviceteam und der Hauswerkstatt.

Der Anfrage hatten die Kollegen Fotos des Tatwerkzeugs beigefügt. Kurz darauf erhielten sie die gleichsam überraschende wie ermutigende Mitteilung, dass derartige Metallstangen tatsächlich in bestimmten Fahrzeugen zum Bordwerkzeug gehören. Der Soko wurde eine technische Zeichnung der in den Schwerfahrzeugen verwendeten Stange und ein paar Fotos über die Verstauung im Fahrzeug überlassen. Iveco bestätigte, dass die schweren Straßen-Lkw, die Baustellenfahrzeuge und ihre Cargo-Mittelklassen-Lkw jeweils mit einer solchen Stange ausgestattet seien.

Im Wesentlichen habe diese Stange drei Verwendungszwecke.

Erstens: Lösen und Wiederbefestigen der Radmuttern im Falle einer Reifenpanne in Verbindung mit einem passenden Steckschlüssel.

Zweitens: Bedienung des Wagenhebers, ebenfalls im Falle eines Radwechsels.

Und drittens: Betätigung der Kippeinrichtung für die Fahrerkabine.

Dann wurde es spannend.

Iveco teilte weiter mit, dass die Eisenstangen in ihren Fahrzeugen nach eigenen Entwürfen von einer italienischen Firma gefertigt und exklusiv nur an Iveco geliefert werden. Zur Feststellung, ob unsere Hubstange zweifelsfrei aus einem ihrer Fahrzeuge stammt, sollten wir den nur für dieses Stangenmodell charakteristischen Abstand der beiden Bohrungen messen. Falls dieser Lochabstand genau 53,5 Millimeter betrage, sei es mit an Gewissheit grenzender Wahrscheinlichkeit ein Werkzeug aus ihrem Bestand.

Bei dieser Gelegenheit erfuhren wir nebenbei auch die Funktion der beiden Löcher am Ende der Stange. Das eine dient der Befestigung einer Rohrverlängerung, die zum Erreichen eines hohen Drehmoments für die Radmontage erforderlich ist. Das zweite Loch wird verwendet, um die Stange im Staufach des Fahrzeugs zu befestigen.

Wir wussten zwar, dass das Tatwerkzeug 58 Zentimeter lang war. Der Abstand der Bohrungen hatte aber bisher niemanden interessiert.

In hoffnungsfroher Erwartung legte ein Kollege der Kriminaltechnik ein digitales Maßband an.

Der Lochabstand betrug exakt 53,5 Millimeter.

4

Welche Möglichkeiten konnte es geben, dass die Hubstange trotz dieses Individualmerkmals nicht zu einem Iveco-Fahrzeug gehörte? Die italienische Firma, die die Stange nach Entwürfen von Iveco fertigte, hätte ihr Produkt theoretisch auch an andere Nutzfahrzeughersteller veräußern können. Das wäre vertraglich zwar nicht in Ordnung gewesen, aber für unsere Ermittlungen ein bitterer Wermutstropfen.

Der Produktentwickler von Iveco, ein überaus zuvorkommender und hilfsbereiter Firmenverantwortlicher, war sich hingegen sehr sicher, dass ihr langjähriger Vertragspartner dieses Werkzeug ausschließlich an Iveco und an niemand anderen liefern würde. Falls dem nicht so gewesen sein sollte, hätten wir von dem italienischen Werkzeughersteller vermutlich keine Bestätigung dafür erhalten.

Die Soko verzichtete darauf, diese mögliche Schwachstelle auf dem zeitraubenden Weg eines Rechtshilfeersuchens zu klären. Sie ging fortan davon aus, dass die Eisenstange ursprünglich zu einem Iveco-Fahrzeug gehörte. Wir hatten dabei ja nichts zu verlieren. Im Gegenteil: Wenn wir nicht davon ausgegangen wären, hätten wir diese Spur verloren.

Von den drei Iveco-Fahrzeugtypen, die mit der Hubstange ausgerüstet waren, schlossen wir die klassischen Baustellenfahrzeuge aus und konzentrierten uns alleine auf die Lkw mit einem Gesamtgewicht von über 3,5 Tonnen. Nur solche Fahrzeuge wurden im Mautdatenbestand erfasst und konnten für unsere Ermittler eine Bedeutung haben.

Zur selben Zeit vervollständigte Tillo die Liste mit den 285 herausgesiebten Lastern, die am Tatwochenende im Januar 2014 in Kufstein ihre Fahrt unterbrochen hatten. Von ihnen wurden nun alle Iveco-Lkw herausgefiltert.

Es waren dreizehn Fahrzeuge. Sechs polnische, vier rumänische, zwei österreichische und ein tschechisches.

Mit diesem Ergebnis waren die Möglichkeiten auf deutschem Boden ausgeschöpft. Das war, wie erwähnt, Mitte Februar 2017 gewesen. Unsere zu Beginn der Mordermittlungen noch schwache Lkw-Fahrer-Hypothese stand nun auf kräftigen Beinen. Sofern die wohl nicht mehr funktionsfähige Stange im Januar 2014 wirklich noch an Bord eines Iveco-Lkw mitgeführt worden sein sollte, war der mögliche Täterkreis auf die Fahrer von dreizehn Iveco-Lastkraftwagen eingeengt worden.

Die Soko Erle übergab ihre Erkenntnisse samt Entstehungshistorie an das LKA Tirol. Die weiteren Ermittlungen mussten von dort erfolgen oder auf den Weg gebracht werden. Es waren alles Erkenntnisse zum dortigen Verfahren.

Die zwei Iveco-Fahrzeuge, die auf österreichische Firmen zugelassen waren, konnten von unseren Nachbarkollegen selbst überprüft werden. Wir gingen davon aus, dass die jeweiligen Fahrer ohne große Mühe über ihre Arbeitgeber ermittelt werden konnten. Mit der Einschränkung allerdings, dass die rechtlichen Voraussetzungen für die Erhebung von Speichelproben zu Vergleichszwecken in Österreich anders aussahen als in Deutschland. Ein DNA-Vergleich war dort auch mit Einwilligung des Betroffenen nur möglich, wenn die Person formal als Beschuldigter geführt wurde.

Die Recherchen zu den übrigen elf Fahrzeugen sollten den beschwerlichen Weg nach Polen, Tschechien, Rumänien und Italien über internationale Rechtshilfeersuchen antreten. Ja, auch Italien. Denn alle vier Lkw mit rumänischen Kennzeichen waren für eine italienische Firma unterwegs. Dafür aber waren die Österreicher zuständig.

Wir legten die Spur auf Eis, obwohl sie meinen Kollegen ziemlich heiß erschien.

Nun war Warten angesagt.

5

Die Soko Erle hatte zu dieser Zeit noch eine Vielzahl von teils interessanten Spuren offen. Zahlreiche Hinweise zum Phantombild und die Recherchen zum schwarzen Tiguan mit Freiburger Kennzeichen beschäftigten sie ausgiebig. Mit allen anderen Spuren zusammen bewegte sich das Aufkommen in Richtung 4.000. Noch immer kamen täglich neue Spuren hinzu.

Tage vergingen. Wochen. Monate.

Für die Kollegen spielte sich in jener Zeit das übrige Welt- und Tagesgeschehen im Schatten ihrer fieberhaften Ermittlungen ab. Eher beiläufig registrierten die meisten den ersten Besuch von Bundeskanzlerin Merkel beim US-amerikanischen Präsidenten Trump und die Verabschiedung von Bundespräsident Joachim Gauck. Die schwelenden deutsch-türkischen Spannungen nahmen durch die Affäre um einen Journalisten weiter zu. In den Vereinigten Staaten starb die Sängerin Daliah Lavi und der Schauspieler Roger Moore in der Schweiz. Großbritannien leitete seinen Austritt aus der Europäischen Union ein. Ein Sänger aus Portugal gewann den Eurovision Song Contest in Kiew.

Mit größerem Interesse nahm man zur Kenntnis, dass das Land Baden-Württemberg eine Gesetzesinitiative zur Erweiterung der DNA-Analyse in den Bundesrat einbrachte. Ziel sollte sein, dass künftig auch Untersuchungen und Verwertungen zu den Farben von Haaren, Augen und Haut sowie zum Alter erlaubt sein sollen. Bisher waren in Deutschland solche Fahndungsunterstützungen rechtlich nicht möglich.

In London lenkte ein Mann auf der Westminster Bridge sein Auto in eine Gruppe von Passanten und tötete mehrere von ihnen. Schweden verkündete die Wiedereinführung der Wehrpflicht und Jordanien die Vollstreckung von fünfzehn Todesurteilen für Terrorhäftlinge.

Längst war es Frühling geworden. Bayern München wurde zum fünften Mal in Folge deutscher Fußballmeister. Der Sportverein Endingen verlor sein Heimspiel im *Erle-Stadion* in der Verbandsliga gegen den Freiburger Fußballclub mit 1:2 Toren. Dreihundert Zuschauer verfolgten das Spiel. Keinen Kilometer Luftlinie von dem kleinen Wäldchen entfernt, in dem fünf Monate zuvor das schlimme Verbrechen geschehen war.

Der Wille der Soko-Polizisten war ungebrochen. In das aufwendige Abarbeiten der Spuren eingebunden, schielte man jeden Tag mit wachsender Erwartung über die Schulter hinüber nach Österreich. Die Überprüfungen der beiden österreichischen Iveco-Laster hatten uns nicht weitergeführt. Was aber machten die Ermittlungen zu den übrig gebliebenen elf gefilterten Lkw? Waren die Fahrer festgestellt worden? Gab es Informationen aus Polen, Rumänien, Tschechien oder Italien?

Diese Fragen stellten die engagierten Soko-Mitarbeiter auch vermehrt an den Soko-Leiter. Aber weder er, Gottfried, Thomas oder Chris noch der ermittelnde Staatsanwalt konnten sie beantworten.

Ab Mai 2017 wuchs die Ungeduld in den Reihen der Ermittler. Ein Großteil der Spuren war erledigt. Erfolglos erledigt. Keiner der zuhauf eingegangenen Hinweise zu unserem Phantombild hatte zu ansprechenden Ansätzen geführt. Auch die durchaus heiße Tiguan-Spur mit den weit über 200 Fahrzeugbesitzern war trotz größtem Aufwand mit jedem negativen Speichelvergleich nach und nach schwächer geworden und mit dem letzten vergeblichen Übereinstimmungsversuch schließlich erkaltet. Keiner der etwa 400 überprüften Fahrzeugeigentümer oder –benutzer kam als Täter in Frage.

Man spürte das Ende der Soko nahen. Ihr Bestand war fast auf die Hälfte von Ermittlern abgebaut worden. Die noch offenen Spuren konnten aber auch die verbliebenen Kollegen nicht auf Dauer sinnvoll beschäftigen. Die Mannschaft würde weiter schrumpfen, man würde weiter reduzieren. Was konnte noch unternommen werden?

Die Soko-Leitung setzte sich mit dem Staatsanwalt zusammen. Wie so oft in den zurückliegenden Monaten. Der vertrauensvolle, gedankliche Austausch, das Abwägen von Für und Wider zu anstehenden Entscheidungen hatten bisher immer zu einem brauchbaren Ergebnis geführt. Freigeistdenken war erlaubt, ja gewünscht. Eine richtig gute Idee musste her.

Man war zum ersten Mal in all den zurückliegenden Wochen an einen Punkt gekommen, an dem es gefährlich wurde. Gefährlich für den unbändigen Ehrgeiz, den immerwährenden Antrieb, diesen Mörder zu finden. Wenn erst einmal der schleichende Prozess des Übergangs in den dienstlichen Alltag eine Chance zur Entfaltung wittern würde, dann drohte eine Feststellung, die niemand hören wollte. Nämlich, dass man den Fall zu den Akten legen müsse.

Um dies zu vermeiden, weigerten sich meine Kollegen eisern, kampflos die Segel zu streichen. Der Schlüssel lag irgendwo bei den elf Lkw. Die Präferenz für diesen aussichtsreichen Ermittlungsstrang ergab sich nicht nur wegen der vergeblichen Bemühungen bei all den anderen Spuren. Ein Lkw-Fahrer mit Aufenthalt in Kufstein am Tatwochenende, der über ein typgleiches Werkzeug verfügen konnte, wie es bei dem Mord verwendet worden war, schien den Ermittlern brisant genug. Aber wie konnte man an diesen Fahrer herankommen? Vor allem: Wie konnte man schneller an ihn herankommen als über zeitraubende Auslandsersuchen? Die Köpfe arbeiteten. Rund um die Uhr.

Dann plötzlich war es soweit.

Wer geglaubt hatte, alle realistischen Möglichkeiten seien schon erörtert und durchdacht, wurde unvermittelt von einer prickelnden Überlegung überrascht. Einem Impuls, der alle bisherigen Ideen in den Schatten stellen sollte.

Dabei war der Gedanke im Grunde genommen ganz banal. Es hatte nur jemand darauf kommen müssen.

6

Die übrig gebliebenen elf Iveco-Laster gehörten allesamt zu Firmen außerhalb deutscher Grenzen. Eigenständige Ermittlungen in fremden Ländern verboten sich wegen der jeweiligen staatlichen Souveränität. Man wäre rechtsstaatlich auch in Deutschland nicht damit einverstanden, wenn Behörden anderer Länder einfach so bei uns ermittelten.

Was wäre jedoch, so die Überlegungen, wenn es von diesen ausländischen Firmen Niederlassungen in Deutschland gäbe? Hauptsitze in anderen Ländern zwar, aber Standorte bei uns? Wäre es dann möglich, Ermittlungen bei diesen Dependancen selbst durchzuführen?

Bernds Frage fand über die Soko-Leitung den Weg zum Staatsanwalt.

Sie war rasch beantwortet. Nachdem er sich bei seinem österreichischen Pendant die Bestätigung eingeholt hatte, gab der Freiburger Staatsanwalt grünes Licht für Ermittlungen auf deutschem Boden.

Ermittler Bernd war gerade aus einem schon lange zuvor geplanten Urlaub zurückgekehrt. Seine Abwesenheit hatte einen personellen Wechsel innerhalb des Spurenteams erforderlich gemacht, sodass nun Dieter an seiner Seite fungierte. Weil beide im südlichen Dreiländereck wohnten, fuhren sie fortan täglich in einem Auto zur Soko und spätabends zurück. Da gab es unterwegs reichlich Zeit, alle denkbaren Möglichkeiten durchzuspielen. Mit Feuereifer waren sie bei der Sache.

Ihr klar gestecktes Ziel war die Ermittlung von deutschen Niederlassungen, Speditionspartnern oder Kooperationsbetrieben jener Firmen, für welche die verbliebenen elf ausländischen Lkw im Jahre 2014 fuhren.

Man würde es wohl als das sprichwörtliche Glück des Tüchtigen bezeichnen, falls gleich die erste Firma, die meine Kollegen ins Visier nehmen wollten, tatsächlich eine deutsche Niederlassung gehabt hätte.

Aber genau das war der Fall.

Es handelte sich um ein großes italienisches Transportunternehmen mit nicht weniger als siebzig internationalen Standorten, drei davon in Deutschland. Von diesen wiederum befand sich eine Niederlassung idealerweise im süddeutschen Raum.

Alle vier herausgefilterten rumänischen Lkw des Herstellers Iveco fuhren im Auftrag dieses italienischen Unternehmens.

Unser Weg führte geradewegs zur Niederlassung in Baden-Württemberg.

Von der Geschäftsleitung erhielten wir die Bestätigung für unsere Mautdatenauswertung. Alle vier Fahrzeuge waren am Wochenende um den 12. Januar 2014 im Bereich Kufstein unterwegs gewesen. Drei dieser Lkw seien laut Firmenjournal damals doppelt besetzt gewesen, also jeweils mit einem Fahrer und einem Begleiter. Ein Laster sei durch einen Alleinfahrer gesteuert worden.

Alle sieben Lkw-Fahrer seien rumänische Staatsangehörige gewesen. Wir erhielten ihre Namen.

Natürlich galt das höchste Interesse dem Einzelfahrer. Die Wahrscheinlichkeit, dass einer der sechs anderen gewissermaßen unter der Aufsicht seines Fahrpartners die französische Austauschstudentin getötet hatte, erschien vergleichsweise gering.

Bei dem Fernfahrer, der seinerzeit allein in Kufstein unterwegs war, handelte es sich um einen vierzig Jahre alten Rumänen.

Über die Auswertung der Funkzellendaten fanden wir heraus, dass sein Handy im November 2016 im tatrelevanten Zeitraum in der Funkzelle des Tatortes in Endingen eingeloggt war.

Zwischenzeitlich arbeitete er auch nicht mehr für die italienische Transportfirma, sondern für ein deutsches Logistik-Unternehmen.

Mit Sitz in Endingen.

7

Derweil ich am Freitag Dominiks Anruf aus der Soko entgegenfieberte, saß die Molekularbiologin Dr. Tina W. in ihrem Labor des Kriminaltechnischen Instituts.

Untersuchungsaufträge der Soko Erle waren für sie in den vergangenen Monaten zu einer höchst arbeitsintensiven Aufgabe geworden. Zahlreiche Mundhöhlenabstriche landeten zum Abgleich mit den Tatortspuren auf ihrem Arbeitstisch. Anfangs waren alle Ersuchen mit höchster Priorität versehen, was dazu führte, dass die hoch geschätzte Wissenschaftlerin unter dem Druck des aufsehenerregenden Falles ihre gesamte Energie und eine Menge Überstunden aufbringen musste. Zusätzlich belastend, wie sie mir später berichtete, waren die Nachfragen vieler Kollegen. Üblicherweise korrespondiert das KTI ausschließlich mit den Kriminaltechnikern eines Präsidiums. Im Fall der Soko Erle gab es allerdings vorübergehend unterschiedliche, jedoch nachvollziehbare Interessenlagen. Dabei drehte sich zeitweise alles um das Spurenbild an der Opferkleidung. Die Soko-Leitung hielt den Ehemann nicht für den Täter und war an einer korrespondierenden gutachterlichen Erklärung interessiert. Die Befürworter der Hypothese »Beziehungstat« wiederum wollten ihren Verdacht gegen den Ehemann ebenfalls durch eine möglichst verbindliche Einschätzung des KTI untermauert wissen. Und weil eine einhundertprozentige und somit endgültig bindende Aussage aus wissenschaftlicher Sicht nicht möglich war, sah sich die Biologin zusätzlichen Erklärungsanfragen ausgesetzt. Unter vielen Experten verschiedener Fachgebiete menschelte es spürbar. Das musste nicht unbedingt ein Nachteil sein.

Aufgrund des enormen Aufkommens an Speichelproben von zu überprüfenden Personen ging man zu einer Priorisierung über. Die dringlichen Spuren überholen die weniger dringlichen. Die Bewertung erfolgte durch die auftraggebende Soko und wurde in der begleitenden Beschreibung des Untersuchungsauftrages begründet.

Dem Auftrag, den Tina W. jetzt zusammen mit dem Mundhöhlenabstrich auf ihrem Tisch liegen hatte, schenkte sie zunächst eine ähnliche Bedeutung wie Hunderten zuvor. Allerdings war er mit höchster Priorisierung per Eilkurier eingetroffen. Als sie die Begründung für die Eilbedürftigkeit las, machte sie sich ans Werk. Der Inhaber der Speichelprobe, so war es im Begleitschreiben formuliert, hatte sich nach polizeilichen Erkenntnissen in beiden Mordfällen im Bereich der Tatorte aufgehalten. Er galt als dringend tatverdächtig.

Eine Stichprobe seines Mundhöhlenabstrichs wurde im üblichen Verfahren einer DNA-Analyse zugeführt. Von der isolierten DNA bestimmte die Biologin die dem europäischen Standard entsprechenden sechzehn DNA-Abschnitte und darüber hinaus die DYS-Merkmale. Diese verglich sie mit den DYS-Merkmalen der Endinger Spur »C.G.10.4«, die am Körper des Opfers gesichert worden war. Entsprechend der sachverständigen Vorgehensweise übermittelte sie zeitgleich die herausbestimmten Merkmale des Tatverdächtigen an ihre DNA-Kollegin in Österreich. Dort wurde das Material mit den Spurenbefunden an der Zigarettenkippe verglichen.

Unabhängig voneinander bestätigten beide Molekularbiologinnen an jenem Freitagvormittag die Annahme, dass auch Wissenschaftler bei routinemäßigen Arbeiten bisweilen eine Gänsehaut bekommen.

Nachdem Dr. Tina W. als erstes ihren Chef angerufen hatte, setzte sie sich an ihren Computer und schrieb eine Mitteilung, die sie »mit erleichterten Grüßen« schloss.

Wieder ging eine E-Mail auf die digitale Reise von Stuttgart nach Emmendingen.

Es war Freitag, der 2. Juni 2017, 13:07 Uhr.

Und wieder waren es die zwei Worte, auf die sich alles konzentrierte, auf die alle geradezu sehnsüchtig gewartet hatten. Die aber dieses Mal nicht bloß den Tatzusammenhang zwischen den beiden Morden bestätigten, sondern die Überführung des Täters belegen sollten.

Da standen sie. Schwarz auf weiß auf dem Computer-Bildschirm der Soko-Leitung. Umrahmt von molekularbiologischen Fachbegriffen stachen sie aus dem wissenschaftlich verfassten Mitteilungstext in ihrer Schlichtheit, aber umso größeren Bedeutung hervor:

»… *stimmen überein.*«

8

Die E-Mail des Fachbereichs DNA-Analytik war an die Soko-Leitung und an die Kollegen der Kriminaltechnik adressiert. Gleichzeitig erreichte es die hauseigenen Verantwortlichen beim Kriminaltechnischen Institut.

Von der Soko wurden unverzüglich die Freiburger Kripoleitung, der Polizeipräsident, die Staatsanwaltschaft und natürlich das LKA Tirol informiert.

Dann war der Polizeisprecher dran.

Kurz nach 13:30 Uhr kam Dominiks Anruf in mein Büro.

»Sitzt du?« fragte er, ohne jede Vorrede.

»Ich muss nicht sitzen. Sprich!«

Diesmal genügte ein Wort.

»Treffer.«

Es war ein Telefonat der kürzeren Sorte. Wohlweislich hatte ich mich bereits vor diesem Anruf mit einer möglichen Pressekonferenz befasst. Nun wurde sie real. Ich teilte Dominik mit, dass ich die PK sofort vorbereiten und mich beim Soko-Leiter melden würde wegen Zeitpunkt und Ort.

Nach Beendigung des Gesprächs gab ich mir eine Minute zum inneren Sammeln. Checklistenartig reihten sich in meinen Gedanken die anstehenden Aufgaben aneinander. Zu klären waren die Teilnehmer fürs Podium, die Inhalte, die Redebeiträge und ihre Reihenfolge, der ganze Ablauf und natürlich Ort und Zeit der Veranstaltung. Es war Freitagnachmittag und somit lief es auf eine PK am Wochenende hinaus. Bis Montag konnten wir auf keinen Fall warten. Alles musste möglichst rasch mit dem Leiter der Staatsanwaltschaft, dem Polizeipräsidenten, dem Kripochef und der Soko-Führung abgestimmt werden. Zudem hatte der ermittelnde Leiter des LKA Tirol sein Kommen und seine Mitwirkung zugesagt.

Mein erster Anruf galt jedoch keiner dieser Personen.

Meine Frau nahm sofort ab. Ich begann mit einer Frage.

»Wär es ein Problem, wenn wir meine 60er-Feier am Sonntag verschieben würden?« Ich wusste, dass es kein Problem sein würde.

Aus ihrer Antwort klangen Freude und Erleichterung:

»Ihr habt ihn!«

Auch der zweite Anruf galt nicht dem Kreis der Podiumsbesetzung.

Unseren zuverlässigen Ansprechpartner bei der Stadt Endingen erreichte ich auf seinem Handy. Nachdem ich ihm gesagt hatte, dass wir wieder eine Örtlichkeit für eine Pressekonferenz benötigten, erwartete ich den gleichen Satz wie den meiner Frau. Er aber fragte: »Wär' Bürgerhaus wieder okay?«

»Ja, klar.«

»Und wann?«

Ich überlegte. Wenn wir es schaffen würden, die PK auf Samstag zu legen, gäbe es einen Nachteil und drei Vorteile. Einziger, aber als sehr wichtig anzusehender Nachteil wäre der höhere Zeitdruck, unter dem man zwischen dem Informationsbedürfnis der Öffentlichkeit und kriminaltaktischen Überlegungen sensibel abwägen musste. Was und wie viel durfte man sagen, um den Ermittlungserfolg nicht zu gefährden?

Die Vorteile überwogen. Da war zunächst der höchst eigennützige, wonach ich meinen runden Geburtstag am Sonntag doch ohne Einschränkungen würde feiern können. Das zweite Argument für den Termin am Samstag war, dass die Öffentlichkeit schneller von der Festnahme des mutmaßlichen Mörders erfahren würde. Und schließlich war drittens die Gefahr größer, dass bei den Medien bis Sonntag, aus welchen Gründen auch immer, irgendetwas von der bahnbrechenden

Entwicklung des Falles vorzeitig durchsickern könnte – was wir tunlichst vermeiden wollten.

»Samstag«, sagte ich daher voller Überzeugung.

»In Ordnung. Dann schau' ich gleich, ob das Bürgerhaus frei ist ...«, und nach kurzem Überlegen »... das heißt ..., ihr könnt auf jeden Fall rein. Wenn belegt ist, dann müssen die Anderen eben umziehen oder ihren Termin verschieben. Eures geht vor!«

Ich wunderte mich doch ein wenig, weshalb er nicht nach dem Grund für die PK fragte. Deshalb gab ich den Hinweis, dass alles noch möglichst geheim bleiben sollte. Jetzt kam der Satz doch noch:

»Ihr habt ihn.«

Und bevor das Telefonat beendet wurde, hörte ich von dem bodenständigen Endinger Mann noch ein leises »Danke«.

Für mich war klar, dass wir die PK wieder in Endingen abhalten würden. Zusätzlich schwebte mir eine Idee im Kopf herum, die ich noch mit dem Polizeipräsidenten abstimmen musste.

Zwei Minuten später rief mich mein Kontakt der Endinger Stadtverwaltung zurück: »Es gibt doch ein kleines Problem mit dem Bürgerhaus. Es ist tatsächlich für Samstag reserviert. Ich tu' mich etwas schwer, die da rauszuschmeißen. Es ist eine Hochzeit.«

»Eine Hochzeit? Eine Hochzeit stören wir nicht«, sagte ich spontan. Noch während ich nun doch kurz über den Sonntag nachdachte, hatte der findige Feuerwehrkommandant im Nebenamt eine andere Alternative: »Ihr könnt in die Stadthalle. Die ist zwar größer, aber man könnte sie unterteilen.«

Diese Idee kam meinem Plan, den ich noch mit dem Präsidenten besprechen musste, sehr entgegen.

Das zunächst Wichtigste war also geklärt: Ort und Tag.

Jetzt galt es, mich selbst auf den neuesten Stand der Dinge zu bringen. Schließlich sollte ich das Vorbereitungsgespräch und danach die PK moderieren. Da brauchte ich alle Hintergrundinfos.

Gottfried und Thomas nahmen sich die Zeit und berichteten:

Meine Kollegen hatten nicht nur herausgefunden, dass der 40-jährige Rumäne am Tatwochenende mit seinem damaligen Handy in der Funkzelle des Kufsteiner Tatortes eingeloggt war, sondern auch mit seinem aktuellen Mobiltelefon am 6. November 2016 in der Endinger Fundort-Funkzelle. Die jeweiligen Aufenthaltszeiten ließen sich minutengenau nachweisen.

Das war der ersehnte Kreuztreffer.

Sie glaubten nun auch, den Fahrer des monatelang gesuchten schwarzen Tiguans gefunden zu haben. Der Rumäne besaß ein solches Fahrzeug. Allerdings mit Emmendinger Zulassung, also einem EM-Kennzeichen und nicht FR für Freiburg. Das schien auch die Erklärung dafür zu sein, dass man mit der Tiguan-Spur trotz größter Anstrengungen nicht weitergekommen war. Der Zeuge, der uns das Auto neben der Rastbank als schwarzen Freiburger Tiguan beschrieben hatte, hatte sich offenkundig geirrt. Das war der Haken an der Spur.

Nochmals erklärte mir Gottfried, wie man aus der Kombination zwischen Mautdatenauswertung und Eisenrohr-Zuordnung auf den Rumänen gekommen war. Und ich erfuhr noch ein bisschen mehr über diesen Mann.

Er war als Fahrer im allgemeinen Güterverkehr im Raum der Europäischen Union eingesetzt und befuhr je nach Auftrag Italien, Frankreich, Deutschland, Belgien, Luxemburg, die Schweiz, Großbritannien und Österreich. Die Firma, für die er arbeitete, nutzte ausschließlich Fahrzeuge der Marke Iveco und hatte in Rumänien eine Zweigstelle. Dort war er geboren worden und aufgewachsen. Meist waren die Touren mit zwei Fahrern besetzt, die Tour im Januar 2014 fuhr er jedoch alleine. Wegen des Wochenendfahrverbots, das auch in Österreich galt, hatte er notgedrungen pausieren müssen.

Im Herbst des Jahres 2015 kam er nach Deutschland und durch verwandtschaftliche Kontakte an den Kaiserstuhl. Er fand eine Anstellung bei der Endinger Spedition. Zuletzt wohnte er in einem Grenzstädtchen am Rhein, knapp zwanzig Kilometer von Endingen entfernt.

Gottfried berichtete nun, wie es zur Festnahme gekommen war: Am 1. Juni 2017, dem Tag nach der Soko-Auflösung, hatte man den 40-jährigen Rumänen an seiner Endinger Arbeitsstelle aufgesucht und im Status eines Zeugen befragt. Wegen Sprachproblemen hatte sich das Gespräch als schwierig erwiesen. Man erhob auf freiwilliger Basis eine Speichelprobe und vereinbarte für den nächsten Tag eine förmliche Vernehmung mit einem Dolmetscher. Einen konkreten und strafprozessual begründbaren Festnahmegrund gab es trotz der Verdachtsmomente zu diesem Zeitpunkt nicht.

»Leicht mulmig war uns schon, als wir ohne ihn wieder abrückten«, bemerkte Thomas später. »Was ist, dachten wir, wenn die Speichelprobe positiv wäre und der Rumäne untertaucht? Wir wussten, dass er am anderen Tag eine Überland-Tour fahren würde. Aber wir hatten keine Handhabe, ihn bis zum Eintreffen des Vergleichsresultates festzuhalten.«

Das Ergebnis aus Stuttgart kam am nächsten Tag um 13:07 Uhr. Für 14:00 Uhr hatte die Soko die Dolmetschervernehmung an der Arbeitsstelle ausgemacht. Jetzt musste es schnell gehen. Wir wussten nun, dass wir den Täter ermittelt hatten. Würde er tatsächlich zum vereinbarten Termin erscheinen?

Um keine Zeit zu verlieren, schickten wir vorab zwei Beamte des Endinger Polizeipostens zum Speditionsgelände. Noch vor Eintreffen der Soko-Kollegen kam der Fahrer pünktlich von seiner Tour zurück.

Es war Martin, der Polizeiposten-Chef, der um kurz vor 13:45 Uhr zusammen mit seinem Kollegen den Tatverdächtigen festnahm. Dieser leistete keinen Widerstand.

Eine Stunde später vernahmen ihn Gottfried und Chris beim Kriminalkommissariat in Emmendingen als Beschuldigten zum Tatvorwurf des Mordes und der Vergewaltigung. Über den neutralen Dolmetscher machte er Angaben zur Sache. Die beiden Taten in Kufstein und Endingen bestritt er in dieser ersten Vernehmung.

In seinem Büro reagierte der Polizeipräsident auf meine zusätzliche Idee zur Gestaltung der Pressekonferenz zunächst scheinbar skeptisch:

»Eine PK ist nie öffentlich«, gab er zu bedenken, »sie richtet sich ausschließlich an die Medien.« Seiner Miene und seinem Tonfall merkte ich aber an, dass er nicht abgeneigt schien. »Und Sie möchten also tatsächlich die Bürger in die Stadthalle einladen? Das wird den Journalisten nicht gefallen.«

»Es wird den Menschen in Endingen nicht gefallen, dass sie wie das Hündchen vor der Metzgerei draußen bleiben müssen.« Ich war von meinem Vorhaben überzeugt. »Wir laden sie ja auch nicht ein. Aber es wird sich herumsprechen, dass die PK in der Stadthalle abgehalten wird. Die Menschen werden alle dorthin kommen. Sie wollen hören, worauf sie seit Monaten warten. Die PK wird in ganz Deutschland live zu sehen sein. Und da sollen genau die Menschen vor verschlossenen Türen stehen, aus deren Mitte man einen von ihnen gerissen hat, und die seit über einem halben Jahr zutiefst betroffen und verunsichert sind?«

»Was sagt die Staatsanwaltschaft dazu?«

»Außergewöhnlich. Aber warum nicht.«

»Und Sie glauben, dass es keinen Ärger mit den Medien geben wird?«

»Ich bin mir sicher. Man wird es akzeptieren, als einmalige Ausnahme. Und im Sinne der Bürger.«

Der Polizeipräsident war stets beratungsoffen.

»Ich bin einverstanden.«

9

Die Pressekonferenz am Samstag, dem 3. Juni 2017, wurde zu einem denkwürdigen Ereignis.

Eine Abtrennung der Endinger Stadthalle war nicht erforderlich. Wir brauchten den ganzen Platz.

Über das interne Presseportal, also nur an die Medien gerichtet, hatte ich am Vortag eingeladen. Dennoch war es nicht überraschend, dass Ort und Zeit der PK auch öffentlich bekannt wurden.

Der Andrang war riesig. Schon weit über eine Stunde vor Veranstaltungsbeginn sah man viele Menschen vor der Stadthalle. Die zahlreich erschienenen Medienvertreter hatten wir so erwartet.

Bei den Bürgern hatten wir keinen Erfahrungswert. Spektakuläre Pressekonferenzen in der heutigen Zeit werden zwar regelmäßig live übertragen, die Öffentlichkeit im Presseraum zuzulassen, hatten wir aber bis dahin noch nie praktiziert.

Der Beginn war auf 15 Uhr festgelegt.

Wie üblich bei unseren Pressekonferenzen, trafen wir uns deutlich vor dem Termin zur gegenseitigen Abstimmung. Vom Präsidenten kam der Vorschlag, auch den Leiter des Kriminaltechnischen Instituts aufs Podium zu setzen. Von dort war schließlich die entscheidende Treffermeldung gekommen.

Ab 13 Uhr saßen die Protagonisten der anstehenden PK in einem Nebenraum der Stadthalle Endingen an einem Tisch. Der Leiter der Staatsanwaltschaft, der Polizeipräsident, der Freiburger Kripo-Chef, der Soko-Leiter, der Leiter des KTI und – mit einigen Minuten Verspätung wegen der langen Anfahrtszeit – der Leiter des LKA Tirol. Die Vorbesprechung sollte den gesamten Ablauf der PK festlegen.

Als Moderator hatte ich soweit alles vorbereitet und wollte die Abfolge und die groben Inhalte der Redebeiträge vorschlagen. Es gelang mir jedoch zunächst nicht, einen geordneten Austausch anzustoßen. Alle Podiumssprecher waren zwar absolute Profis in ihren Arbeitsgebieten und professionelles Vorgehen war ihr Tagesgeschäft. Aber in diesem Moment, knapp zwei Stunden vor einer Pressekonferenz, die bundesweites Interesse hervorrufen würde, waren sie noch nicht in ihren Rollen. Ich hatte meine Freude an ihnen. Den sechs hochrangigen Führungskräften von behördlichen Ermittlungsorganisationen war die tiefe Erleichterung über die Festnahme des Tatverdächtigen ins Gesicht geschrieben. Und nicht nur das: Sie taten es auch kund, gerade so wie glückliche Fußballfans, die ob eines gewonnenen Spiels ihrer Mannschaft schwärmten. Jeder hatte ein Detail des überragenden Ermittlungsfilmes parat und ließ es nicht unerwähnt. Es wurde durcheinandergeredet, der Staatsanwalt mit dem Polizeipräsidenten, der Kripo-Chef mit dem österreichischen Kollegen, und der Soko-Leiter mit dem KTI-Chef. Dieser war aus Stuttgart hergekommen, der Tiroler LKA-Leiter aus Kufstein angereist.

Man sprach über die 43.000 Mautdatensätze und wie sie anhand der Erkenntnisse über die Hubstange hatten gefiltert werden können. Man lobte die österreichischen Kollegen, die das Tatwerkzeug aus dem Inn gefischt und wichtige Spuren daran gesichert hatten. Und man freute sich über den Biss der beiden Polizisten, die sich mit der ersten Auskunft über die Eisenstange nicht zufrieden gegeben hatten und der Soko dadurch die Zuordnung zu Iveco gelungen war.

Ich hörte eine Weile zu und genoss im Kreise der Podiumsrunde die Befreiung und Erlösung, die alle ausstrahlten. Es war fast ansteckend.

Mit Blick auf die Uhr musste ich die Herren dann aber an den tatsächlichen Zweck unserer Vorbesprechung erinnern, woraufhin plötzlich alle den Schalter umlegten und binnen Kürze die Redereihenfolge und die Inhalte festgelegt werden konnten. Dennoch war es mittlerweile zwanzig vor drei geworden und ich musste mich noch umziehen.

In einem leeren Umkleideraum schlüpfte ich eilig in meinen bereitgelegten Anzug.

Als ich um zehn vor drei die Halle betrat, bot sich mir ein Bild, das mich mit großer Zufriedenheit erfüllte.

Mein Team der Pressestelle war in kompletter Besetzung da und hatte alles Notwendige vorbereitet. Ich hatte im Vorfeld ein paar Hinweise gegeben und mich um nichts mehr kümmern müssen. Städtische Mitarbeiter hatten kräftig Hand angelegt. Das Podium war bereitgestellt, die Technik stand. Es gab ein Rednerpult und dazu vor jedem Podiumsplatz je ein separates Mikro. Meinem Vorschlag entsprechend hatte sich die riesige Journalistenschar mit Kameras, Fotoapparaten, Mikrofonen und all der erforderlichen Technik in den vorderen Reihen postiert. Dahinter saßen und standen Frauen und Männer, die meisten wohl Bürgerinnen und Bürger aus Endingen. Alle in großer Erwartung, was es gleich zu verkünden geben würde. Alle in dezenter

Zurückhaltung, als hätten sie Anweisung bekommen, das Privileg der Medien sichtbar zu respektieren. Die Atmosphäre war ruhig, aber die ungeheure Spannung war zu spüren.

Zusammen mit den sechs Anderen setzte ich mich aufs Podium. Der bunte Strauß aus Mikrofonen verschiedenster Übertragungssender beherrschte das Rednerpult.

Auf die Sekunde genau um 15 Uhr eröffnete ich die PK. Mit der Feststellung »Heute ist ein guter Tag« leitete ich die Veranstaltung ein, aber ich verband sie mit der Anmerkung, dass unsere Gedanken gerade jetzt bei den Familien und Angehörigen der getöteten Frauen seien.

Nach ein paar Hinweisen zum Ablauf der PK begründete ich noch die außergewöhnliche Anwesenheit der Bevölkerung und überließ das Pult dem leitenden Oberstaatsanwalt, der gleich zu Beginn mit der zentralen Botschaft endlich Gewissheit verkündete. Nach sieben Monaten Hoffen, Bangen, Wut und Angst.

»Gestern Nachmittag, gegen 14 Uhr, wurde ein 40-jähriger Lkw-Fahrer rumänischer Staatsangehörigkeit festgenommen. Ihm wird die Vergewaltigung und die Tötung von Carolin G. am 6. November 2016 zur Last gelegt. Er steht zudem im Verdacht, in der Nacht vom 11. auf den 12. Januar 2014 in Kufstein, Österreich, ebenfalls eine Frau vergewaltigt und getötet zu haben.«

Im weiteren Verlauf der 45-minütigen Pressekonferenz schilderten die Podiumsmitglieder aus ihrem jeweiligen Verantwortungsbereich die Entwicklung der beiden Fälle und wie es zur Ermittlung des Tatverdächtigen kam. Die Redner-Reihenfolge war festgelegt. Fragen durften erst im Anschluss gestellt werden. Für mich gab es in dieser Phase der PK nichts zu moderieren.

Zeit und Gelegenheit, in die vielen Gesichter vor mir zu blicken. Die Stuhlreihen begannen direkt vor uns. Manche Anwesenden hatten Tränen in den Augen, schauten einfach nur vor sich hin und hörten zu. Manche schüttelten den Kopf, ohne Unterlass. Manche weinten, ohne es zu verbergen. Jetzt erst sah ich, dass sich auch einige Kollegen der Soko Erle unter die Bürger gemischt hatten. Was ihnen wohl gerade durch den Kopf ging? Ich glaube, auch von ihnen konnte sich der Eine oder Andere eines Tränchens nicht erwehren. Es sah jedenfalls so aus.

Unter ihnen saß auch Dieter, Bernds Spurenteamkollege. Er war ein langjähriger Wegbegleiter auch von mir, denn uns verband ein gemeinsames Faible für die polizeiliche Prävention und wir beide standen auch neuen Aufgaben stets aufgeschlossen gegenüber. Beim mehrmonatigen Einsatz zum NATO-Gipfel im Jahre 2009 hatten wir in der besonderen Aufbauorganisation im Bereich der Öffentlichkeitsarbeit für mehrere Monate zusammengearbeitet, obwohl wir im allgemeinen Dienstbetrieb in all den Jahren nie bei der gleichen Dienststelle eingesetzt waren.

Da saß er zwischen Bürgern und zivilen Polizisten, leger gekleidet, mit verschränkten Armen tief im Stuhl versunken, und nur wenige unter all den Menschen in der Stadthalle wussten, dass er es war, der den Namen des später ermittelten Mörders zum ersten Mal in einem Aktenvermerk zu Papier gebracht hatte. Seine Kollegen Bernd und Tillo, der auch da war, hatten die Spur mit den herausgefilterten Iveco-Fahrzeugen verfolgt und mit ihrer unbeugsamen Beharrlichkeit den entscheidenden Durchbruch geschafft.

Ich wusste, in der alten Villa Sonntag verfolgten jetzt gerade die Anderen die PK über den Live-Stream, den meine Kollegen des Social-Media-Teams von der ersten Stuhlreihe aus bereitgestellt hatten.

Nach den Statements gab es für die Journalisten die Gelegenheit, Fragen an die Podiumsmitglieder zu stellen. Jetzt war ich als Moderator gefragt. Die Bürgerinnen und Bürger hielten sich ausnahmslos an die Vorgabe, keine Fragen zu stellen. Es gab keinerlei Probleme.

Die Einmaligkeit und Denkwürdigkeit dieser PK dokumentierte deren Schluss. Eine Pressekonferenz endet normalerweise unspektakulär mit ein paar finalen Hinweisen und anschließendem Stühlerücken unter den üblichen Aufbruchsgeräuschen, wenn Kameras, Stative und andere Technik abgebaut werden.

Die PK in Endingen endete so, wie es noch keiner von uns vorher erlebt hatte: mit Applaus. Erst verhaltenes Händeklatschen, dann standen die Leute auf und applaudierten. Bürger und Journalisten, auch die Mitarbeiter der Stadtverwaltung. Nicht gezwungenermaßen höflich, sondern voller Überzeugung und Dank. Es war an ihrem zustimmenden Nicken zu erkennen, welches das nun laute Klatschen begleitete. Es tat so gut.

Jetzt wurde es auch bei uns auf dem Podium etwas feucht in den Augenwinkeln. Oder zumindest warm in der Brustgegend.

***

Fünftes Kapitel:

EIN LANGER WEG

1

Nach dem offiziellen Ende der Pressekonferenz gaben wir verschiedenen Medienvertretern auf deren Wunsch noch einige O-Töne, also Einzelinterviews. Wir verteilten uns vor dem Podium, daneben, dahinter und in etwas ruhigeren Ecken.

Langsam leerte sich die Stadthalle. Die Leute verließen den Raum, schauten zu uns herüber. Manche nickten uns zu, einige mit erhobenem Daumen.

Meine Team-Kollegen halfen beim Aufräumen. Ich dankte ihnen für ihre sehr wertvolle Unterstützung. Genauso den städtischen Helfern und vor allem dem grandiosen Feuerwehrkommandanten, der immer eine Lösung parat hatte.

Der Lokalredakteur, der über all die Monate eng am Fall geblieben war, hatte wegen eines dringenden privaten Termins ausgerechnet an diesem Tag nicht an der PK teilnehmen können. Wir waren per SMS in Kontakt. Er bedauerte sehr, nicht dabei gewesen zu sein. Er schien fast traurig darüber. Nun, da der Fall geklärt war, stellte ich ihm in Aussicht, in einer ruhigen Minute mit ihm über manches zu sprechen, worüber ich während der Ermittlungen schweigen musste.

Der Leiter des LKA Tirol trat sofort seine Rückreise an. Verständlich, es war Samstagnachmittag, und er hatte gut fünf Stunden Fahrzeit vor sich. Der KTI-Chef fuhr zurück nach Stuttgart, der Kripo-Chef nach Freiburg.

Der Soko-Leiter fuhr zu seinem Team, das ihn in Emmendingen erwartete. Gottfried, Chris, Dominik, Thomas, Torsten, Tine und all die anderen. Endlich konnten sie anstoßen auf einen Erfolg, den sie so lange unbeirrt angestrebt und endlich erreicht hatten. Sie taten es voller Stolz und mit tiefer Zufriedenheit. Unbestätigten Informationen zufolge sollen Nachbarn der Villa Sonntag an jenem Abend wohlwollend auf eine Anzeige wegen Ruhestörung verzichtet und stattdessen anerkennend zum Balkon herübergeprostet haben.

Der Polizeipräsident lud alle an der Pressekonferenz in irgendeiner Funktion beteiligten Kolleginnen und Kollegen direkt nach dem offiziellen Teil ins Nebenzimmer einer Gaststätte ein, keinen Steinwurf von der Stadthalle entfernt. Als ich den Gastraum betrat, gab es lautstarkes Lob und anerkennendes Tischklopfen vom Stammtisch. Es hatte sich herumgesprochen, wer im Nebenraum logierte.

Dort saßen einige Kollegen des Emmendinger Polizeireviers, der Verkehrspolizei und natürlich des örtlichen Postens in entspannter Runde zusammen. Sie hatten zuvor gewährleistet, dass es rund um die Veranstaltung keinerlei Probleme gab. Kurzfristige Verkehrsregelungen, falls erforderlich. Einweisungen der teils sperrigen TV-Übertragungswagen, Einlassüberprüfungen. Und, was ganz wichtig war: Präsenz. Kontakt und das Gespräch mit den Menschen.

Man wies mir sofort einen Platz zu. Der Leiter der Staatsanwaltschaft war auch da. Die Stimmung war gelöst. Befreit. Das allgemeine Aufatmen beherrschte den gut gefüllten Raum. Unsere Gedanken an die Hinterbliebenen, an die Eltern, den Ehemann, hatten auch noch Platz.

Lange konnte ich mich nicht in dem Lokal aufhalten, so sehr ich auch die so lange herbeigesehnte Erlösung spürte und genoss. Zuhause wartete meine Familie. Dort hatte man sich eingefunden, um sich gemeinsam auf den nächsten Tag einzustimmen. Auf meinen Runden. Ich freute mich auf sie.

Mit einem Augenzwinkern entließ mich der Polizeipräsident aus der Runde.

Während der Heimfahrt ließ ich mir Zeit. Auf die paar Minuten Verzögerung kam es jetzt nicht an. Im Laufe der entspannten Fahrt vom Landkreis Emmendingen hinein in den Ortenaukreis flackerten Ereignisse der letzten sieben Monate schlaglichtartig und ungeordnet in meinen Gedanken auf. Mein Gefühls-Potpourri dabei bleibt mir unvergessen. Es war eine Mischung von Euphorie über den Ermittlungserfolg, Erinnerungen an die Tiefpunktphasen und der Vorfreude auf das Fest mit meinen Lieben. Eine ganz besondere innere Stimmung. Ein Moment zum Festhalten, der auch Gedanken an die trauernden Angehörigen zuließ.

Die formelle schriftliche Pressemeldung über die gesammelten Inhalte der Pressekonferenz, die üblicherweise unmittelbar danach veröffentlicht wird, verfasste ich kurz darauf von zuhause.

Zugegebenermaßen bei einem Gläschen Sekt, in feierlicher Erwartung des Geburtstagsfestes und mit zwei Enkelbuben links und rechts auf meinem Schoß.

2

Noch am Tage unserer Pressekonferenz geisterte die Nachricht durch das Internet, dass ein Rumäne mit Arbeitsstelle in Endingen der Mörder der Joggerin sei. Man hatte dessen *Facebook*-Profil kopiert und im Netz verbreitet. Leider handelte es sich bei dieser Person jedoch nicht um den Täter, sondern um einen völlig unschuldigen Arbeitskollegen gleicher Staatsangehörigkeit. Zu seinem großen Leidwesen, und dem seiner Familie, hatte eine scheinbare Ähnlichkeit mit dem von uns veröffentlichten Phantombild bei verantwortungslosen Nutzern sozialer Netzwerke die Verwechslung herbeigeführt.

Der zu Unrecht denunzierte Mann erstattete Anzeige wegen Verleumdung. Wir waren zwar mittels einer ergänzenden Pressemeldung über unseren Social-Media-Auftritt und in persönlichen Gesprächen mit Journalisten um eine Klarstellung bemüht. Auf verschiedenen

Internetplattformen dürfte ihm das jedoch zunächst wenig genutzt haben. So war er unversehens Leidtragender moderner Kommunikation geworden, die Nachrichten oft ungeprüft und mit begleitender Wertung zur Verbreitung bringt.

3

Mit dem Wissen um den schwarzen Tiguan, der dem tatverdächtigen Rumänen gehörte, sichteten meine Kollegen gezielt die Videoaufnahmen der Endinger Tankstelle. Jetzt wussten wir, worauf bei den Bewegtbildern zu achten war.

Am 6. November 2016 um 16:31 Uhr fuhr der schwarze Tiguan auf das Tankstellengelände. Zwischen geparkten Lkw warteten dort zwei Männer. Der Tiguan-Fahrer stieg aus und übergab eine Plastiktüte und, soweit zu erkennen war, eine Flasche. Man wechselte kurz ein paar Worte. Eine Minute später stieg der Autofahrer wieder in den Tiguan und fuhr davon.

Die Bildqualität war sehr gut. Der 40-jährige Rumäne war eindeutig zu erkennen.

Später sollten meine Kollegen den Grund dieses kurzen Treffens herausfinden: Gegen ein geringes Entgelt sammelte der Rumäne hin und wieder die Arbeitskleider seiner Lkw-Kollegen ein, um sie zu waschen. An jenem Sonntag hatte man sich für 16:30 Uhr bei der Tankstelle zur Wäscheübergabe verabredet. In der Plastiktüte befand sich die Kleidung der Kollegen, in der Flasche Waschmittel.

Davon ausgehend, dass die Tat sicher vor 16:30 Uhr begangen wurde und zeitlich mit hoher Wahrscheinlichkeit mit dem Handy-Crash um 15:48 Uhr zusammenhing, hatte der Rumäne also unmittelbar nach der Tat seinen vereinbarten Termin pünktlich wahrgenommen. Genauso wie später den Termin mit uns, am Tag seiner Festnahme.

Mit letzter Gewissheit nicht erwiesen, aber ebenfalls sehr wahrscheinlich, fuhr er nach der Wäscheübergabe dorthin zurück, von wo er kurz zuvor gekommen war: zurück in das kleine Waldstück. Dort hatte unsere wichtige Zeugin, die mit der forensischen Hypnose, um kurz nach 17 Uhr auf dem Freiburger Weg exakt oberhalb der Leichenfundstelle einen verdächtigen Mann gesehen, den wir nie hatten zuordnen können. Nach ihrer Beschreibung hatten wir das Phantombild gefertigt.

Am Folgetag, Montag um 09:49 Uhr, betrat dieser Mann, so auf der Innenkamera der Tankstelle gut erkennbar, das Bistro und bestellte sich einen Kaffee. Während er auf die Zubereitung des Getränks wartete, nahm er aus einem Regal einen Stoff-Teddybären, schaute ihn eine Weile an und setzte ihn dann zurück. Neben ihm stand ahnungslos ein junger Mann. Anschließend verließ der Rumäne mit dem Kaffee den Raum. Die Außenkamera dokumentierte, dass er Minuten später in einen Lkw stieg und vom Gelände fuhr.

Er hatte seine Tour begonnen, verlässlich, wie an allen Tagen zuvor. Als wäre nichts geschehen.

4

Die Spur mit dem slowakischen Lkw-Fahrer, der an den beiden Tatzeit-Wochenenden im Januar 2014 und im November 2016 ebenfalls in der Nähe der beiden Tatorte gewesen sein sollte, hatte sich schnell erledigt.

Zwar hatte er nach der langen Zeit keine überprüfbaren Alibis mehr vorzuweisen, aber es ließ sich feststellen, dass er sich an den fraglichen Wochenenden nicht in den Orten Kufstein und Endingen aufgehalten hatte, sondern lediglich in benachbarten Städten. Nämlich im oberbayrischen Kiefersfelden und im gut zehn Kilometer von Endingen entfernten Herbolzheim. Keinesfalls also in unmittelbarer Tatortnähe.

Die angebliche Ähnlichkeit mit dem Phantombild konnte man auch hier auf beliebige Weise interpretieren.

Der verdächtige Slowake hatte eine freiwillige Speichelprobe bereitwillig abgegeben.

Deren Vergleichsuntersuchung war durch die sich überschneidenden Entwicklungen hinfällig geworden.

5

Die Tiguan-Spur blieb in den Köpfen hängen.

Was wäre gewesen, wenn die Auswertungen der *GO-Box*-Daten und die Ermittlungen zur Eisenstange ins Nichts geführt hätten?

Natürlich konnten und wollten wir dem Zeugen, der auf ein Freiburger Kennzeichen hingewiesen hatte, auf keinen Fall einen Vorwurf machen. Wir wussten um die grundsätzlich zu beachtende Fehlerquote bei solchen Aussagen. Nun wussten wir zudem, dass auch Polizisten, pensioniert oder im aktiven Dienst, vor Falschwahrnehmungen nicht gefeit sind.

Ich unterhielt mich später mit Thomas, Gottfried und Chris über diese Spur. Alle drei waren davon überzeugt, dass man früher oder später auch alle Emmendinger Pkw des Modells Tiguan überprüft hätte. Allerdings hätte man dann feststellen müssen, dass der Wagen des Rumänen längst nicht mehr in Deutschland unterwegs war, sondern von seiner in Rumänien lebenden Ehefrau gefahren wurde. Dorthin hatte der Täter das Fahrzeug bald nach der Endinger Tat verbracht.

Dennoch wäre man auf ihn als Fahrzeughalter gestoßen und hätte eine Speichelprobe von ihm erhoben – wie von allen anderen Tiguan-Fahrern. Aber wann dies irgendwann passiert sein würde, vermochten die drei Ermittler nicht einzuschätzen.

»Schwierig«, räumte Chris ein, »die Soko war aufgelöst und die wenigen Kollegen, die sich noch mit dem Fall beschäftigten, waren mit der Erledigung aller noch offenen Spuren gebunden.«

Gottfried ergänzte: »Ob sie danach gleich der Frage nachgegangen wären, ob sich der Tiguan-Zeuge beim Kennzeichen womöglich getäuscht haben könnte, weiß ich nicht.«

Auch Thomas relativierte mit leichten Bedenken. »Zumal man dann noch immer nicht gewusst hätte, in welchem Zulassungskreis man suchen müsste. Emmendingen wäre am naheliegendsten gewesen. Aber was war mit den Nachbarkreisen? Der Ortenau? Oder darüber hinaus?«

Und was war mit Frankreich, direkt in der Nachbarschaft zum Kaiserstuhl? Es wäre, nach all dem neuen Wissen um die Verlässlichkeit der Zeugenaussage, auch nicht auszuschließen gewesen, dass der Tiguan ein französisches Kennzeichen hatte.

»Der Aufwand war bei den FR-Kennzeichen schon riesig«, bilanzierte Thomas, wiederholte aber seine Meinung. »Früher oder später hätte man diese Spur, egal wie sich alles entwickelt hätte, wieder aufgenommen. Da bin ich mir ziemlich sicher.«

Wann aber wäre »früher oder später« gewesen?

Zweifellos war die Entwicklung, die der Fall nun genommen hatte, die eindeutig bessere.

Der Tiguan wurde im Übrigen in Rumänien bei der Ehefrau sichergestellt, versiegelt und per Spezialtransport zum LKA Stuttgart verbracht. Bei der peniblen Suche nach verwertbaren Spuren fast acht Monate nach dem Mord wurden blutähnliche Substanzen im Innenraum festgestellt. Die Analyse ergab jedoch, dass es sich nicht um Blut handelte. Unterm Strich brachte die kriminaltechnische Untersuchung des Wagens kein zusätzlich belastendes Ergebnis.

6

Fünf Tage nach seiner Festnahme und Einlieferung in die Untersuchungshaft wurde der Rumäne von mehreren Mithäftlingen in der Justizvollzugsanstalt Freiburg übel zusammengeschlagen. Seine erheblichen Verletzungen machten eine Verlegung in das Gefängniskrankenhaus Hohenasperg erforderlich.

Die Staatsanwaltschaft leitete Verfahren gegen die Mithäftlinge wegen gemeinschaftlich begangener Körperverletzung ein.

Die Ermittlungen gestalteten sich schwierig. Der Ehrenkodex, im Knast niemanden zu verpfeifen, und der Umstand, dass Sexualstraftäter in der Gefängnis-Hierarchie ganz unten stehen, erschwerten die

Aufklärung des Vorfalls. Dabei war das Motiv der Häftlinge nicht schwer zu erraten. Zu rechtfertigen war es dennoch nicht. Aus rechtsstaatlicher Sicht verbot sich jede Kommentierung, die sich in Richtung Genugtuung bewegte.

Vergeltung auf diese Art konnte niemandem mehr helfen. Sie schlug lediglich eine weitere Wunde in all das unfassbare Geschehen jener Tage.

7

Der 40-jährige rumänische Lkw-Fahrer wurde am 22. Dezember 2017 wegen Mordes in Tateinheit mit besonders schwerer Vergewaltigung, begangen am 6. November 2016 an Carolin G., vom Landgericht Freiburg zu lebenslanger Haft verurteilt. Darüber hinaus wurde die besondere Schwere der Schuld festgestellt und die Sicherungsverwahrung unter Vorbehalt ausgesprochen.

Gegen das Urteil wurde Revision eingelegt. Der mit der Revision befasste Bundesgerichtshof (BGH) entschied Ende des Jahres 2018, dass die Nachprüfung des Schuld- und Strafausspruchs keinen Rechtsfehler ergeben hat.

Der BGH bestätigte somit den Schuldspruch und das verhängte Strafmaß.

Über die unter Vorbehalt ausgesprochene Sicherungsverwahrung musste hingegen in einer nochmaligen Verhandlung neu entschieden werden, da die Begründung nach Ansicht der Richter des BGH nicht ausreichend war. Für die Tatsache, dass der Endinger Mord juristisch geklärt war, hatte dies aber keine Bedeutung.

Bereits im Juni 2018 hatte die Staatsanwaltschaft Innsbruck die Anklageerhebung gegen den rumänischen Fernfahrer wegen des Mordes an der französischen Studentin in Kufstein bestätigt. Der Fall konnte in Österreich jedoch erst verhandelt werden, sobald die Rechtskraft über das gesamte Urteil zum Endinger Mord festgestellt war, also nicht nur der Schuldspruch und das Strafmaß rechtskräftig waren, sondern auch die Sicherungsverwahrung neu verhandelt und für rechtskräftig erklärt wurde. Leider zögerte ein umfangreiches und aufwendiges Strafverfahren wegen einer Massenvergewaltigung in Freiburg die Neuverhandlung hinaus, da genau jene Kammer beim Landgericht für die erneute Prüfung der Sicherungsverwahrung zuständig war, die auch die Massenvergewaltigung verhandelte.

Für die Angehörigen zog sich der juristische Teil der ganzen Tragödie dadurch sehr in die Länge. Dem zunächst tiefen Schock über den gewaltsamen Tod der beiden Frauen folgte eine lange Zeit der Ungewissheit über den unbekannten Mörder. In Endingen monatelang, bei der Familie der Französin fast dreieinhalb Jahre. Nun galt es noch, das zeitraubende Rechtsverfahren auszuhalten – immerhin in der Hoffnung, es möge in der ersehnten juristischen Gerechtigkeit enden. Und in der Aussicht, wenigstens für den Teil der gerichtlichen Abhandlung einen gewissen Abschluss zu finden.

Der lange Weg, der für die Hinterbliebenen mit den beiden furchtbaren Verbrechen begann, wird für sie wohl nie enden. Ihren Schmerz kann kein Unbetroffener ermessen. Vielleicht lernen sie, eines Tages irgendwie mit ihm in erträglicher Weise zu leben. Wir wünschen ihnen alle Kraft dieser Welt!

8

Die Sonderkommission Erle durfte ihren langen Weg zu Ende gehen.

Die Trefferspur mit dem Rumänen hatte die Nummer 4.334.

Viertausenddreihundertvierunddreißig.

Die Zahl steht für sich. Und für den Ehrgeiz, die Geduld, die Beharrlichkeit und das Durchhaltevermögen aller mitarbeitenden Kolleginnen und Kollegen. Und vielleicht auch für die Polizei, die oft kritisiert wird, aber die insgesamt hochprofessionell und immer an einer Lösung orientiert arbeitet. Im Verlaufe von über vierundvierzig

Dienstjahren bin ich zu dieser Erkenntnis gelangt und fest davon überzeugt.

Nach Verkündung der Festnahme des Tatverdächtigen gingen zahlreiche Reaktionen bei unserer Pressestelle ein. Telefonisch und schriftlich bedankten sich die Menschen. Es waren Bürger, Journalisten, Kollegen aus den eigenen Reihen und Mitarbeiter anderer Behörden.

Auch der Arbeitgeber der Getöteten schrieb an die Polizei, es waren wohltuende und ergreifende Worte:

»Sehr geehrte Damen und Herren,
unsere lebensfrohe und liebe Kollegin Carolin G. ist uns durch grausamen Mord aus der Mitte gerissen worden. Seither haben Sie durch unermüdliche Ermittlungsarbeit den Täter überführen und festsetzen können.
Hierfür möchten wir Ihnen und allen Beteiligten ausdrücklich und von Herzen danken. Es ist uns ein inneres Anliegen, jedem Einzelnen von Ihnen die Wertschätzung und Anerkennung aus unserem Hause der badischen Winzer zu übermitteln. Was Sie und alle Beteiligten geleistet haben, verdient größten Respekt und Hochachtung. Wir erinnern uns noch gut an die Befragungen bei uns in Breisach. Besonders beeindruckt hat uns Ihr unbedingter Wille, den Täter zu fassen, gleich wie lange es dauern würde und wie groß der Aufwand sein möge. Sie haben das Versprechen eingelöst und dafür sind wir Ihnen sehr dankbar.
Sie haben das Vertrauen in die Polizeiarbeit nicht nur bei uns, sondern bei der gesamten Bevölkerung nachhaltig gestärkt. Sie waren stets im Dialog auch außerhalb der Landesgrenzen, haben vernetzt agiert und waren unendlich fleißig. Sie waren uns damit in unserer Trauer um Carolin eine wertvolle Begleitung.

In diesem Sinne dankende Grüße
vom Badischen Winzerkeller aus Breisach mit allen Mitarbeiterinnen

und Mitarbeitern, Vorstand und Aufsichtsrat und allen uns angeschlossenen Winzerinnen und Winzern«

(Der Veröffentlichung dieses Schreibens
wurde ausdrücklich zugestimmt.)

Nach der ordnungsgemäßen und restlosen Erledigung aller Spuren wechselten auch die letzten Kollegen zurück in ihren Alltagsbetrieb.

Im provisorischen Soko-Raum wurden die Computer abgebaut, die Karten, Bilder und Skizzen von der Wand genommen. Was zunächst in der Villa verblieb, waren fast einhundert Aktenordner in Stahlregalen, sorgfältig beschriftet und prall gefüllt mit allen Dokumenten zu jeder einzelnen der letztlich 4.401 Spuren, alles ausgedruckt auf Papier.

Was blieb noch?

Das Kriminalkommissariat Emmendingen. Niemand sprach mehr über eine mögliche Auflösung des Standortes.

Es blieb die erlauchte alte Villa Sonntag, die eine weitere Episode in ihrer multifunktionalen Chronik aufgenommen hatte und weiter darauf hoffen durfte, eines Tages wieder als richtige Villa behandelt zu werden.

Es blieb die erfreuliche Feststellung, dass Polizei und Medien tatsächlich dauerhaft vertrauensvoll zusammenarbeiten können, wenn gegenseitig die abweichenden Intentionen respektiert werden. Und wenn man miteinander spricht.

Es blieb die Narbe im Gesicht einer Region, in der vor dem 6. November 2016 niemand für möglich gehalten hätte, was dann geschehen war.

Es blieb auch das Wissen um eine stets sensible Schärfung des Bewusstseins, eine DNA-Spur niemals für sich alleine zu bewerten, sondern sie mit zusätzlichen Indizien zu flankieren.

Beeindruckend registrierte ich als bleibende Erinnerung bei meinen Recherchen für diesen Bericht, dass nahezu alle von mir kontaktierten

Personen nachhaltig emotional auf die damaligen Geschehnisse reagierten. Auch Kollegen, die schon viel Bewegendes in ihrem Berufsfeld erlebt hatten. Die Frage, wer innerhalb der Soko letztendlich den entscheidenden Schritt zur Identifizierung des Täters auf den Weg gebracht hatte, blieb für die Öffentlichkeit unerheblich. Die Sonderkommission Erle als ehrgeiziges und ganzheitliches Ermittlungsteam hatte in engem und lückenlosem Kontakt mit dem entscheidungstragenden, ermittelnden Staatsanwalt den Mörder gefasst. Alle hatten ihren Anteil daran. Auch diejenigen, denen es trotz der gleichen Motivation und Kompetenz nicht vergönnt war, die entscheidende Spur zugeteilt bekommen zu haben. Es blieb die Erkenntnis, dass sie alle ein Rädchen im Uhrwerk waren, das am Ende die Zeit für den Täter ablaufen ließ.

Wer nicht blieb, war Emmendingens Kripo-Chef und Soko-Leiter. Er wechselte in eine neue verantwortliche Position.

Wer auch nicht blieb, war Gottfried. Er wechselte in den Ruhestand.

Chris rückte nach dem Weggang seines Chefs in die Position des stellvertretenden Kommissariatsleiters auf.

Thomas ging zurück nach Freiburg: »Nach der Soko ist vor der Soko.«

Youngster Dominik ging in Elternzeit.

Das zwanglose Treffen mit dem Endinger Lokalredakteur steht noch aus.

Was viel zu lange blieb, waren Gerüchte, deren Entstehung bei einem zunächst ungeklärten Verbrechen zwar nachvollziehbar war. Aber sie belasteten die trauernden Angehörigen zusätzlich. Den nicht böswilligen Gerüchteverbreitern mag man zugestehen, dass sie vor der Tataufklärung einfach nicht glauben konnten, was die Soko letztlich mit Gewissheit herausfand. Nämlich, dass am hellen Tag am Kaiserstuhl eine Frau umgebracht wurde und es keine Beziehungstat gewesen war. Der Mörder kannte sein Opfer nicht und umgekehrt. Es gab keine Vorbeziehung. Alle früher oder später in den Raum gestellten Spekulationen um das junge Paar hatten mit der Tat nicht das Geringste zu tun. Der Mord geschah als Folge einer rein zufälligen, tragischen Begegnung. So erschreckend es auch klingen mag: Es hätte an jenem Tag und jenem Ort jeder anderen Frau genauso widerfahren können. Carolin G. war arglos zur falschen Zeit am falschen Ort gewesen. Alles andere spielte dabei keine Rolle.

Bezogen auf das Verbrechen in Kufstein blieb genau die gleiche Feststellung.

Manches ging, manches blieb. Manches blieb aus.

Leider schafften es die Ermittlungsbehörden nicht, den vorübergehend in Verdacht geratenen Ehemann des Opfers in geeigneter Weise zu rehabilitieren oder ihn zumindest von öffentlichen Gerüchten zu verschonen. Möglicherweise sind staatliche Institutionen darauf nicht eingestellt. Auch von Medienseite konzentrierte sich nach der Tataufklärung alles auf den Täter. Der unschuldige Witwer jedoch blieb mit den zwar sehr wenigen, aber sich beharrlich haltenden Spekulationen von wirren Verschwörungstheoretikern allein.

Vielleicht schafft es dieser Bericht, neben der Darstellung der wahren Geschehnisse, den faden Bodensatz üblen Geredes auszutrocknen und den Restbestand an unstatthaften Zweifeln auszulöschen.

Was auch ausblieb, war die Antwort auf die Frage, ob der ermittelte Rumäne noch andere Frauen getötet hat. Entsprechende Ermittlungen wurden über internationale Rechtshilfeersuchen auf den Weg gebracht, insbesondere auch zu ungeklärten Frauenmorden im Geburts- und Heimatland des Mörders.

Selbst Jahre nach seiner Ergreifung gab es kein abschließendes Ergebnis. In keinem der Fälle, in denen am Tatort verwertbares Spurenmaterial gesichert werden konnte, stimmten die Befunde mit der Täter-DNA überein.

Auch nicht in einem ungeklärten Mordfall in Rumänien im Jahre 2004 an einer 27-jährigen Anhalterin, die in einem Wäldchen unweit des damaligen Wohnortes des seinerzeit 26-jährigen Fernfahrers vergewaltigt und getötet worden war.

9

Viele offene Fragen kann dieser Bericht über die Ereignisse jener Tage nicht beantworten. Vom Hauptverantwortlichen, dem zu lebenslanger Haft verurteilten Rumänen, werden die Antworten wohl nicht kommen – so sehr man sich das wünscht.

Die Tötung von Carolin G. hat er in einer verlesenen Erklärung am ersten Tag der Hauptverhandlung zwar eingeräumt, jedoch in einem kläglichen und schmerzenden Versuch die wahren Beweggründe und das tatsächliche Tatgeschehen verschwiegen – offensichtlich, um sich der juristischen Belastung eines Mordmerkmals zu entziehen.

Unbeantwortet blieb damit die Frage nach der Tatwaffe und deren Verbleib. Eine Flasche, wie er gegenüber einem psychiatrischen Sachverständigen behauptet hatte, konnte es anhand der festgestellten Spuren nicht gewesen sein. Diese augenscheinliche Schutzbehauptung sollte wohl den Vorwurf einer geplanten Tat entkräften. Alles sei im Affekt passiert, nicht vorher gewollt und unter starkem Alkoholeinfluss geschehen. Aus einer inneren Wut heraus. Die Verteidigungsstrategie schien klar: Eine mitgeführte Flasche bei einem Spaziergang war irgendwie erklärbar. Aber wozu sollte jemand eine Eisenstange oder einen ähnlichen Gegenstand bei sich tragen? Das sprach für Vorsatz und Planung. Besonders haarsträubend erschien die Version des Angeklagten unter Berücksichtigung der gesamten Auffindesituation. Da sprach nichts für eine Tat im Affekt – aber alles für einen Sexualmord.

Wegen seiner falschen Aussagen blieb letztlich auch die Situation ungeklärt, in der sich Täter und Opfer begegneten.

Später widerrief er sein Geständnis.

Die ganze Wahrheit um das schockierende Verbrechen konnte nicht erzwungen werden. Wollte man sie überhaupt wirklich kennen? Wir Polizisten schon. Aber alle anderen? Waren die Einzelheiten überhaupt wichtig um den Preis, sie unentwegt in seinen Vorstellungen bei sich zu tragen?

Der Mörder von Carolin G. war gefasst. Er war überführt und rechtskräftig hinsichtlich Schuldspruch und Strafmaß zu lebenslanger Haft verurteilt. Das war wichtig. Wie viel Wahrheit jeder selbst braucht, um Geschehenes zu verarbeiten, ist völlig unterschiedlich.

Irgendwann aber will jeder versuchen, zur Ruhe zu kommen.

10

Wieder klingelte es frühmorgens zur Unzeit, doch dieses Mal hatte es etwas Gutes zu bedeuten. Es war weder eine schlechte Nachricht aus dem Familienkreis noch mein dienstgruppenleitender Sohn aus dem Polizeirevier.

Es war mein Wecker. Schlaftrunken auf der Bettkante registrierte ich verlockenden Kaffeegeruch aus der Küche. Da war schon jemand vor mir aufgestanden.

Die Koffer waren gepackt, die Kanaren warteten.

Wir fuhren zum Flughafen in Richtung Basel. Im Bereich der Autobahn-Anschlussstelle Riegel blickte ich nach rechts hinüber zum Kaiserstuhl.

So vertraut war er, der einstige Vulkan mit seinen herrlichen Weinbergen. So vertraut und friedlich.

***

Die Spuren deiner Worte.
Die Spuren deiner Umarmung.
Die Spuren deines Lachens.

Niemand kann sie uns auslöschen.

Familie Bürkin   Familie Gruber